HONORÁRIOS ADVOCATÍCIOS CONTRATUAIS

ressarcimento e o princípio da reparação integral dos danos

Dados Internacionais de Catalogação na Publicação (CIP)

A447h Almeida, Felipe Cunha de.

Honorários advocatícios contratuais : ressarcimento e o princípio da reparação integral dos danos : de acordo com o novo Código de de Processo Civil / Felipe Cunha de Almeida. 2. ed. rev. e ampl. – Porto Alegre : Livraria do Advogado, 2020.

160 p. ; 23 cm.

Inclui bibliografia.

ISBN 978-85-9590-090-5

1. Advogados - Honorários. 2. Brasil. Código de Processo Civil. 3. Direito das obrigações. 4. Responsabilidade civil. 5. Ressarcimento. I. Título.

CDU 347.965.7(81)
CDD 341.415

Índice para catálogo sistemático:
1. Advogados : Honorários 347.965.7(81)

(Bibliotecária responsável: Sabrina Leal Araujo – CRB 8/10213)

Felipe Cunha de Almeida

HONORÁRIOS ADVOCATÍCIOS CONTRATUAIS

ressarcimento e o princípio da reparação integral dos danos

— De acordo com o Código de Processo Civil (2015) —

2ª EDIÇÃO
Revista e Ampliada

livraria DO ADVOGADO editora

Porto Alegre, 2020

(Edição finalizada em agosto/2019)

Capa, projeto gráfico e diagramação
Livraria do Advogado Editora

Revisão
Rosane Marques Borba

Imagem da capa
freepik.com/fotos-vetores-gratis/fundo

Livraria do Advogado Editora
Rua Riachuelo, 1334 s/105
90010-273 Porto Alegre RS
Fone: (51) 3225-3311
editora@doadvogado.com.br
www.doadvogado.com.br

Impresso no Brasil / Printed in Brazil

Este livro é dedicado a todos aqueles que, diariamente, enfrentam questões problemáticas no dia a dia forense, como a temática aqui abordada. O poder de convencimento, de interpretação e hermenêutica deve ser ferramenta fundamental a ser explorada e bem utilizada pelo advogado, de tal forma que, a todos nós advogados, dedicamos esta obra!

Agradecimentos

Há certas pessoas que fazem diferença ímpar em nossas vidas, e desde o início, até o fim. Uma delas é a Dra. Yolanda Franciosi da Cunha, ou, em nosso caso: Vó Landa!

Advogada, Corretora de Imóveis, mãe, vó e bisavó. Realmente uma mulher à frente do seu tempo e em todos os sentidos. Se chegamos até aqui (e a aventura e o caminho continuam), é realmente por decisiva influência dela.

Lá de cima, com certeza, acompanhou o desenvolvimento deste livro e, certamente, deve estar muito feliz com esta realização, assim como nós estamos. Assim, agradecemos, de coração, por tudo o que ela fez, abriu mão, e pela formação que temos.

Fica sempre a lembrança de uma pessoa fora de série, motivo de nosso orgulho e amor maior!

Saudades? Com certeza...todavia, acreditamos que, um dia, voltaremos a nos encontrar, assim como ocorre desde sempre.

Prefácio

Acolho, com enorme entusiasmo, o presente convite para prefaciar o livro intitulado *Honorários advocatícios contratuais: ressarcimento e o princípio da reparação integral dos danos*, do querido colega Felipe Cunha de Almeida, Mestre em Direito pela UFRGS. Trata-se de séria e profunda pesquisa sobre a temática dos honorários advocatícios contratuais, que parte desde a mais longínqua origem do exercício da advocacia até os temas atuais mais enfrentados, sobretudo, pelo Judiciário brasileiro a partir da entrada em vigor do novo Código de Processo Civil.

Algumas espinhosas questões que se colocam acerca dos honorários advocatícios: há possibilidade de ressarcimento relativo aos honorários contratuais? Se há prejuízo, uma vez que a parte arca com os honorários de seu patrono quando obtém êxito, como isso poderia ser deixado de lado posteriormente? Há regra estabelecida no nosso ordenamento jurídico de que a indenização se mede pela extensão do dano e, portanto, aplicável ao ressarcimento de honorários contratuais? Estas questões, além de outras tantas, são enfrentadas com afinco e a necessária acuidade que merecem pelo autor.

Panoramicamente, pode-se dizer que o livro está desmembrado em quatro grandes partes, sendo a primeira um percurso desde as origens da advocacia, notadamente da atividade do advogado, para analisar a questão da sucumbência; a segunda, um adentramento no Direito Obrigacional, mais especificamente no campo da responsabilidade civil, a fim de balizar as categorias jurídico-civis para fundamentar o ressarcimento dos honorários contratuais; a terceira trata dos princípios da responsabilidade civil, em especial o *princípio da reparação integral dos danos*; por fim, na parte conclusiva, ingressa no ressarcimento propriamente dito dos honorários contratuais, iluminando o diálogo com os aspectos constitucionais, da reparação integral e das perdas e danos, enfrentando questões delicadas como a problemática dos honorários contratuais elevados.

A Responsabilidade Civil talvez tenha sido a parte do Direito Civil que mais vem sofrendo transformações nos últimos tempos. Seus pressupostos, como o dever geral de não lesar a ninguém e o princípio da reparação integral, somados ao estudo do dano indenizável e também das perdas e danos, fortalecem o embasamento da tese precisamente sustentada no presente livro. É tempo de mudança. Urge repensar estas questões que causam diuturnamente perdas e danos às partes.

Ao abordar a temática, o autor propõe o fortalecimento da função da responsabilidade civil em seu princípio central, qual seja, o da reparação integral dos danos. Não só isso, na obra, o autor esclarece a necessidade da defesa integral dos interesses dos litigantes, no sentido de se buscar a mais ampla reparação possível.

Nesse sentido, cumprimenta-se efusivamente o autor pela tarefa sobejamente bem concluída e quiçá futuramente aparelhará o Poder Judiciário com fundamentos jurídicos ao ressarcimento dos honorários contratuais.

Acredita-se, portanto, que este livro irá trazer novas e necessárias reflexões de questão tão importante que assola a doutrina nacional desde há muito.

Inverno de 2016.

Gustavo Borges

Pós-Doutor em Direito pela UNISINOS.
Doutor em Direito pela UFRGS

Nota à Segunda Edição

Do lançamento da primeira edição deste livro, em 2017, até o presente momento, muito refletimos sobre o conteúdo desta obra, que se divide em honorários sucumbenciais com atenção especial às regras do novo Código de Processo Civil, e também sobre os honorários contratuais, tendo em vista o ressarcimento daqueles, considerando o princípio da reparação integral dos danos. E mais: ficamos honrados com a citação da primeira edição deste livro por Magistrado, que também entende pela necessidade de ressarcimento dos honorários contatuais:

> Noutro giro, Felipe Cunha de Almeida fez ampla pesquisa sobre o tema nos tribunais pátrios, reproduzindo diversos arestos contrários à indenização dos honorários advocatícios contratuais, sendo certo que o ponto comum entre todos eles foi que a contratação daqueles configuraria res *inter alios acta*, sem a participação da parte contrária, de sorte que não poderia vinculá-la.
>
> Ocorre que, qual a diferença entre os honorários contratados para o ajuizamento da ação e os honorários médicos contratados para cirurgia para reparar as lesões decorrentes de um acidente? Ou a remuneração de um mecânico que consertou o veículo danificado?
>
> Respondemos, nenhuma.
>
> Quando a vítima de um ato ilícito cobra em juízos seus danos, ela pede a indenização pelo montante pago a terceiros (médicos, mecânicos, psicólogos, etc.), sem que a parte contrária tenha participado da contratação deles.
>
> Nessas hipóteses, não se cogita que a verba cobrada não deve ser indenizada por se tratar de ato firmado com terceiro sem a participação da vítima.
>
> No caso de inadimplemento contratual, em regra, aquele que irá propor a ação judicial será o credor da obrigação inadimplida, o que justifica a cobrança dos honorários advocatícios contratados para a propositura da demanda, nos termos previstos no artigo 389 e 404 do Código Civil. [1]

Em termos de atualização, nesta segunda edição, incluímos uma quinta parte, com também atenção aos honorários contratuais, mas que

---

[1] BRISOLA, Cassio Pereira. A reparação de danos decorrente do inadimplemento contratual. Disponível em: <http://www.tjsp.jus.br/download/EPM/Publicacoes/ObrasJuridicas/cc25.pdf?d=636808166395003082>. Acesso em: 01 jul. 2019.

aborda o Contrato de honorários e a cláusula de êxito, a revogação, renúncia e a manutenção do êxito: o problema da iliquidez; como deve ser observado o procedimento para a cobrança dos honorários contratuais e sucumbenciais pelo advogado cujos poderes foram revogados, segundo o STJ e, por último, a discussão sobre os honorários contratuais e gratuidade de justiça.

Ainda há muito o que estudar e analisar. Contudo, a semente foi lançada em 2017 e, em 2019, a colheita começa a aparecer.

Uma boa leitura a todos!

Porto Alegre/RS, inverno de 2019.

Felipe Cunha de Almeida

Sumário

Introdução

Este livro tem como objetivo o estudo e a abordagem prática de temas relativos aos honorários de advogado, indo para além de questões sobre a sucumbência, enfrentando também a questão referente à possibilidade de ressarcimento relativo aos honorários contratuais. Já, neste início, reproduzimos a seguinte indagação, oriunda de diversos clientes que, ao longo de nossa trajetória como advogado, percebemos muito presente: "Então os honorários contratuais podem ser cobrados, na ação, do réu"? Bem, esta pergunta é o tema central deste livro, e que nos desafiamos a dar uma resposta satisfatória àqueles que têm interesse sobre o tema.

Yussef Said Cahali, em obra de excelência sobre os honorários advocatícios, e já no início de seu trabalho, assim ressalta: "A questão da responsabilidade pelos honorários de advogado no processo civil, assim como aquela mais ampla referente a despesas e danos que resultam da atividade processual, coloca-se como de importância primária [...]".[1] Mas as importantes lições do mestre, evidentemente, vão muito além, sendo a transcrição abaixo de fundamental importância para este livro:[2]

> Enquanto isso, na determinação dos parâmetros a serem observados e dos limites do comportamento normativo exigível, legislador e juiz empenham-se na superação da dificuldade representada por expressivos valores em conflito: interessa, de um lado, coibir, ou, pelo menos, desestimular, o litigante abusivo, mas, de outro lado, deve ser preservado o processo como meio de recomposição do interesse jurídico molestado, assegurada a via judicial para satisfazê-lo, de tal modo que a garantia constitucional (art. 5º, XXXV) do direito de ação não se dilua na sua eficácia prática.

Pedimos atenção à seguinte frase acima trazida, e que merece nova transcrição, eis que relevância ímpar para o desenvolvimento do tema central deste livro: "como meio de recomposição do interesse jurídico molestado, assegurada a via judicial para satisfazê-lo, de tal modo que

[1] CAHALI, Yussef Said. *Honorários advocatícios*. 3. ed. São Paulo: Revista dos Tribunais, 1997, p. 19.
[2] Idem, p. 19-20.

a garantia constitucional (art. 5º, XXXV) do direito de ação não se dilua na sua eficácia prática". Portanto: recomposição, ressarcimento, a título de honorários contratuais, completamos.

Convidamos o leitor, e tendo por base a fundamentação acima, para a seguinte hipótese: cidadão é vítima de acidente de carro. Aciona o seguro e, em seguida, arca com as despesas relativas à franquia. Imaginemos, ainda, que tal prejuízo resultou na quantia de R$ 2.000,00 (franquia e gastos com, por exemplo, deslocamentos enquanto o carro estava em conserto). Entrando em contato com o responsável para adimplir com a quantia, aquele se nega ao pagamento. O cidadão, então, por não ter alternativa diversa, procura advogado para uma ação visando à cobrança com os gastos da franquia. Ao se deparar com o caso, o profissional estipula os seus honorários em, por exemplo, R$ 3.500,00. O cliente imediatamente pensa e indaga ao profissional: "Para o caso de procedência da ação, e considerando que o futuro réu tenha patrimônio para arcar com os R$ 2.500,00 que gastei com a franquia, ainda assim ficarei no prejuízo, eis que, para buscar o valor gasto com o acidente, terei de arcar com valores ainda maiores, a título de honorários advocatícios".

Pois bem. Em relação à hipótese acima trazida, perguntamos: Afastar o ressarcimento dos honorários contratuais em ação de cobrança com os gastos da franquia (exemplo aqui utilizado) seria fazer justiça? E se o cliente, pesando bônus e ônus inerentes a determinada ação judicial, entender que os gastos com o processo serão mais elevados do que não ajuizar a ação, ficaria sim ainda com o prejuízo que não deu causa. A impunidade, por outro lado, será privilegiada. A questão, como já podemos refletir, neste momento, não é nada simples.

Ensina Álvaro Villaça Azevedo que a responsabilidade civil "[...] surge em face do descumprimento obrigacional".[3]

O descumprimento acima referido pode dar causa a determinada ação de reparação, como por exemplo, seja por danos materiais e/ou extrapatrimoniais. Contudo, o objeto deste trabalho é a possibilidade de ser incluída, nos pedidos, a cobrança a título de honorários contratuais que a parte teve de gastar para o ajuizamento da demanda, ou então para a sua defesa.

Assim, com o objetivo de demonstrarmos a possibilidade de ressarcimento frente aos gastos com honorários contratuais, estudaremos a Responsabilidade Civil em seus pressupostos, o dever geral de não lesar ninguém e o princípio da reparação integral, somados ao estudo

3 AZEVEDO, Álvaro Villaça. *Teoria geral das obrigações e responsabilidade civil.* 12. ed. São Paulo: Atlas, 2011, p. 243.

do dano indenizável e também das perdas e danos. Estes serão os caminhos percorridos até chegarmos a discussão e posição, sobre o cabimento ou não, de pedidos da natureza aqui a ser estudada.

O assunto é controvertido no mundo jurídico e, como tal, merecedor da devida análise. Ainda, é questão prática e muito discutida no âmbito dos tribunais, não havendo sintonia entre os julgadores, seja para deferir o ressarcimento, seja para afastá-lo, em que pese o STJ já tenha dado a palavra final. Portanto, demonstraremos o posicionamento jurisprudencial acerca do tema, no sentido do deferimento e do indeferimento de pedidos nesse sentido, traçando um paralelo com o princípio da reparação integral, bem como das perdas e danos, como referido.

Em relação aos honorários, leciona Humberto Theodoro Júnior que: "Entre os gastos necessários que a parte faz no processo figuram os honorários pagos a seu advogado", sendo, portanto, uma espécie do gênero relativo às despesas processuais.[4]

Objetivamente, o livro divide-se em cinco partes. A primeira parte faz um breve histórico sobre as origens da advocacia e da atividade do advogado, analisando os honorários decorrentes da sucumbência, aliado a algumas alterações que o NCPC trouxe a respeito. A segunda parte faz um estudo sobre o Direito das Obrigações, suas fontes, sobre a Responsabilidade Civil e também os seus pressupostos. Tais tópicos são importantíssimos, eis que, em se falando de dano, de reparação, até chegarmos à sustentação do pedido de ressarcimento dos honorários contratuais, devemos percorrer os pressupostos da Responsabilidade Civil e, dentre eles, o dano e seu conceito e relevância ímpar, no sentido de dever de reparar. Já a terceira parte aborda um dos princípios mais importantes da Responsabilidade Civil, ou seja, o princípio da reparação integral. Somam-se às análises referentes às perdas e danos e às previsões que o Código Civil relaciona com os honorários de advogado. A quarta parte trata do ressarcimento propriamente dito, relativo à verba pactuada e paga, com objetivo de uma interpretação e sintonia, de um diálogo entre a reparação integral, perdas e danos e a própria Constituição Federal, quando se cogita da hipótese de reparação de danos e, nela, a inclusão dos gastos com os honorários advocatícios contratuais. Nesta edição, incluímos a quinta parte, assim dividida: o contrato de honorários e cláusula de êxito, a revogação, renúncia e a manutenção do êxito, o procedimento a ser observado pelo advogado que teve seus poderes revogados, o STJ e o problema da iliquidez e, por fim, os honorários contratuais e a gratuidade de justiça.

---

[4] THEODORO JÚNIOR, Humberto. *Curso de direito processual civil*. vol. I. teoria geral do direito processual civil e processo de conhecimento. 55. ed. Rio de Janeiro: Forense, 2014, p. 123.

Esperamos que este livro venha a despertar a sociedade para a importância do tema e que possa contribuir para a defesa integral dos interesses dos litigantes, no sentido de buscarmos a mais ampla reparação possível.

Primeira Parte

Origens da advocacia

Antes de iniciarmos o tema propriamente dito e proposto neste livro, necessário fazermos uma breve viagem às origens da advocacia, no sentido de seus primórdios e, inclusive, valorização de sua importância para o mundo jurídico. Paulo Lôbo é o nosso professor para tal tarefa.

Ensina o mestre suprarreferido sobre que a advocacia, "como defesa de pessoas, direitos, bens e interesses, teria nascido no terceiro milênio antes de Cristo, na Suméria, se forem considerados apenas alguns dados históricos mais remotos, conhecidos e comprovados". O autor, em continuidade, explica que, com base em fragmento do Código de Manu, aos sábios da época era autorizado aconselhar aos que necessitavam se defender perante as autoridades e tribunais. Tal circunstância também era verificada, entre os judeus, da leitura do Antigo Testamento. No Egito, por sua vez, "proibiam-se as alegações oratórias, para que as artes suasórias e os usos retóricos do defensor não influíssem nos juízes". Ainda, há quem defenda que o berço da advocacia teve origem na Grécia antiga (Atenas). É que lá a defesa dos interesses das partes, através de grandes oradores, como Demóstenes, Péricles, Isócrates, foi difundida.[5]

Em que pese a relevância das informações antes trazidas por Yussef Said Cahali, o autor salienta que não se traduziram, não se configuraram em atividade permanente e reconhecida. Para tomarmos conhecimento sobre a evolução da advocacia, o mundo romano é a referência. Portanto, seus traços evolutivos podem ser conferidos, basicamente, através de dois profissionais distintos:[6]

> [...] os advogados, como patronos e representantes das partes, e os jurisconsultos. Estes últimos, acreditados pela alta qualidade científica e moral de suas opiniões jurídicas, granjearam, ao longo da história romana, reconhecimento imperial, inclusive para vincular as decisões judiciais. Eram as responsia prudentium (daí, jurisprudência) que seriam

[5] LÔBO, Paulo Luiz Netto. *Comentários ao estatuto da advocacia e da OAB*. 3. ed. São Paulo: Saraiva, 2002, p. 3.

[6] Idem, p. 4.

levadas em conta no julgamento. Lê-se no preâmbulo das Instituições de Justiniano, voltadas à "mocidade que estuda as leis", que este grande Imperador de Constantinopla, em 530-533, promoveu a reunião nos cinquenta livros do Digesto ou Pandectas do direito antigo, nomeadamente dos pareceres, opiniões e obras dos jurisconsultos romanos, constituindo a fonte básica do direito romano.

Em Roma, de início, a advocacia forense competia apenas aos patrícios, eis que somente eles tinham acesso ao Direito. Posteriormente, com a Lei das XII Tábuas e a vitória política da plebe, o monopólio do Direito chegou ao seu fim. Tal circunstância acarretou no aumento do número de advogados, sejam plebeus, sejam leigos. A seu turno, no *Digesto*, não se encontram distinções acerca das funções dos advogados e dos jurisconsultos, ou seja, todos "[...] se dão ao estudo das leis e pleiteiam causas nas quais elas se justificam".[7]

O advogado, a seu turno, ou seja, a sua atividade remunerada, é um dos centros deste livro, eis que o que se discute é a possibilidade de a parte buscar o ressarcimento, a título de honorários contratuais, daquele que a obrigou a entrar em juízo, que deu causa à determinada demanda. Gladston Mamede assim ensina sobre o advogado:[8]

> A palavra advogado chega ao português do latim: *advocatus*. No sentido próprio "que assiste ao que foi chamado perante a justiça, assistente, patrono (sem advogar, ajudando o réu com sugestões, conselhos etc.) (Cícero; Pro Sulla, 81)"; no sentido figurado "ajudante, defensor (Tito Lívio; 26, 48, 10)". Tem-se, igualmente, a palavra *advocatio*, carregando tanto o sentido de "assistência, defesa, consultoria judiciária (Cícero, Cartas Familiares; 7, 10, 20)" quanto "reunião, assembleia de defensores (do acusado) (Cícero, Pro Sestio; 119)" e "prazo (de um modo geral) (Sêneca, De Ira; 1, 18, 1)". Por fim, recorde-se também o verbo advoco, que, no sentido próprio, pode ser compreendido como "chamar a si, convidar, convocar (Cícero, De Domo sua; 124). Daí, em sentido particular: chamar como conselheiro (num processo), chamar em seu auxílio (Cícero, Pro Quinctio; 69)", ou, ainda, "tomar como defensor (na época imperial) (Sêneca, De Clementia; 1, 9, 10)". Em sentido figurado, "apelar para, recorrer a, invocar a assistência (Ovídio, Metamorfoses; 7, 138)".

A advocacia é "atividade indispensável à administração da justiça, é o que prevê o art. 2º[9] do Estatuto.[10] Acrescentamos que a Constituição Federal também considera o profissional como essencial à administração da justiça, nos termos do art. 133.[11]

---

[7] LÔBO, Paulo Luiz Netto. *Comentários ao estatuto da advocacia e da OAB*. 3. ed. São Paulo: Saraiva, 2002, p. 4.

[8] MAMEDE, Gladston. *A advocacia e a Ordem dos Advogados do Brasil*. 2. ed. São Paulo: Atlas, 2003, p. 29.

[9] Art. 2º O advogado é indispensável à administração da justiça.

[10] MAMEDE, Gladston. *A advocacia e a Ordem dos Advogados do Brasil*. 2. ed. São Paulo: Atlas, 2003, p. 33.

[11] Art. 133. O advogado é indispensável à administração da justiça, sendo inviolável por seus atos e manifestações no exercício da profissão, nos limites da lei.

Tão importante é a atuação do advogado, na defesa dos interesses das partes, que podemos observar julgamento do Superior Tribunal de Justiça ressaltando tal importância. No caso, a Corte discutiu sobre a garantia que tem o profissional no sentido de examinar autos, nos seguintes termos: "exercício dos direitos básicos de que também é titular, no exercício de sua função, porquanto, segundo o art. 133, da Constituição Federal, é indispensável à administração da Justiça". A decisão ressalta, ainda, que a imposição de óbices à atuação do advogado "[...] esvaziaria uma garantia constitucional prevista no art. 5º, inciso LV, da CF", sendo ressaltado o Estatuto da Ordem dos Advogados do Brasil e a Constituição Federal, nos pontos em que destacam e caracterizam o profissional como indispensável à administração da Justiça.[12]

O Supremo Tribunal Federal também ressaltou e relevou a importância do advogado, na defesa dos interesses de seus clientes, também nos termos do art. 133 da Constituição Federal. Neste debate, ocorreu o falecimento do profissional antes da publicação de decisão de acórdão,

---

[12] RECURSO ORDINÁRIO EM MANDADO DE SEGURANÇA - DESPACHO - INEXISTÊNCIA DE RECURSO PRÓPRIO - MANDADO DE SEGURANÇA - CABIMENTO - ACESSO AOS AUTOS - VISTA FORA DE CARTÓRIO - PRERROGATIVA DO ADVOGADO - LEGITMIDADE - AUSÊNCIA DE SIGILO - GARANTIA DO ESTATUTO DA OAB E DO CÓDIGO DE PROCESSO CIVIL - RECURSO PROVIDO. 1. Violação ao artigo 535 do Código de Processo Civil. Inocorrência. Acórdão estadual claro e suficientemente fundamentado, tendo a Corte local analisado todas as questões essenciais ao deslinde da controvérsia, ainda que de forma contrária aos interesses da parte. 2. O ato judicial que determinou a remessa dos autos ao Tribunal de Justiça tem natureza de despacho, porquanto conferiu andamento ao processo. Nesse contexto, inexistindo recurso próprio para discutir o referido ato judicial (art. 504, do CPC), cabível o manejo de mandado de segurança. Escólio doutrinário. 3. O artigo 7º, incisos XIII e XV, da Lei nº 8.906/94, Estatuto da Advocacia, prescreve como prerrogativas do Advogado: "(...) XIII – examinar, em qualquer órgão dos Poderes Judiciário e Legislativo, ou da administração pública em geral, autos de processos findos ou em andamento, mesmo sem procuração, quando não estejam sujeitos a sigilo, assegurada a obtenção de cópias, podendo tomar apontamentos" e "XV – ter vista dos processos judiciais ou administrativos de qualquer natureza, em cartório ou na repartição competente, ou retirá-los pelos prazos legais". 3.1. A razão hermenêutica dessa garantia repousa no complexo de direitos dos quais são titulares as partes – seja autor, seja réu – cujo corolário é a prerrogativa do advogado em ter acesso aos autos respectivos, segurança explicitamente outorgada pelo Estatuto da Advocacia (lei nº 8.906/94), e da qual a exegese no sentido de impor obstáculo ao defensor devidamente constituído esvaziaria uma garantia constitucional prevista no art. 5º, inciso LV, da CF. 3.1.1. A impossibilidade de vista aos autos pelo advogado, ora recorrente, prejudica, sem dúvida, a defesa técnica de seu constituinte, cuja assistência o profissional não poderá prestar- lhe adequadamente se é sonegado o acesso amplo aos autos sobre o qual litiga. Precedentes do STJ e do STF. 4. O Estatuto da Advocacia – ao dispor sobre o acesso do advogado aos autos de procedimentos estatais – sejam eles judiciais ou administrativos – assegura-lhe, como típica garantia de ordem profissional, o direito de examinar os autos, sempre em benefício de seu constituinte, e em ordem a viabilizar, quanto a este, o exercício do direito de conhecer os elementos probatórios, bem como influir na decisão do Juiz, possibilitando-se o exercício dos direitos básicos de que também é titular, no exercício de sua função, porquanto, segundo o art. 133, da Constituição Federal, é indispensável à administração da Justiça. 5. Recurso ordinário em mandado de segurança parcialmente provido. (BRASIL. Superior Tribunal de Justiça. Quarta Câmara. RMS 45649/SP. Rel. Min: Marco Buzzi. Julgado em: 07/04/2015. Disponível em: https://ww2.stj.jus.br/processo/revista/documento/mediado/?componente=ITA&sequencial=1396545&num_registro=201401240905&data=20150416&formato=HTML>. Acesso em: 17 mai. 2016).

circunstância esta que acarretou na ausência de intimação do profissional, ocasionando, também, a ausência de defesa técnica, eis que era o único constituído nos autos.[13]

Portanto, entendemos que, para hipótese de contratação de advogado e por sua indispensabilidade e essencialidade à administração da justiça, conforme norma infraconstitucional e constitucional, os honorários contratuais devem ser sim objeto de ressarcimento pela parte contrária.

1. Honorários advocatícios e Estatuto da OAB

Afirma Gladston Mamede que "[...] são os honorários advocatícios a paga pelo trabalho autônomo de advogado". O autor, em seus estudos e comentários acerca dos honorários advocatícios, e em referência à doutrina de José Oswaldo de Oliveira Leite, ressalta que, em um certo momento histórico, entendia-se como ilegal a cobrança pelos serviços advocatícios:[14]

> Tácito, o historiador, dá notícia da Lei Cíncia, que proibia a cobrança dos serviços prestados pelos procuradores. O étimo latino – *honorarium* – ainda hoje perturba o sentido jurídico do termo. Os honoraria eram dádivas e oferendas prestadas aos patriarcas, pelos conselhos e predicações às partes. Esse tempo, porém, foi superado. Entre nós, diz o jurista, "a remuneração profissional é ganho lícito e digno. É fonte de enriquecimento honesto desde que haja lealdade no cobrar, se possível com prévio contrato de honorários; que se cobre sem locupletamento; e que se cobre sem mercantilização".

Em termos históricos, especialmente desde a Roma antiga, existiam pessoas que auxiliavam os interessados em questões jurídicas.

---

[13] Recurso ordinário em *habeas corpus*. Constitucional e processual penal. Arts. 133 e 5º, inciso LV da CB/88. Trânsito em julgado de decisão que negou provimento a recurso de apelação interposto pela defesa. Falecimento do único advogado constituído, resultando impossibilitada a intimação do acórdão. Violação ao contraditório e à ampla defesa. Desconstituição do trânsito em julgado e devolução do prazo recursal. Manutenção da liberdade do paciente, que respondeu solto à ação penal. 1. A Constituição da República determina que "o advogado é indispensável à administração da justiça" (art. 133). É por intermédio dele que se exerce "o contraditório e a ampla defesa, com os meios e recursos a ela inerentes" (art. 5º, LV). 2. O falecimento do patrono do réu, dias antes da publicação do acórdão do TJ que negou provimento ao recurso de apelação interposto pela defesa, consubstancia situação relevante. Isso porque, havendo apenas um advogado constituído nos autos, a intimação do acórdão tornou-se impossível após a sua morte. Em consequência, o paciente ficou sem defesa técnica. Há, no caso, nítida violação ao contraditório e à ampla defesa, a ensejar a desconstituição do trânsito em julgado do acórdão e a devolução do prazo recursal, bem como a restituição da liberdade do paciente, que respondeu à ação penal solto. 3. Recurso provido. (BRASIL. Supremo Tribunal Federal. Primeira Turma. RHC 104723/SP. Rel. Min: Dias Toffoli. Julgado em: 23/11/2010. Disponível em: <http://redir.stf.jus.br/paginadorpub/paginador.jsp?docTP=AC&docID=619397>. Acesso em: 17 mai. 2016).

[14] MAMEDE, Gladston. *A advocacia e a Ordem dos Advogados do Brasil*. 2. ed. São Paulo: Atlas, 2003, p. 279.

Todavia, séculos se passaram até que a profissão tivesse regras e disciplinas próprias. Assim, até a devida regulamentação, vários conceitos, sejam jurídicos ou não, tinham relação com a palavra *advocatus*: *patronus, patronus causarum togatus, causidicos, orator, iuris peritus, scolasticus.*[15]

Já em relação aos honorários, o Estatuto da Ordem dos Advogados do Brasil faz previsão expressa do instituto, entre os arts. 22 e 26,[16] Capítulo VI.[17] A legislação é clara ao dispor que:

> Art. 22. A prestação de serviço profissional assegura aos inscritos na OAB o direito aos honorários convencionados, aos fixados por arbitramento judicial e aos de sucumbência.

E, como se não bastasse:

> Art. 23. Os honorários incluídos na condenação, por arbitramento ou sucumbência, pertencem ao advogado, tendo este direito autônomo para executar a sentença nesta parte, podendo requerer que o precatório, quando necessário, seja expedido em seu favor.

---

[15] MAMEDE, Gladston. *A advocacia e a Ordem dos Advogados do Brasil*. 2. ed. São Paulo: Atlas, 2003, p. 29-30.

[16] Art. 22. A prestação de serviço profissional assegura aos inscritos na OAB o direito aos honorários convencionados, aos fixados por arbitramento judicial e aos de sucumbência. § 1º O advogado, quando indicado para patrocinar causa de juridicamente necessitado, no caso de impossibilidade da Defensoria Pública no local da prestação de serviço, tem direito aos honorários fixados pelo juiz, segundo tabela organizada pelo Conselho Seccional da OAB, e pagos pelo Estado. § 2º Na falta de estipulação ou de acordo, os honorários são fixados por arbitramento judicial, em remuneração compatível com o trabalho e o valor econômico da questão, não podendo ser inferiores aos estabelecidos na tabela organizada pelo Conselho Seccional da OAB. § 3º Salvo estipulação em contrário, um terço dos honorários é devido no início do serviço, outro terço até a decisão de primeira instância e o restante no final. § 4º Se o advogado fizer juntar aos autos o seu contrato de honorários antes de expedir-se o mandado de levantamento ou precatório, o juiz deve determinar que lhe sejam pagos diretamente, por dedução da quantia a ser recebida pelo constituinte, salvo se este provar que já os pagou. § 5º O disposto neste artigo não se aplica quando se tratar de mandato outorgado por advogado para defesa em processo oriundo de ato ou omissão praticada no exercício da profissão. Art. 23. Os honorários incluídos na condenação, por arbitramento ou sucumbência, pertencem ao advogado, tendo este direito autônomo para executar a sentença nesta parte, podendo requerer que o precatório, quando necessário, seja expedido em seu favor. Art. 24. A decisão judicial que fixar ou arbitrar honorários e o contrato escrito que o estipular são títulos executivos e constituem crédito privilegiado na falência, concordata, concurso de credores, insolvência civil e liquidação extrajudicial. § 1º A execução dos honorários pode ser promovida nos mesmos autos da ação em que tenha atuado o advogado, se assim lhe convier. § 2º Na hipótese de falecimento ou incapacidade civil do advogado, os honorários de sucumbência, proporcionais ao trabalho realizado, são recebidos por seus sucessores ou representantes legais. § 3º É nula qualquer disposição, cláusula, regulamento ou convenção individual ou coletiva que retire do advogado o direito ao recebimento dos honorários de sucumbência. (Na ADIn n. 1.194-4, o STF suspendeu os efeitos do § 3o. (liminar). § 4º O acordo feito pelo cliente do advogado e a parte contrária, salvo aquiescência do profissional, não lhe prejudica os honorários, quer os convencionados, quer os concedidos por sentença. Art. 25. Prescreve em cinco anos a ação de cobrança de honorários de advogado, contado o prazo: I – do vencimento do contrato, se houver; II – do trânsito em julgado da decisão que os fixar; III – da ultimação do serviço extrajudicial; IV – da desistência ou transação; V – da renúncia ou revogação do mandato. Art. 26. O advogado substabelecido, com reserva de poderes, não pode cobrar honorários sem a intervenção daquele que lhe conferiu o substabelecimento.

[17] Disponível em: <http://www.oabrs.org.br/estatuto>. Acesso em: 06 abr. 2015.

Humberto Theodoro Júnior, ao lecionar sobre os honorários advocatícios, afirma que tais gastos são necessários e efetuados pela parte, quando da defesa de seus interesses em juízo. Na verdade, continua o autor esclarecendo que: "Em sentido amplo, são uma espécie do gênero *despesas processuais*, portanto". Em se cogitando de sucumbência, a legislação processual, confere tratamento especial em certos aspectos:[18]

> a) só a sentença, ao encerrar o processo, é que resolverá a questão dos honorários, salvo na execução e no cumprimento de sentença, quando é tratada em decisão interlocutória (NCPC, arts. 85, § 1º, e 827, *caput*);
>
> b) por outro lado, pouco importa o contrato firmado entre a parte e seu advogado, ou a quantia que efetivamente lhe foi paga. O ressarcimento dos gastos advocatícios será sempre feito conforme o valor fixado pelo juiz na sentença (art. 85, § 2º);
>
> c) na verdade, os honorários de sucumbência não revertem para a parte vencedora, mas "constituem direito do advogado e têm natureza alimentar, com os mesmos privilégios dos créditos oriundo da legislação do trabalho". Por isso mesmo fica vedada a compensação em caso de sucumbência parcial (art. 85, § 14).

Mas há de se fazer distinção entre custas e despesas processuais, como ensina Yussef Said Cahali:[19]

> [...] custas são as despesas feitas na expedição da causa, e que, tendo uma taxa legal, são contadas para serem pagas à parte vencedora, pela vencida. As despesas diferem das custas como o gênero de espécie. A palavra despesas compreende tudo aquilo que se desembolsa por ocasião da causa, e ainda mesmo que a parte vencedora não pode repetir da vencida, podendo vir somente na razão de perdas e danos, como os honorários de advogado, os salários do procurador, enquanto a palavra custas se restringe àquelas despesas que são taxadas por lei para serem contadas, contra a parte vencida.

1.1. Verba de caráter alimentar

Importante ressaltar, também, o caráter alimentar que caracterizam os honorários sucumbenciais. É que o rol previsto pelo art. 100, § 1º-A, da Constituição Federal, não é exaustivo. Inclusive o próprio Estatuto da OAB, em seus arts. 22 e 23 anteriormente referidos, determina que os honorários advocatícios "incluídos na condenação pertencem ao advogado, consubstanciando prestação alimentícia [...]".[20]

O Supremo Tribunal Federal também firma entendimento acerca do caráter alimentar dos honorários advocatícios, no mesmo sentido do acima referido: "O Supremo Tribunal Federal entende que o rol

---

[18] THEODORO JÚNIOR, Humberto. *Curso de direito processual civil*. Vol. I. 56. ed. Rio de Janeiro: Forense, 2015, p. 301.

[19] CAHALI, Yussef Said. *Honorários advocatícios*. 3. ed. São Paulo: Revista dos Tribunais, 1997, p. 392.

[20] NERY JUNIOR, Nelson; NERY, Rosa Maria de Andrade. *Código de processo civil comenta e legislação extravagante*. 10. ed. São Paulo: Revista dos Tribunais, 2007, p. 230-231.

contido no art. 100, § 1º-A, da Constituição (redação dada pela Emenda Constitucional nº 30/2000) não é exaustivo, mas meramente exemplificativo. Partindo dessa premissa, a Corte considera os honorários advocatícios como verbas de natureza alimentícia, estando, portanto, fora do parcelamento previsto no art. 78 do ADCT, para os precatórios em geral". Todavia, a Corte ressaltou que, em se tratando de honorários contratuais, tal verba perde o caráter alimentar.[21]

O Superior Tribunal de Justiça também já pacificou entendimento acerca da natureza remuneratória inerente aos honorários de sucumbência. Tal posição reflete, por exemplo, nos precatórios, que podem ser executados em nome próprio do advogado, no ponto específico referente à sucumbência.[22] Mesmo tendo natureza alimentar, os honorários advocatícios (sucumbenciais ou contratuais)[23] também podem ser passíveis de penhora.[24] Ainda, a Corte analisou a penhora de honorá-

[21] AGRAVO REGIMENTAL EM AGRAVO DE INSTRUMENTO. PRECATÓRIO. HONORÁRIOS ADVOCATÍCIOS. NATUREZA ALIMENTAR. PRECEDENTES. O Supremo Tribunal Federal tem entendimento pacífico de que os honorários advocatícios sucumbenciais possuem natureza alimentar. Precedentes. Agravo regimental a que se nega provimento. (BRASIL. Supremo Tribunal Federal. Primeira Turma. AI 622055 AgR/BA. Rel. Min: ROBERTO BARROSO. Julgado em: 10/02/2015. Disponível em: <http://redir.stf.jus.br/paginadorpub/paginador.jsp?docTP=TP&docID=7937375>. Acesso em: 06 abr. 2015).

[22] RECURSO ESPECIAL REPRESENTATIVO DE CONTROVÉRSIA. ART. 543-C DO CPC. PROCESSO CIVIL. FORMULAÇÃO DE PEDIDO DE DESISTÊNCIA DA HABILITAÇÃO OBJETO DO RECURSO ESPECIAL REPRESENTATIVO DE CONTROVÉRSIA. IMPOSSIBILIDADE. CESSÃO DE CRÉDITO. HONORÁRIOS ADVOCATÍCIOS DE SUCUMBÊNCIA. DIREITO AUTÔNOMO DO CAUSÍDICO. PRECATÓRIO. ESPECIFICAÇÃO DO CRÉDITO RELATIVO À VERBA ADVOCATÍCIA OBJETO DA CESSÃO DE CRÉDITO. HABILITAÇÃO DO CESSIONÁRIO. POSSIBILIDADE. 1. De acordo com o Estatuto da Advocacia em vigor (Lei nº 8.906/94), os honorários de sucumbência constituem direito autônomo do advogado e têm natureza remuneratória, podendo ser executados em nome próprio ou nos mesmos autos da ação em que tenha atuado o causídico, o que não altera a titularidade do crédito referente à verba advocatícia, da qual a parte vencedora na demanda não pode livremente dispor. 2. O fato de o precatório ter sido expedido em nome da parte não repercute na disponibilidade do crédito referente aos honorários advocatícios sucumbenciais, tendo o advogado o direito de executá-lo ou cedê-lo a terceiro. 3. Comprovada a validade do ato de cessão dos honorários advocatícios sucumbenciais, realizado por escritura pública, bem como discriminado no precatório o valor devido a título da respectiva verba advocatícia, deve-se reconhecer a legitimidade do cessionário para se habilitar no crédito consignado no precatório. 4. Recurso especial provido. Acórdão sujeito ao regime do art. 543-C do CPC e da Resolução STJ 08/2008. (BRASIL. Superior Tribunal de Justiça. REsp 1102473 / RS. Corte Especial. Rel. Min: Maria Thereza de Assis Moura. Julgado em: 16/05/2012. Disponível em: <https://ww2.stj.jus.br/processo/revista/documento/mediado/?componente=ITA&sequencial=1140988&num_registro=200802566525&data=20120827&formato=HTML>. Acesso em: 17 mai. 2016).

[23] A norma referida no acórdão trazido encontra-se, na sistemática do NCPC, em seu art. 833, § 2º.

[24] AGRAVO REGIMENTAL NO AGRAVO (ART. 544 DO CPC) – AÇÃO REVISIONAL DE CONTRATO BANCÁRIO – CUMPRIMENTO DE SENTENÇA – HONORÁRIOS SUCUMBENCIAIS – EXCEÇÃO À IMPENHORABILIDADE DE SALÁRIOS – DECISÃO MONOCRÁTICA QUE CONHECEU DO AGRAVO PARA NEGAR SEGUIMENTO AO RECURSO ESPECIAL. IRRESIGNAÇÃO DA AGRAVANTE. 1. Esta Corte Superior adota o posicionamento de que o caráter absoluto da impenhorabilidade dos vencimentos, soldos e salários (dentre outras verbas destinadas à remuneração do trabalho) é excepcionado pelo § 2º do art. 649 do CPC, quando se tratar de penhora para pagamento de prestações alimentícias. Precedentes. 2. Os honorários advocatícios, contratu-

rios contratuais elevados, e fez distinção entre os honorários que servem ao sustento da família e aqueles considerados como exorbitantes, que, por tal característica, perdem a natureza alimentar e a finalidade de sustento.[25] As pensões alimentícias podem ser pagas através de penhora dos honorários, sejam contratuais, sejam de sucumbência, como forma de exceção a sua impenhorabilidade.[26] Por último, cabe referir que o Superior Tribunal de Justiça, considerando o caráter alimentar ora analisado, dos honorários, determina que tal verba tenha condição de "[...] privilégio geral em concurso de credores, equiparando-se ao crédito trabalhista, mesmo em se tratando de Execução Fiscal".[27]

---

ais ou sucumbenciais têm natureza alimentícia, sendo, assim, possível a penhora de 30% da verba salarial para seu pagamento. Incidência à hipótese da Súmula nº 83 do STJ. 3. Agravo regimental desprovido. (BRASIL. Superior Tribunal de Justiça. Quarta Turma. AgRg no AREsp 201290/MG. Rel. Min: Marco Buzzi. Julgado em: 04/02/2016. Disponível em: <https://ww2.stj.jus.br/processo/revista/documento/mediado/?componente=ITA&sequencial=1482714&num_registro=201201460424&data=20160216&formato=HTML>. Acesso em: 17 mai. 2016).

[25] PROCESSUAL CIVIL. AGRAVO REGIMENTAL NO RECURSO ESPECIAL. EXECUÇÃO FISCAL. DISPOSITIVOS APONTADOS COMO VIOLADOS. AUSÊNCIA DE PREQUESTIONAMENTO. SÚMULAS 282 E 356 DO STF. PEDIDO DE PENHORA DE HONORÁRIOS ADVOCATÍCIOS. REGRA GERAL: IMPENHORABILIDADE DE VERBAS COM NATUREZA ALIMENTAR. EXCEPCIONALMENTE, QUANDO FIXADO EM VALOR ELEVADO. EXCEÇÃO NÃO CONFIGURADA NO CASO CONCRETO. 1. O recurso especial não merece ser conhecido em relação a questão que não foi tratada no acórdão recorrido, sobre a qual nem sequer foram apresentados embargos de declaração, ante a ausência do indispensável prequestionamento (Súmulas 282 e 356 do STF, por analogia). 2. Os honorários advocatícios, tanto os contratuais quanto os sucumbenciais, tem natureza alimentar e destinam-se ao sustento do advogado e de sua família, portanto são insuscetíveis de penhora (art. 649, IV do CPC). 3. "Todavia a regra disposta no art. 649, inciso IV, do CPC não pode ser interpretada de forma literal. Em determinadas circunstancias é possível a sua relativização, como ocorre nos casos em que os honorários advocatícios recebidos em montantes exorbitantes ultrapassam os valores que seriam considerados razoáveis para sustento próprio e de sua família. Nesses casos, a verba perde a sua natureza alimentar e a finalidade de sustento". (REsp 1264358/SC, Rel. Ministro Humberto Martins, Segunda Turma, julgado em 25/11/2014, DJe 05/12/2014). Em igual sentido: REsp 1356404/DF, Rel. Ministro Raul Araújo, Quarta Turma, julgado em 04/06/2013, DJe 23/08/2013 4. Verifica-se que no caso dos autos, o valor fixado a título de honorários advocatícios sobre o qual busca a Fazenda estadual a penhora não se encontra dentro da exceção que vem sendo admitida pelos julgados do STJ, na medida que trata-se de valor fixado dentro de limite razoável, com nítido caráter para prover o próprio sustento e da sua família, razão pela qual, na presente situação, há de ser reconhecida a impenhorabilidade dos honorários advocatícios. 5. Agravo regimental não provido. (BRASIL. Superior Tribunal de Justiça. Segunda Turma. AgRg no REsp 1557137/SC. Rel. Min: Mauro Campbell Marques. Julgado em: 27/10/2015. Disponível em: https://ww2.stj.jus.br/processo/revista/documento/mediado/?componente=ITA&sequencial=1459064&num_registro=201502357133&data=20151109&formato=HTML>. Acesso em: 17 mai. 2016).

[26] PROCESSUAL CIVIL. AGRAVO REGIMENTAL. AGRAVO EM RECURSO ESPECIAL. AÇÃO DE EXECUÇÃO DE TÍTULO EXTRAJUDICIAL. HARMONIA ENTRE O ACÓRDÃO RECORRIDO E A JURISPRUDÊNCIA DO SUPERIOR TRIBUNAL DE JUSTIÇA. 1. O Tribunal de origem julgou nos moldes da jurisprudência desta Corte. Incidente, portanto, a Súmula 83/STJ. 2. Agravo regimental a que se nega provimento. (BRASIL. Superior Tribunal de Justiça. Terceira Turma. AgRg no AREsp 634032/MG. Rel. Min: Moura Ribeiro. Julgado em: 20/08/2015. Disponível em: <https://ww2.stj.jus.br/processo/revista/documento/mediado/?componente=ITA&sequencial=1431296&num_registro=201403217610&data=20150831&formato=HTML>. Acesso em: 17 mai. 2016).

[27] PROCESSUAL CIVIL E TRIBUTÁRIO. HONORÁRIOS ADVOCATÍCIOS. CRÉDITO DE NATUREZA ALIMENTAR. ART. 24 DA LEI 8.906/94. EQUIPARAÇÃO A CRÉDITO TRABALHISTA.

Em que pese o caráter alimentar que cerca os honorários advocatícios, a Súmula nº 306 do Superior Tribunal de Justiça[28] não impede a sua compensação,[29] bem como, segundo a Corte, tal entendimento não colide com o Estatuto da OAB.[30]

1.2. *Compensação e a Súmula nº 306 do Superior Tribunal de Justiça*

Eis o enunciado da Súmula nº 306, que admitia a compensação dos honorários advocatícios: "Os honorários advocatícios devem ser compensados quando houver sucumbência recíproca, assegurado o direito autônomo do advogado à execução do saldo sem excluir a legi-

---

ENTENDIMENTO FIRMADO PELA CORTE ESPECIAL NO JULGAMENTO DOS EDCL NOS ERESP 1.351.256/PR. 1. A Corte Especial adotou o novel entendimento de que os honorários advocatícios ostentam natureza alimentar e detêm privilégio geral em concurso de credores, equiparando-se ao crédito trabalhista, mesmo em se tratando de Execução Fiscal. Precedente: EDcl nos EREsp 1.351.256/PR, Rel. Ministro Mauro Campbell Marques, Corte Especial, julgado em 4.3.2015, DJe 20.3.2015. 2. Agravo Regimental não provido. (BRASIL. Superior Tribunal de Justiça. Segunda Turma. AgRg no REsp 1539760/PR. Rel. Min: Herman Benjamin. Julgado em: 22/09/2015. Disponível em: <https://ww2.stj.jus.br/processo/revista/documento/mediado/?componente=ITA&sequencial=1445999&num_registro=201501504380&data=20151111&formato=HTML>. Acesso em: 17 mai. 2016).

[28] Acerca da compensação, tal circunstância será objeto da devida e merecedora análise no ponto. Portanto e com base em alterações trazidas pelo NCPC, remetemos o leitor ponto 1.1.6.

[29] PROCESSUAL CIVIL. AGRAVO REGIMENTAL. RECURSO ESPECIAL. CONTRATOS DE ABERTURA DE CRÉDITO PARA DESCONTO DE TÍTULOS E DE CRÉDITO "CARTEIRA B". TAXA DE JUROS REMUNERATÓRIOS. CONTRATOS NÃO APRESENTADOS. TAXA MÉDIA DE MERCADO. PRECEDENTES. APLICAÇÃO DO CDC. REDUÇÃO DA MULTA MORATÓRIA. IMPOSSIBILIDADE. HONORÁRIOS ADVOCATÍCIOS. VERBA ALIMENTAR. COMPENSAÇÃO. CABIMENTO. ENUNCIADOS 285 E 306 DA SÚMULA DO STJ. 1. Não ocorrendo a juntada dos contratos aos autos, de maneira que é não conhecido o percentual dos juros remuneratórios, circunstância fática e contratual alheia à instância especial, a jurisprudência do STJ firmou seu posicionamento no sentido de que prevalece a taxa média de mercado (2ª Seção, REsp 1.112.880/PR, Rel. Ministra Nancy Andrighi, DJe de 19.5.2010). 2. Nos termos do Verbete sumular 285 do STJ, a redução da multa moratória para 2%, tal como definida na Lei 9.298/1996, que modificou o Código de Defesa do Consumidor, somente é possível para os contratos celebrados após a sua vigência, hipótese diversa da dos autos. 3. Conforme o enunciado 306, da Súmula desta Corte, o caráter alimentar dos honorários advocatícios não é óbice a sua compensação. 4. Agravo regimental a que se nega provimento. (BRASIL. Superior Tribunal de Justiça. Quarta Turma. AgRg no REsp 1243240/SC. Rel. Min: Maria Isabel Gallotti. Julgado em: 20/11/2014. Disponível em: <https://ww2.stj.jus.br/processo/revista/documento/mediado/?componente=ITA&sequencial=1367697&num_registro=201100524437&data=20141127&formato=HTML>. Acesso em: 06 abr. 2015).

[30] PROCESSO CIVIL. HONORÁRIOS DE ADVOGADO. COMPENSAÇÃO. Os honorários de advogado estão sujeitos à compensação (STJ – Súmula nº 306). A previsão no Código de Processo Civil de compensação dos honorários advocatícios não colide com o Estatuto da Advocacia (REsp nº 963.528, PR, relator o Ministro Luiz Fux, julgado conforme os parâmetros do art. 543-C do Código de Processo Civil, DJe de 04.02.2010). Agravo regimental desprovido. (BRASIL. Superior Tribunal de Justiça. Primeira Turma. AgRg no AREsp 367994/MS. Rel. Min: Ari Pargendler. Julgado em: 03/04/2014. Disponível em: <https://ww2.stj.jus.br/processo/revista/documento/mediado/?componente=ITA&sequencial=1311875&num_registro=201302177102&data=20140513&formato=HTML>. Acesso em: 06 abr. 2015).

timidade da própria parte".[31] A jurisprudência também autorizava[32] a compensação, mesmo para os casos do deferimento da assistência judiciária gratuita.[33]

Nesta outra decisão também foi admitida a compensação de honorários fixados na ação de conhecimento e, posteriormente, nos embargos à execução.[34]

Portanto, a compensação do instituto era firme e pacífica nos corredores da Corte, bem como nos Tribunais estaduais. A título de exemplo, trazemos julgamentos do Tribunal de Justiça do Estado do Rio Grande do Sul[35] e de São Paulo,[36] respectivamente, que também entendem pela compensação.

---

[31] Disponível em: <http://www.stj.jus.br/SCON/sumulas/toc.jsp?tipo_visualizacao=null&livre=honor%E1rios+advocat%EDcios+e+s%FAmula+306&b=SUMU&thesaurus=JURIDICO>. Acesso em: 06 abr. 2015.

[32] Veremos mais adiante que o Novo Código de Processo Civil, de forma expressa, proíbe a compensação referida neste tópico.

[33] PROCESSO CIVIL. HONORÁRIOS ADVOCATÍCIOS. FIXAÇÃO. EXECUÇÃO E EMBARGOS DO DEVEDOR. CARÁTER AUTÔNOMO E PROVISÓRIO. COMPENSAÇÃO. JUSTIÇA GRATUITA. POSSIBILIDADE. VIOLAÇÃO AO ART. 535 DO CPC. NÃO OCORRÊNCIA. 1. Verifica-se não ter ocorrido ofensa ao art. 535 do CPC, na medida em que o Tribunal de origem dirimiu, fundamentadamente, as questões que lhe foram submetidas, apreciando integralmente a controvérsia posta nos presentes autos. 2. Segundo a firme compreensão do Superior Tribunal de Justiça, os honorários advocatícios devem ser fixados de forma independente na execução e nos embargos de devedor, tendo em vista a autonomia das referidas ações. 3. Ainda na linha de nossa jurisprudência, essa autonomia não é absoluta, pois "o sucesso dos embargos do devedor importa a desconstituição do título exequendo e, consequentemente, interfere na respectiva verba honorária. Logo, apesar de a condenação ao pagamento de honorários na execução não estar condicionada à oposição dos embargos, a sorte desses influencia no resultado daqueles, de modo que a fixação inicial dessa quantia tem caráter provisório" (AgRg no AgRg no REsp 1.216.219/RS, Rel. Ministro Castro Meira, Segunda Turma, julgado em 14/08/2012, DJe 24/08/2012). 4. Admite-se a compensação de verba honorária fixada na execução com aquela decorrente da procedência dos embargos do devedor, ainda que a parte seja beneficiária da assistência judiciária gratuita. 5. Agravo regimental a que se nega provimento. (BRASIL. Superior Tribunal de Justiça. Primeira Turma. AgRg no AREsp 666882/RS. Rel. Min: Sergio Kukina. Julgado em: 19/03/2015. Disponível em: <https://ww2.stj.jus.br/processo/revista/documento/mediado/?componente=ITA&sequencial=1392422&num_registro=201500415830&data=20150326&formato=HTML>. Acesso em: 06 abr. 2015).

[34] PROCESSUAL CIVIL E PREVIDENCIÁRIO. AGRAVO REGIMENTAL NO RECURSO ESPECIAL. HONORÁRIOS DE ADVOGADO. VERBA FIXADA NA AÇÃO DE CONHECIMENTO E EM EMBARGOS À EXECUÇÃO. COMPENSAÇÃO. POSSIBILIDADE. PRECEDENTES DO STJ. AGRAVO REGIMENTAL NÃO PROVIDO. 1. Consoante jurisprudência firme do STJ, é possível a compensação de honorários advocatícios fixados na ação de conhecimento com aqueles estabelecidos em embargos à execução, ainda que uma das partes seja beneficiária da assistência judiciária gratuita, visto que, segundo o entendimento do STJ, tal compensação é possível considerando os termos do artigo 21 do CPC, bem assim a Súmula 306 do STJ, sendo que o deferimento do benefício da justiça gratuita não constitui óbice a essa compensação. 2. Agravo regimental não provido. (BRASIL. Superior Tribunal de Justiça. Segunda Turma. AgRg no REsp 1384185/PR. Rel. Min: Mauro Campbell Marques. Julgado em: 19/09/2013. Disponível em: <https://ww2.stj.jus.br/processo/revista/documento/mediado/?componente=ITA&sequencial=1266488&num_registro=201301400598&data=20130927&formato=HTML>. Acesso em: 06 abr. 2015).

[35] DECISÃO MONOCRÁTICA. APELAÇÃO CÍVEL. POLÍTICA SALARIAL. REEXAME NECESSÁRIO. REAJUSTES DA LEI Nº 10.395/95. GRATIFICAÇÃO DE DIFÍCIL ACESSO. LEI Nº 12.961/08. COMPENSAÇÃO. SUCUMBÊNCIA RECÍPROCA. REDIMENSIONAMENTO. Nos

1.3. *Sucumbência recíproca e decaimento mínimo*

A sucumbência mínima, ensinam Nelson Nery Junior e Rosa Maria de Andrade Nery, ocorre quando:[37]

> [...] a perda for ínfima, é equiparada a vitória, de sorte que a parte contrária deve arcar com a totalidade da verba de sucumbência (custas, despesas e honorários de advogado). A caracterização de "parte mínima do pedido" dependerá de aferição pelo juiz, que deverá levar em consideração o valor da causa, o bem da vida pretendido e o efetivamente conseguido pela parte.

Todavia, para as hipóteses de decaimento mínimo, a Corte firmou entendimento cuja compensação não se mostra cabível: "No tocante à compensação dos ônus de sucumbência, a jurisprudência desta Corte entende que não é cabível a compensação recíproca dos honorários advocatícios na hipótese em que, apesar de o réu ter obtido parcial sucesso no recurso de apelação, o autor decaiu em parte mínima do pedido,

---

termos do artigo 1º, da Lei nº 8.646/88 a gratificação de difícil acesso ou provimento corresponde a uma porcentagem, dependendo da classificação da escola, sobre o vencimento básico do Quadro de Carreira do Magistério. Assim, os reajustes da Lei nº 10.395/95, devem incidir sobre referida gratificação. Há interesse de agir da parte ainda que tenha ocorrido a implantação dos reajustes através da Lei 12.961/08 de forma administrativa, pois persiste o direito do servidor em relação às diferenças pretéritas. Eventuais pagamentos deverão ser compensados na execução. -Havendo decaimento de parte do pedido, a sucumbência deve ser recíproca. Hipótese de redimensionamento da sucumbência. -Na hipótese de sucumbência recíproca mostra-se possível a compensação dos honorários advocatícios, por força do disposto no artigo 21, *caput*, do Código de Processo Civil, haja vista não ter sido referida norma revogada ou derrogada, expressa ou tacitamente, pelo artigo 23, da Lei 8.906/94 (Estatuto da OAB). – Reexame necessário, previsto no art. 475 do CPC, efetuado nos termos da Súmula nº 490 do STJ. – Recurso não provido. – Sentença parcialmente modificada, em reexame necessário. (BRASIL. Tribunal de Justiça do Rio Grande do Sul. Vigésima Quinta Câmara Cível. Apelação e Reexame Necessário nº 70061961157. Rel. Des: Leila Vani Pandolfo Machado. Julgado em: 02/04/2015. Disponível em: <http://www.tjrs.jus.br/busca/search?q=cache:www1.tjrs.jus.br/site_php/consulta/consulta_processo.php%3Fnome_comarca%3DTribunal%2Bde%2BJusti%25E7a%26versao%3D%26versao_fonetica%3D1%26tipo%3D1%26id_comarca%3D700%26num_processo_mask%3D70061961157%26num_processo%3D70061961157%26codEmenta%3D6230056+honor%C3%A1rios+e+compensa%C3%A7%C3%A3o++++&proxystylesheet=tjrs_index&client=tjrs_index&ie=UTF-8&lr=lang_pt&site=ementario&access=p&oe=UTF-8&numProcesso=70061961157&comarca=Comarca%20de%20Quara%C3%AD&dtJulg=02/04/2015&relator=Leila%20Vani%20Pandolfo%20Machado&aba=juris>. Acesso em: 06 abr. 2015).

[36] Indenizatória por danos materiais e morais. Ação julgada parcialmente procedente, indeferida a pretensão relativa à indenização por danos morais. Fixada sucumbência recíproca. Decisão acertada, sem merecer reparo. Exegese do art. 21 do Código de Processo Civil. Apelo desprovido. [...] Tendo em conta que o julgamento resultou na procedência parcial da causa, porquanto o *"dano moral não ficou configurado"*, é certo que as partes são vencidas e vencedoras ao mesmo tempo e em igual proporção, nos termos do art. 21, *caput*, do CPC. O mesmo ocorre com os honorários advocatícios que devem ser compensados, nos termos da Súmula nº 306 do E. STJ [...]. (BRASIL. Tribunal de Justiça de São Paulo. 13ª Câmara de Direito Privado. Apelação Cível nº 0043686-33.2010.8.26.0506. Rel. Des: Cauduro Padin. Julgado em: 01/04/2015. Disponível em: <https://esaj.tjsp.jus.br/cjsg/getArquivo.do?cdAcordao=8346709&cdForo=0&vlCaptcha=xsvky>. Acesso em: 06 abr. 2015).

[37] NERY JUNIOR, Nelson; NERY, Rosa Maria de Andrade. *Código de processo civil comenta e legislação extravagante. 10. ed.* São Paulo: Revista dos Tribunais, 2007, p. 234.

pois, caracterizada a sucumbência mínima de uma das partes, cabe ao outro litigante o pagamento integral das despesas processuais".[38]

Finalizando este tópico, é importante frisar que o Superior Tribunal de Justiça já definiu, em sede de Recurso Repetitivo, que não cabe, em nível de Recurso Especial, a análise do grau em que cada parte sucumbiu, quando da sucumbência recíproca:[39]

> Por fim, quanto aos honorários advocatícios, foi reconhecida a sucumbência recíproca, o que legitima a compensação proporcional desses encargos, nos termos do art. 21 do CPC. Em recurso especial, é incabível juízo a respeito da alegação de ter havido, pela recorrente, sucumbência em parcela mínima, já que isso envolveria exame de matéria fática (Súmula 07/STJ).

---

[38] PROCESSUAL CIVIL E ADMINISTRATIVO. ANUÊNIOS. BASE DE CÁLCULO. FÉRIAS E 13º SALÁRIO. OMISSÃO. FUNDAMENTAÇÃO DEFICIENTE. SÚMULA 284/STF. HONORÁRIOS. COMPENSAÇÃO. SUCUMBÊNCIA MÍNIMA AFASTADA PELO TRIBUNAL DE ORIGEM. REVISÃO. IMPOSSIBILIDADE. SÚMULA 7/STJ. [...]. 5. A jurisprudência do STJ entende que não é cabível a compensação recíproca dos honorários advocatícios na hipótese em que, apesar de o réu ter obtido parcial sucesso no recurso de apelação, o autor decaiu em parte mínima do pedido, pois, caracterizada a sucumbência mínima de uma das partes, cabe ao outro litigante o pagamento integral das despesas processuais. 6. Todavia, na hipótese em apreço, o Tribunal de origem reconheceu, expressamente, que não houve sucumbência mínima por parte dos embargantes, de modo que não há empeço para que se determine a compensação da verba honorária. Agravo regimental improvido. (BRASIL. Superior Tribunal de Justiça. Segunda Turma. AgRg nos EDcl no REsp 1457873/PR. Rel. Min: Humberto Martins. Julgado em: 19/03/2015. Disponível em: <https://ww2.stj.jus.br/processo/revista/documento/mediado/?componente=ITA&sequencial=1392804&num_registro=201401303552&data=20150325&formato=HTML>. Acesso em: 06 abr. 2015).

[39] TRIBUTÁRIO. EMBARGOS À EXECUÇÃO. COBRANÇA DE DIFERENÇAS DE ICMS DECLARADO EM GIA E RECOLHIDO FORA DE PRAZO. CTN, ART. 166. INCIDÊNCIA. DENÚNCIA ESPONTÂNEA. INEXISTÊNCIA. AFASTAMENTO DA MULTA. SÚMULA 98/STJ. VERBA HONORÁRIA. ART. 21 DO CPC. SÚMULA 07/STJ. 1. A jurisprudência da 1ª Seção é no sentido de que o art. 166 do CTN tem como cenário natural de aplicação as hipóteses em que o contribuinte de direito demanda a repetição do indébito ou a compensação de tributo cujo valor foi suportado pelo contribuinte de fato (EREsp 727.003/SP, 1ª Seção, Min. Herman Benjamin, DJ de 24.09.07, AgRg nos EREsp 752.883/SP, 1ª Seção, Min. Castro Meira, DJ de 22.05.06 e EREsp 785.819/SP, 1ª Seção, Min. Eliana Calmon, DJ de 19.06.06). No caso, a pretensão da recorrente, se acolhida, importaria a restituição, mediante compensação, de um valor suportado pelo contribuinte de fato para abatê-lo de uma obrigação própria da contribuinte de direito. Incide, portanto, o art. 166 do CTN. 2. Apreciando a matéria em recurso sob o regime do art. 543-C do CPC REsp 886462/RS, Min. Teori Albino Zavascki, DJ de 28/10/2008), a 1ª Seção do STJ reafirmou o entendimento segundo o qual (a) a apresentação de Guia de Informação e Apuração do ICMS GUIA, de Declaração de Débitos e Créditos Tributários Federais DCTF, ou de outra declaração dessa natureza, prevista em lei, é modo de constituição do crédito tributário, dispensando, para isso, qualquer outra providência por parte do Fisco, e (b) se o crédito foi assim previamente declarado e constituído pelo contribuinte, não configura denúncia espontânea (art. 138 do CTN) o seu posterior recolhimento fora do prazo estabelecido, nos termos da Súmula 360/STJ. 3. "Embargos de declaração manifestados com notório propósito de prequestionamento não têm caráter protelatório" (Súmula 98/STJ). 4. Havendo sucumbência recíproca e compensados proporcionalmente, os honorários advocatícios (CPC, art. 21), é incabível, em recurso especial, juízo a respeito do grau em que cada parte sucumbiu, tema que envolve exame de matéria fática (Súmula 07/STJ). 5. Recurso especial parcialmente conhecido e, nessa parte, parcialmente provido. Acórdão sujeito ao regime do art. 543-C do CPC. (BRASIL. Superior Tribunal de Justiça. Primeira Seção. REsp 1110550/SP. Rel. Min: Teori Albino Zavascki. Julgado em: 22/04/2009. Disponível em: <https://ww2.stj.jus.br/processo/revista/documento/mediado/?componente=ITA&sequencial=874685&num_registro=200900001683&data=20090504&formato=HTML>. Acesso em: 29 fev. 2016).

1.4. *Honorários e ausência de pedido expresso*

Outro tema importante, acerca da fixação dos honorários de sucumbência, guarda relação direta com o pedido, ou seja, podem ser fixados, de acordo com a existência, ou não, de pedido neste sentido. Vejamos o rigor da seguinte decisão e que, inclusive, já foi decidida em sede de recurso repetitivo:[40]

---

[40] PROCESSUAL CIVIL. RECURSO ESPECIAL REPRESENTATIVO DE CONTROVÉRSIA. ART. 543-C, DO CPC. HONORÁRIOS ADVOCATÍCIOS. SUCUMBÊNCIA RECÍPROCA. ACÓRDÃO TRANSITADO EM JULGADO OMISSO QUANTO AOS HONORÁRIOS DE SUCUMBÊNCIA. AJUIZAMENTO DE AÇÃO PRÓPRIA. INADMISSIBILIDADE. OFENSA À COISA JULGADA. 1. A condenação nas verbas de sucumbência decorre do fato objetivo da derrota no processo, cabendo ao juiz condenar, de ofício, a parte vencida, independentemente de provocação expressa do autor, porquanto trata-se de pedido implícito, cujo exame decorre da lei processual civil. 2. "Omitindo-se a decisão na condenação em honorários advocatícios, deve a parte interpor embargos de declaração, na forma do disposto no art. 535, II, CPC. Não interpostos tais embargos, não pode o Tribunal, quando a decisão passou em julgado, voltar ao tema, a fim de condenar o vencido no pagamento de tais honorários. Se o fizer, terá afrontado a coisa julgada". (ACO 493 AgR, Relator(a): Min. CARLOS VELLOSO, Tribunal Pleno, julgado em 11/02/1999, DJ 19-03-1999). 3. "Se a sentença – omissa na condenação em honorários de sucumbência – passou em julgado, não pode o advogado vitorioso cobrar os honorários omitidos". (EREsp 462.742/SC, Rel. Ministro BARROS MONTEIRO, Rel. p/ Acórdão Ministro HUMBERTO GOMES DE BARROS, CORTE ESPECIAL, DJe 24/03/2008). 4. O trânsito em julgado de decisão omissa em relação à fixação dos honorários sucumbenciais impede o ajuizamento de ação própria objetivando à fixação de honorários advocatícios, sob pena de afronta aos princípios da preclusão e da coisa julgada. Isto porque, na hipótese de omissão do julgado, caberia à parte, na época oportuna, requerer a condenação nas verbas de sucumbência em sede de embargos declaratórios, antes do trânsito em julgado da sentença. (Precedentes: AgRg no REsp 886559/PE, Rel. Ministro FRANCISCO FALCÃO, PRIMEIRA TURMA, julgado em 24/04/2007, DJ 24/05/2007; REsp 747014/DF, Rel. Ministro JOSÉ ARNALDO DA FONSECA, QUINTA TURMA, julgado em 04/08/2005, DJ 05/09/2005; REsp 661880/SP, Rel. Ministro FELIX FISCHER, QUINTA TURMA, julgado em 21/09/2004, DJ 08/11/2004; REsp 237449/SP, Rel. Ministro ALDIR PASSARINHO JUNIOR, QUARTA TURMA, julgado em 11/06/2002, DJ 19/08/2002) 5. Ressalva do Relator no sentido de que o acórdão, que não fixou honorários em favor do vencedor, não faz coisa julgada, o que revela a plausibilidade do ajuizamento de ação objetivando à fixação de honorários advocatícios. Isto porque a pretensão à condenação em honorários é dever do juiz e a sentença, no que no que se refere a eles, é sempre constitutiva do direito ao seu recebimento, revestindo-o do caráter de executoriedade, por isso, a não impugnação tempestiva do julgado, que omite a fixação da verba advocatícia ou o critério utilizado quando de sua fixação, não se submete à irreversibilidade decorrente do instituto da coisa julgada. 6. *In casu*, verifica-se que houve a prolação de decisão conjunta para a ação principal e para a cautelar, sendo que, no tocante à principal, o pedido foi acolhido parcialmente, para determinar a compensação apenas dos tributos de mesma natureza, ocasião em que estabeleceu o juízo singular a compensação dos honorários, em razão da sucumbência recíproca; a ação cautelar, a seu turno, foi julgada improcedente. Por isso que, tendo a apelação da ora recorrente cingido-se à questão da correção monetária, restou preclusa aparte do julgado referente aos honorários advocatícios. Confira-se excerto do voto condutor, in verbis: "Há, portanto, dois pontos a serem analisados. O primeiro deles é motivo do reconhecimento da sucumbência pela decisão de primeira instância. Não obstante o dispositivo da sentença tenha dado como procedente o pedido formulado na ação principal, verificando-se a sua fundamentação, percebe-se que na realidade o pedido de compensação não foi integralmente reconhecido, mas somente entre os tributos de mesma natureza (fl.. 30): "(...) Por fim, resta indeferida a pretensão de compensação entre os valores recolhidos indevidamente e a Contribuição Social Sobre o Lucro, COFINS ou IRPJ, por tratar-se de tributo cujo fato gerador é diverso. (...)" Por outro lado, a ação cautelar foi julgada totalmente improcedente, tendo em vista a ausência do preenchimento dos requisitos do periculum in mora e do fumus boni juris, de forma que não caberia, de qualquer sorte, arbitramento de honorários

Deveras, a condenação nas verbas de sucumbência decorre do fato objetivo da sucumbência no processo, cabendo ao juiz condenar, de ofício, a parte vencida, independentemente de provocação expressa do autor, porquanto trata-se de pedido implícito, cujo exame decorre do art. 20 da lei processual civil.

Não obstante, por ocasião do julgamento do EREsp 462.742/SC, acórdão publicado no DJ de 24/03/2008, a CORTE ESPECIAL firmou o entendimento no sentido de que é inadmissível o ajuizamento de ação objetivando a fixação dos ônus sucumbenciais, em virtude do trânsito em julgado de sentença omissa quanto à fixação dos honorários advocatícios, sob pena de afronta aos princípios da preclusão e da coisa julgada. Isto porque, havendo omissão do julgado, caberia à parte, na época oportuna, requerer a condenação nas verbas de sucumbência em sede de embargos declaratórios.

Confira-se a ementa do referido aresto:

EMBARGOS DE DIVERGÊNCIA. HONORÁRIOS NÃO FIXADOS. COISA JULGADA. AÇÃO DE COBRANÇA POSTERIOR. IMPOSSIBILIDADE.

Antes da análise jurisprudencial que ora se fará, mister relembrarmos dois importantíssimos princípios que guardam relação direta com o tópico aqui estudado: os princípios da demanda e da congruência. Neste sentido as lições de Humberto Theodoro Júnior:[41]

Como o juiz não pode prestar a tutela jurisdicional senão quando requerida pela parte (art. 2º), conclui-se que o pedido formulado pelo autor na petição inicial é condição sem a qual o exercício da jurisdição não se legitima. Ne procedat iudex ex officio.

Como, ainda, a sentença não pode versar senão sobre o que pleiteia o demandante, forço é admitir que o pedido é também o limite da jurisdição (arts. 128 e 460). *Iudex secundum allegata pertium iudicare debet.*

Considerando as lições acima, os honorários são devidos ao advogado ainda que não exista pedido expresso neste sentido, e mesmo que em causa própria:[42]

É que o pagamento dessa verba não é resultado de uma questão submetida ao juiz. Ao contrário, é uma obrigação legal, que decorre automaticamente da sucumbência, de sorte que nem mesmo ao juiz é permitido omitir-se frente à incidência.

---

contra a União. Dessa forma, era no recurso em relação à ação principal que a parte deveria ter-se irresignado contra a questão dos honorários. No entanto, em seu recurso adesivo, a autora apenas irresignou-se contra os critérios de atualização do débito, no que obteve êxito quando seu recurso foi apreciado pelo juízo *ad quem*". 7. Destarte, a ausência de discussão da matéria no recurso da ação principal e a falta de oposição de embargos de declaração tornam preclusa a questão, por força da coisa julgada, passível de modificação apenas mediante o ajuizamento de ação rescisória. 8. Recurso especial desprovido. Acórdão submetido ao regime do art. 543-C do CPC e da Resolução STJ 08/2008. (BRASIL. Superior Tribunal de Justiça. Corte Especial. REsp 886178/RS. Rel. Min: Luiz Fux. Julgado em: 02/12/2009. Disponível em: <https://ww2.stj.jus.br/processo/revista/documento/mediado/?componente=ITA&sequencial=933607&num_registro=200601988756&data=20100225&formato=HTML>. Acesso em: 25 jan. 2016).

41 THEODORO JÚNIOR, Humberto. *Curso de direito processual civil*: volume: I: teoria geral do direito processual civil e processo de conhecimento. 55. ed. Rio de Janeiro: Forense, 2014, p. 559.

42 THEODORO JÚNIOR, Humberto. *Curso de direito processual civil*: volume I. 56. ed. Rio de Janeiro: Forense, 2015, p. 305.

Neste julgamento, o Superior Tribunal de Justiça entende que não se caracteriza como *ultra petita* a decisão que:[43]

> [...] por fim, inexistiu *reformatio in pejus* na condenação do agravante em honorários advocatícios, tampouco decisão *ultra petita*.
>
> A pretensão do agravante havia sido acolhida tanto em primeira quanto em segunda instância, motivo por que não foi, naquelas oportunidades, condenado ao pagamento dos ônus sucumbenciais do processo.
>
> Todavia, como corolário do provimento do recurso especial da agravada, os pedidos formulados na inicial foram julgados improcedentes, circunstância que tornou o autor vencido na demanda, nos termos do art. 20, *caput*, do CPC, devendo arcar com a referida verba.
>
> O valor fixado em R$ 2.000,00 (dois mil reais) na origem, a título de honorários advocatícios, se referiu à sucumbência da agravada. A quantia arbitrada na decisão monocrática – R$ 5.000,00 (cinco mil reais) – diz respeito à verba honorária devida pelo agravante, não havendo correlação entre um e outro montante, por isso não se aplicando à hipótese o princípio que veda a reforma prejudicial.
>
> Registre-se que a agravada requereu expressamente a condenação do agravante nos ônus sucumbenciais, inexistindo, pois, decisão ultra petita. Confira-se, a propósito, este excerto do recurso especial (e-STJ fl. 589):
>
> "(...) requer seja conhecido e provido o presente recurso, para reformar o v. acórdão proferido pela 6ª Câmara Cível do Tribunal de Justiça do Estado do Rio Grande do Sul,

---

[43] PROCESSUAL CIVIL. AGRAVO REGIMENTAL NO AGRAVO EM RECURSO ESPECIAL. MATÉRIA CONSTITUCIONAL. INADEQUAÇÃO DA VIA ELEITA. FALTA DE PREQUESTIONAMENTO. NÃO OCORRÊNCIA. SÚMULAS N. 5 E 7 DO STJ. NÃO INCIDÊNCIA. PREVIDÊNCIA PRIVADA. COMPLEMENTAÇÃO DE APOSENTADORIA. MIGRAÇÃO. PLANO ANTERIOR. INAPLICABILIDADE. DIREITO ADQUIRIDO. INEXISTÊNCIA. HONORÁRIOS ADVOCATÍCIOS. AUSÊNCIA DE REFORMATIO IN PEJUS OU DECISÃO ULTRA PETITA. DECISÃO MANTIDA. 1. Não cabe ao STJ o exame de suposta ofensa a dispositivos constitucionais, sob pena de usurpação da competência do STF (art. 102, III, da CF). 2. Se o Tribunal de origem apreciou a tese apresentada no recurso especial, está cumprido o requisito do prequestionamento. 3. A análise da questão jurídica devolvida a esta Corte, quando o contexto fático do processo tiver sido delineado pelas instâncias ordinárias, não demanda o reexame de provas. Não incidência, no caso, das Súmulas n. 5 e 7 do STJ. 4. "A transação devidamente homologada, com observância das exigências legais, sem a constatação de qualquer vício capaz de macula-la, é ato jurídico perfeito e acabado, devendo produzir todos os efeitos legais e almejados pelas partes" (REsp n. 617.285/SC, Relator Ministro FERNANDO GONÇALVES, QUARTA TURMA, julgado em 8/11/2005, DJ 5/12/2005, p. 330). 5. "Na hipótese de migração de planos de benefícios administrado por entidade fechada de previdência privada, não se aplicam as regras do regulamento primitivo, em vigor na época de filiação do beneficiário, nos cálculos dos proventos de complementação de aposentadoria" (EDcl no Ag n. 1.122.423/RS, Relatora Ministra MARIA ISABEL GALLOTTI, QUARTA TURMA, julgado em 4/11/2014, DJe 12/11/2014). 6. "O participante tem mera expectativa de que permanecerão íntegras as regras vigentes no momento de sua adesão ao plano de previdência complementar fechada. Alterações posteriores do regime a ele se aplicarão, pois não há direito adquirido a regime jurídico" (REsp n. 1.431.273/SE, Relator Ministro MOURA RIBEIRO, TERCEIRA TURMA, julgado em 9/6/2015, DJe 18/6/2015). 7. Não há falar em reformatio in pejus quando o recurso especial é provido para julgar improcedente a petição inicial, arbitrando-se os ônus sucumbenciais em desfavor do autor, que havia se sagrado vencedor nas instâncias ordinárias. 8. Não é *ultra petita* a decisão que dá provimento ao recurso especial e condena o recorrido em honorários advocatícios, sobretudo quando há, nas razões do recorrente, pedido expresso nesse sentido. 9. Agravo regimental desprovido. (BRASIL. Superior Tribunal de Justiça. Quarta Turma. AgRg no AREsp 130907/RS. Rel. Min: Antonio Carlos Ferreira. Julgado em: 15/12/2015. Disponível em: <https://ww2.stj.jus.br/processo/revista/documento/mediado/?componente=ITA&sequencial=1475581&num_registro=201103104065&data=20151218&formato=HTML>. Acesso em: 29 fev. 2016).

julgando-se totalmente improcedente os pedidos e, por conseguinte, *condenando o recorrido aos ônus sucumbenciais*". (Grifei.) [...].

A redação do *caput* do art. 85 do novo Código de Processo Civil,[44] de forma expressa e imperativa, determina que a sentença condenará a parte vencida em honorários à parte vencedora. Portanto, Humberto Theodoro Júnior afirma a condenação àquele tipo de verba "é parte integrante e essencial de toda a sentença".[45]

Todavia, a norma do art. 85 acima comentada, em tempos da legislação processual civil de 1973, passou por certas mudanças de entendimento. Em um primeiro momento, considerando a hipótese de a sentença, quando não se manifestasse, não se pronunciasse, acerca dos honorários:[46]

> [...] sempre seria lícito à parte liquidar essa verba por arbitramento posterior para exigi-la do vencido. Entendia o STJ que sempre seria possível, no caso de omissão da sentença, mesmo após o trânsito em julgado, o pleito dos honorários sucumbenciais por via de ação comum.

Contudo e posteriormente, nova posição foi tomada pela Corte, culminando na Súmula nº 453,[47] cujo entendimento foi o de que, para o caso de não interposição de recurso, restou vedada a execução dos honorários, ou então a cobrança, até por ação própria.[48]

Como visto, a posição anterior poderia restringir a cobrança dos honorários. O Novo Código de Processo Civil, a seu turno,[49] confere o direito à cobrança, mesmo a decisão sendo omissa no ponto, ainda que transitada em julgado, restaurando o antigo entendimento do Superior Tribunal de Justiça.[50]

1.5. *Honorários advocatícios no novo Código de Processo Civil e a vedação à compensação*

Como vimos anteriormente, era possível, em tempos do CPC/1973, a compensação dos honorários.

---

44 Art. 85. A sentença condenará o vencido a pagar honorários ao advogado do vencedor.

45 THEODORO JÚNIOR, Humberto. *Curso de direito processual civil*. Vol. I. 56. ed. Rio de Janeiro: Forense, 2015, p. 305.

46 Idem, p. 305.

47 Os honorários sucumbenciais, quando omitidos em decisão transitada em julgado, não podem ser cobrados em execução ou em ação própria.

48 THEODORO JÚNIOR, op. cit., p. 305.

49 Art. 85. A sentença condenará o vencido a pagar honorários ao advogado do vencedor. [...] § 18. Caso a decisão transitada em julgado seja omissa quanto ao direito aos honorários ou ao seu valor, é cabível ação autônoma para sua definição e cobrança. [...].

50 THEODORO JÚNIOR, op. cit., p. 306.

O Novo Código de Processo Civil, a seu turno, faz previsão, em relação aos honorários advocatícios, no art. 85.[51] Em que pese a nova legislação traga novidades acerca dos honorários, fazemos questão de

[51] Art. 85. A sentença condenará o vencido a pagar honorários ao advogado do vencedor. § 1º São devidos honorários advocatícios na reconvenção, no cumprimento de sentença, provisório ou definitivo, na execução, resistida ou não, e nos recursos interpostos, cumulativamente. § 2º Os honorários serão fixados entre o mínimo de dez e o máximo de vinte por cento sobre o valor da condenação, do proveito econômico obtido ou, não sendo possível mensurá-lo, sobre o valor atualizado da causa, atendidos: I – o grau de zelo do profissional; II – o lugar de prestação do serviço; III – a natureza e a importância da causa; IV – o trabalho realizado pelo advogado e o tempo exigido para o seu serviço. § 3º Nas causas em que a Fazenda Pública for parte, a fixação dos honorários observará os critérios estabelecidos nos incisos I a IV do § 2º e os seguintes percentuais: I – mínimo de dez e máximo de vinte por cento sobre o valor da condenação ou do proveito econômico obtido até 200 (duzentos) salários-mínimos; II – mínimo de oito e máximo de dez por cento sobre o valor da condenação ou do proveito econômico obtido acima de 200 (duzentos) salários-mínimos até 2.000 (dois mil) salários-mínimos; III – mínimo de cinco e máximo de oito por cento sobre o valor da condenação ou do proveito econômico obtido acima de 2.000 (dois mil) salários-mínimos até 20.000 (vinte mil) salários-mínimos; IV – mínimo de três e máximo de cinco por cento sobre o valor da condenação ou do proveito econômico obtido acima de 20.000 (vinte mil) salários-mínimos até 100.000 (cem mil) salários-mínimos; V – mínimo de um e máximo de três por cento sobre o valor da condenação ou do proveito econômico obtido acima de 100.000 (cem mil) salários-mínimos. § 4º Em qualquer das hipóteses do § 3º: I – os percentuais previstos nos incisos I a V devem ser aplicados desde logo, quando for líquida a sentença; II – não sendo líquida a sentença, a definição do percentual, nos termos previstos nos incisos I a V, somente ocorrerá quando liquidado o julgado; III – não havendo condenação principal ou não sendo possível mensurar o proveito econômico obtido, a condenação em honorários dar-se-á sobre o valor atualizado da causa; IV – será considerado o salário-mínimo vigente quando prolatada sentença líquida ou o que estiver em vigor na data da decisão de liquidação. § 5º Quando, conforme o caso, a condenação contra a Fazenda Pública ou o benefício econômico obtido pelo vencedor ou o valor da causa for superior ao valor previsto no inciso I do § 3º, a fixação do percentual de honorários deve observar a faixa inicial e, naquilo que a exceder, a faixa subsequente, e assim sucessivamente. § 6º Os limites e critérios previstos nos §§ 2º e 3º aplicam-se independentemente de qual seja o conteúdo da decisão, inclusive aos casos de improcedência ou de sentença sem resolução de mérito. § 7º Não serão devidos honorários no cumprimento de sentença contra a Fazenda Pública que enseje expedição de precatório, desde que não tenha sido impugnada. § 8º Nas causas em que for inestimável ou irrisório o proveito econômico ou, ainda, quando o valor da causa for muito baixo, o juiz fixará o valor dos honorários por apreciação equitativa, observando o disposto nos incisos do § 2º. § 9º Na ação de indenização por ato ilícito contra pessoa, o percentual de honorários incidirá sobre a soma das prestações vencidas acrescida de 12 (doze) prestações vincendas. § 10. Nos casos de perda do objeto, os honorários serão devidos por quem deu causa ao processo. § 11. O tribunal, ao julgar recurso, majorará os honorários fixados anteriormente levando em conta o trabalho adicional realizado em grau recursal, observando, conforme o caso, o disposto nos §§ 2º a 6º, sendo vedado ao tribunal, no cômputo geral da fixação de honorários devidos ao advogado do vencedor, ultrapassar os respectivos limites estabelecidos nos §§ 2º e 3º para a fase de conhecimento. § 12. Os honorários referidos no § 11 são cumuláveis com multas e outras sanções processuais, inclusive as previstas no art. 77. § 13. As verbas de sucumbência arbitradas em embargos à execução rejeitados ou julgados improcedentes e em fase de cumprimento de sentença serão acrescidas no valor do débito principal, para todos os efeitos legais. § 14. Os honorários constituem direito do advogado e têm natureza alimentar, com os mesmos privilégios dos créditos oriundos da legislação do trabalho, sendo vedada a compensação em caso de sucumbência parcial. § 15. O advogado pode requerer que o pagamento dos honorários que lhe caibam seja efetuado em favor da sociedade de advogados que integra na qualidade de sócio, aplicando-se à hipótese o disposto no § 14. § 16. Quando os honorários forem fixados em quantia certa, os juros moratórios incidirão a partir da data do trânsito em julgado da decisão. § 17. Os honorários serão devidos quando o advogado atuar em causa própria. § 18. Caso a decisão transitada em julgado seja omissa quanto ao direito aos honorários ou ao seu valor, é cabível ação autônoma para sua definição e cobrança. § 19. Os advogados públicos perceberão honorários de sucumbência, nos termos da lei.

dar enfoque, neste momento, ao fim da compensação analisada em tópico anterior, eis que, neste momento e bem como na tramitação do Projeto, a vedação à compensação dos honorários advocatícios vinha prevista. O Projeto aprovado no Senado disciplinou a proibição em seu art. 87, § 10; a seu turno, a Câmara dos Deputados inseriu a vedação em seu art. 85, § 14.[52] No mesmo sentido, inclusive anteriormente, já alertavam Luiz Guilherme Marinoni e Daniel Mitidiero, quando comentaram o então Projeto do Novo Código.[53]

Em relação à compensação acima referida, após incessantes lutas pela Ordem dos Advogados do Brasil, a nova legislação, em seu art. 85, § 14, tratou de impor vedação, senão vejamos:[54]

> Art. 85. A sentença condenará o vencido a pagar honorários ao advogado do vencedor.
>
> [...].
>
> § 14. Os honorários constituem direito do advogado e têm natureza alimentar, com os mesmos privilégios dos créditos oriundos da legislação do trabalho, sendo vedada a compensação em caso de sucumbência parcial.

Cássio Scarpinella Bueno afirma que: "O *caput* do art. 85 mantém a regra segundo sentença condenará o vencido a pagar honorários ao advogado do vencedor". E, especificamente em relação ao § 14 da referida norma, que agora a veda a compensação dos honorários, assim assevera:[55]

> O § 14, rente ao que estabelece o Estatuto da Advocacia e da OAB (art. 23 da Lei nº 8.906/94) e a jurisprudência dos Tribunais superiores, dispõe que os honorários constituem direito do advogado e têm natureza alimentar, com os mesmos privilégios oriundos da legislação do trabalho. Por isso mesmo – e aqui o dispositivo afasta-se da Súmula nº 306 do STJ, que perde seu substrato normativo – é vedada a sua composição em caso de sucumbência parcial. É que a sucumbência é experimentada pela parte e não pelo advogado, não se podendo falar em compensação de créditos que pertencem a credores diversos (arts. 368 e 371 do CC).

Também neste sentido já entendia o Desembargador do Tribunal de Justiça do Paraná Carlos Mansur Arida acerca da impossibilidade de compensação da verba honorária, antes mesmo da entrada em vigor da nova legislação:[56]

---

[52] BUENO, Cássio Scarpinella. *Projetos de novo código de processo civil comparados e anotados*: Senado Federal: PLS nº 166/2010 e Câmara dos Deputados: PLN nº 8.046/2010. São Paulo: Saraiva, 2014. p. 76-77.

[53] MARINONI, Luiz Guilherme; MITIDIERO, Daniel. *O Projeto do novo CPC:* críticas e propostas. São Paulo: Revista dos Tribunais, 2010, p. 83.

[54] Disponível em: <http://www.planalto.gov.br/ccivil_03/_Ato2015-2018/2015/Lei/L13105.htm.>. Acesso em: 06 abr. 2015.

[55] BUENO, Cássio Scarpinella. *Novo código de processo civil anotado*. São Paulo: Saraiva, 2015, p. 99-101.

[56] ARIDA, Carlos Mansur. *Impossibilidade de compensação dos honorários de sucumbência*. Disponível em: <http://www.oab.org.br/editora/revista/users/revista/1242740361174218181901.pdf>. Acesso em: 06 abr. 2015.

Com base nos fundamentos acima, sempre que houver condenação em sucumbência recíproca ou parcial, deverá o magistrado, em sua decisão, fixar os honorários em favor dos advogados, condenando as partes a efetuarem os respectivos pagamentos, sem qualquer possibilidade de compensação, mesmo em se tratando de justiça gratuita ou de ação em que figura uma das pessoas públicas, por ser essa a única decisão em consonância com as normas dos arts. 23 e 24, § 3º, da Lei 8.906, se não se pretender negar-lhes vigência, smj.

O instituto da compensação vem previsto, no Código Civil, entre os arts. 368 e 380, tendo como base relação jurídica de direito material. Especificamente prevê o dispositivo 368:

> Art. 368. Se duas pessoas forem ao mesmo tempo credor e devedor uma da outra, as duas obrigações extinguem-se, até onde se compensarem.

Assim, de acordo com a doutrina de Silvio Rodrigues:[57]

> Portanto, a compensação aparece como um meio de extinção das obrigações e opera pelo encontro de dois créditos recíprocos entre as mesmas partes. Se os créditos forem de igual valor, ambos desaparecem integralmente; se forem de valores diferentes, o maior se reduz à importância correspondente ao menor. Procede-se como se houvesse ocorrido pagamento recíproco, subsistindo a dívida apenas na parte não resgata.

Nas palavras de Sílvio Venosa:[58]

> Compensar é contrabalançar, contrapesar, equilibrar, estabelecer ou restabelecer um equilíbrio. No direito obrigacional, significa um acerto de débito e crédito entre duas pessoas que têm, ao mesmo tempo, a condição recíproca de credor e devedor, uma conta de chegada, em sentido mais vulgar.

Portanto, salutar e tecnicamente irreparável a extinção da compensação, pelo novo Código de Processo Civil, quando se fala em honorários advocatícios. Inclusive, com base na nova legislação processual civil, a Ordem dos Advogados do Brasil fez pedido ao Superior Tribunal de Justiça no sentido de cancelamento da Súmula 306, que admite a compensação dos honorários, como vimos até aqui. Assim, transcrevemos parte da notícia:[59]

> A OAB requereu que o Superior Tribunal de Justiça cancele a Súmula 306. O texto contraria o entendimento do novo Código de Processo Civil (CPC) em relação à compensação de honorários advocatícios. O novo CPC veda a compensação de honorários na hipótese de sucumbência parcial, portanto a jurisprudência da Corte fica desatualizada.

Contudo, vale o alerta sobre a possibilidade de compensação para a hipótese de a decisão que a fixou ter sido prolata ainda sob a égide da legislação revogada:

---

[57] RODRIGUES, Silvio. *Direito civil:* parte geral das obrigações. Vol. 2. 30. ed. São Paulo: Saraiva, 2002, p. 209-210.

[58] VENOSA, Sílvio de Salvo. *Código civil interpretado.* 2. ed. São Paulo: Atlas, 2012, p.428.

[59] Disponível em: <http://www.oabrs.org.br/noticias/compensacao-honorarios-oab-requer-ao-stj-cancelamento-sumula-306/21193>. Acesso em: 17 mai. 2016.

4. Sobre a compensação da verba honorária, o acórdão consignou que a decisão recorrida ocorreu sob a égide do CPC/1973, razão pela qual o seu procedimento e julgamento deve ser por ele regido.

Nesse passo, ao entender pelo cabimento da compensação da verba honorária, decidiu em harmonia da com a jurisprudência desta Corte sobre o tema. Esse, ademais, o enun-ciado da Súmula 306 desta Corte do seguinte teor: "os honorários advocatícios devem ser compensados quando houver sucumbência recíproca, assegurado o direito autônomo do advogado à execução do saldo sem excluir a legitimidade da própria parte".[60]

1.6. *Honorários advocatícios no novo Código de Processo Civil: demais considerações*

Vimos, no tópico anterior, o deslinde do debate relativo à compensação dos honorários advocatícios e o que determina o novo Código de Processo Civil acerca do tema. A partir deste momento, vamos analisar, de forma breve, outras previsões acerca dos honorários advocatícios.

Como visto, o art. 85 do NCPC prevê a incidência da verba honorária em diversas hipóteses. Expressa o *caput*, como já referimos anteriormente: "Art. 85. A sentença condenará o vencido a pagar honorários ao advogado do vencedor". Já o § 1° vem com a seguinte redação: "São devidos honorários advocatícios na reconvenção, no cumprimento de sentença, provisório ou definitivo, na execução, resistida ou não, e nos recursos interpostos, cumulativamente". Elpídio Donizetti esclarece que o dispositivo ora em comentário não abrange os recursos.[61]

---

[60] AGRAVO INTERNO NO AGRAVO EM RECURSO ESPECIAL. AÇÃO DE ARBITRAMENTO E COBRANÇA DE HONORÁRIOS ADVOCATÍCIOS. PRESTAÇÃO DE SERVIÇOS EXTRAJUDICIAIS. PRESCRIÇÃO. REFORMA DO JULGADO DEMANDA REEXAME DE PROVAS. SÚMULA 7 DO STJ. HONORÁRIOS. COMPENSAÇÃO. VIGÊNCIA DO CPC/1973. POSSIBILIDADE. NÃO INCIDÊNCIA DO CPC/2015. AGRAVO INTERNO NÃO PROVIDO. 1. O acórdão estadual reconheceu a ocorrência da prescrição para a cobrança dos honorários, amparado no contexto fático-probatórios dos autos. A reforma do acórdão estadual no tocante ao termo inicial da prescrição, demandaria a alteração das premissas fático-probatórias estabelecidas pelo acórdão recorrido, com o revolvimento das provas carreadas aos autos, o que é vedado em sede de recurso especial. Incidência da Súmula 7 do STJ. 2 Súmula 306 do STJ: "Os honorários advocatícios devem ser compensados quando houver sucumbência recíproca, assegurado o direito autônomo do advogado à execução do saldo sem excluir a legitimidade da própria parte." 3. "O marco temporal para a aplicação das normas do CPC/2015 a respeito da fixação e distribuição dos ônus sucumbenciais é a data da prolação da sentença" (EDcl na MC 17.411/DF, Rel. Ministro BENEDITO GONÇALVES, CORTE ESPECIAL, DJe de 27/11/2017). 4. Agravo interno não provido. (BRASIL. Superior Tribunal de Justiça. Quarta Turma. AgInt nos EDcl no AREsp n°. 1340900/RS. Rel. Min: Luis Felipe Salomão. Julgado em: 30/05/2019. Disponível em: <https://ww2.stj.jus.br/processo/revista/documento/mediado/?componente=ITA&sequencial=1832528&num_registro=201801977636&data=20190604&formato=HTML>. Acesso em: 08 ago. 2019).

[61] DONIZETI, Elpídio. *Novo código de processo civil comentado*. Lei n° 13.105, de 16 de março de 2015: análise comparativa entre o novo CPCc e o CPC/73. São Paulo: Atlas, 2015, p. 73.

O § 2º e seus incisos expressam que:

> Os honorários serão fixados entre o mínimo de dez e o máximo de vinte por cento sobre o valor da condenação, do proveito econômico obtido ou, não sendo possível mensurá-lo, sobre o valor atualizado da causa, atendidos:
>
> I – o grau de zelo do profissional;
>
> II – o lugar de prestação do serviço;
>
> III – a natureza e a importância da causa;
>
> IV – o trabalho realizado pelo advogado e o tempo exigido para o seu serviço.

A redação foi aprimorada em relação à legislação revogada, no sentido de acompanhar a jurisprudência, em especial ao critério do aproveitamento verificado, com a ação.[62]

O § 3º e seus incisos regulam a questão dos honorários e a participação da Fazenda, senão vejamos:

> Nas causas em que a Fazenda Pública for parte, a fixação dos honorários observará os critérios estabelecidos nos incisos I a IV do § 2º e os seguintes percentuais:
>
> I – mínimo de dez e máximo de vinte por cento sobre o valor da condenação ou do proveito econômico obtido até 200 (duzentos) salários-mínimos;
>
> II – mínimo de oito e máximo de dez por cento sobre o valor da condenação ou do proveito econômico obtido acima de 200 (duzentos) salários-mínimos até 2.000 (dois mil) salários-mínimos;
>
> III – mínimo de cinco e máximo de oito por cento sobre o valor da condenação ou do proveito econômico obtido acima de 2.000 (dois mil) salários-mínimos até 20.000 (vinte mil) salários-mínimos;
>
> IV – mínimo de três e máximo de cinco por cento sobre o valor da condenação ou do proveito econômico obtido acima de 20.000 (vinte mil) salários-mínimos até 100.000 (cem mil) salários-mínimos;
>
> V – mínimo de um e máximo de três por cento sobre o valor da condenação ou do proveito econômico obtido acima de 100.000 (cem mil) salários-mínimos.

A alteração aqui verificada reside no aspecto de o NCPC fixar um percentual mínimo em desfavor da Fazenda, critério este que independe do valor da condenação.[63]

Nelson Nery Junior e Rosa Maria de Andrade Nery fazem comentários esclarecedores acerca dos honorários advocatícios e da Fazenda Pública. Os autores explicam que em tempos do CPC/1973, alguns entendimentos autorizavam percentual inferior a 10%, quando vencida a Fazenda. Todavia, o princípio constitucional da isonomia, previsto no *caput* do art. 5º da Constituição Federal, restaria afrontado: trataria

---

[62] DONIZETI, Elpídio. *Novo código de processo civil comentado.* Lei nº 13.105, de 16 de março de 2015: análise comparativa entre o novo CPC e o CPC/73. São Paulo: Atlas, 2015, p. 73.

[63] Idem, p. 73.

litigantes iguais com desigualdade. Até porque, caso a Fazenda restasse vencedora, os seus honorários seriam fixados entre 10% e 20%.[64]

Os mestres acima, comentando o § 3º do art. 85, caracterizam a Fazenda como litigante diferenciado, eis que os percentuais, a título de condenação, podem ser inferiores a 10%, ferindo o princípio da isonomia, eis que, como parte contrária à Fazenda, há litigantes "normais".[65]

Em relação aos §§ 4º e 5º abaixo transcritos, os critérios para a fixação dos honorários deverão observar "faixas de valores que determinam o percentual a ser pago a título de honorários advocatícios". Assim, serão, conforme ocorre o aumento relativo ao valor da condenação ou então ao proveito econômico, haverá a redução da verba. Também há crítica de Nelson Nery e Rosa Maria de Andrade Nery a estes dispositivos:[66]

> E normalmente são as ações que demandam condenação em valor maior, ou proveito econômico mais vistoso, que demandam maiores cuidados por parte do advogado. Como se não bastasse, a aplicação prioritária é do percentual da faixa mais baixa, até o ponto em que a base de cálculo adotada (valor da condenação, proveito econômico ou valor da causa) alcance o valor limite para essa faixa, e só depois é que serão utilizadas as faixas subsequentes, o que reduz ainda mais a perspectiva de valores a receber. Por tais motivos, os critérios de cálculo de honorários nas ações nas quais a fazenda pública é parte não só viola o princípio da isonomia [...] como também desprestigia o trabalho do advogado, tanto público quanto privado.
>
> § 4º Em qualquer das hipóteses do § 3º:
>
> I – os percentuais previstos nos incisos I a V devem ser aplicados desde logo, quando for líquida a sentença;
>
> II – não sendo líquida a sentença, a definição do percentual, nos termos previstos nos incisos I a V, somente ocorrerá quando liquidado o julgado;
>
> III – não havendo condenação principal ou não sendo possível mensurar o proveito econômico obtido, a condenação em honorários dar-se-á sobre o valor atualizado da causa;
>
> IV – será considerado o salário-mínimo vigente quando prolatada sentença líquida ou o que estiver em vigor na data da decisão de liquidação.
>
> § 5º Quando, conforme o caso, a condenação contra a Fazenda Pública ou o benefício econômico obtido pelo vencedor ou o valor da causa for superior ao valor previsto no inciso I do § 3º, a fixação do percentual de honorários deve observar a faixa inicial e, naquilo que a exceder, a faixa subsequente, e assim sucessivamente.

Da leitura do § 6º: "Os limites e critérios previstos nos §§ 2º e 3º aplicam-se independentemente de qual seja o conteúdo da decisão, inclusive aos casos de improcedência ou de sentença sem resolução

---

[64] NERY JUNIOR, Nelson; NERY, Rosa Maria de Andrade. *Código de processo civil comentado.* 16. ed. São Paulo: Revista dos Tribunais, 2016, p. 475.

[65] Idem, p. 475.

[66] Idem, p. 477.

de mérito", percebe-se que são universais os critérios apontados pelos §§ 2º e 3º, normas estas que sim respeitam o princípio da isonomia: é que são critérios universais e que não podem ser nem amenizados e nem extrapolados. Também valem para as sentenças declaratórias, eis que neste parágrafo em análise não existe qualquer distinção para o conteúdo decisório.[67]

Continuando, Nelson Nery Junior e Rosa Maria de Andrade Nery entendem como inconstitucional o § 7º: "Não serão devidos honorários no cumprimento de sentença contra a Fazenda Pública que enseje expedição de precatório, desde que não tenha sido impugnada". É que os autores asseveram que, mesmo que a execução não tenha sido embargada ou impugnada, o fato é que se mostrou necessário o ajuizamento de execução ou pedido de cumprimento de sentença, eis que houve resistência da Fazenda em prestar o que é devido; também houve o trabalho de advogado do exequente, provocando o Judiciário para fazer valer o direito do exequente; outro aspecto é de que, se para o particular são impostos o pagamento de honorários nas execuções não embargadas, tal circunstância deve valer à Fazenda Pública, sob pena de ofensa ao princípio da isonomia.[68]

Eis a dicção do § 8º: "Nas causas em que for inestimável ou irrisório o proveito econômico ou, ainda, quando o valor da causa for muito baixo, o juiz fixará o valor dos honorários por apreciação equitativa, observando o disposto nos incisos do § 2º". Aqui, considera-se como critério o justo, por isso a lei expressa "por apreciação equitativa", não servindo, por tal motivo, o valor da causa como parâmetro para a fixação dos honorários advocatícios.[69]

Para as hipóteses de responsabilidade civil extracontratual, o § 9º determina que: "Na ação de indenização por ato ilícito contra pessoa, o percentual de honorários incidirá sobre a soma das prestações vencidas acrescida de 12 (doze) prestações incendas". Percebe-se limitação, portanto, à soma de doze prestações.

O princípio da causalidade vem estampado no § 10 do art. 85: "Nos casos de perda do objeto, os honorários serão devidos por quem deu causa ao processo". À parte que não deu causa à demanda, evidentemente, não pode arcar com a sucumbência.

Merecerem análise conjunta os §§ 11 e 12 do art. 85, respectivamente transcritos:

---

[67] NERY JUNIOR, Nelson; NERY, Rosa Maria de Andrade. *Código de processo civil comentado*. 16. ed. São Paulo: Revista dos Tribunais, 2016, p. 477.

[68] Idem, p. 478.

[69] Idem, p. 478.

§ 11. O tribunal, ao julgar recurso, majorará os honorários fixados anteriormente levando em conta o trabalho adicional realizado em grau recursal, observando, conforme o caso, o disposto nos §§ 2º a 6º, sendo vedado ao tribunal, no cômputo geral da fixação de honorários devidos ao advogado do vencedor, ultrapassar os respectivos limites estabelecidos nos §§ 2º e 3º para a fase de conhecimento.

A seu turno:

§ 12. Os honorários referidos no § 11 são cumuláveis com multas e outras sanções processuais, inclusive as previstas no art. 77.

Nelson Nery Junior e Rosa Maria de Andrade Nery explicam que a legislação processual de 1973 já permitia a modificação da verba honorária em sede de juízo de segunda instância. Assim, caso o Tribunal confirmasse a decisão do juiz, a sucumbência era mantida, podendo o seu valor ser objeto de revisão, caso pedido nesse sentido. Para a hipótese de provimento ao recurso de apelação, ocorria a inversão da sucumbência. Para o caso de anulação da sentença para que outra viesse a ser proferida, no momento da anulação não haveria condenação em custas.[70]

Contudo, o NCPC pode impor novos honorários, não se confundindo com os devidos a título de julgamento ocorrido no primeiro grau, eis que são devidos "em razão do trabalho adicional do advogado na instância superior", nos termos do § 1º [71] do art. 85. A justificativa, para tanto, é a de que o juiz de primeira instância não pode prever a interposição de eventuais recursos e que levarão o advogado a maior trabalho. Ainda, "não se pode deixar de remunerar esse trabalho, sob pena de violação do princípio constitucional da justa remuneração (CF, art. 7º)".[72]

Podemos observar a majoração aqui estuada em caso prático analisado pelo Superior Tribunal de Justiça:

> Quanto aos honorários, igualmente não prospera a insurgência recursal. Isto, porque este Tribunal recentemente firmou-se no sentido da incidência do disposto no art. 85, § 11, do Código de Processo Civil, quando os embargos de divergência tiverem por objeto acórdão publicado na vigência do atual diploma processual, por inaugurar nova via recursal, de competência de órgão julgador diverso.
>
> [...]
>
> Ainda, razoável e proporcional à extensão e importância da causa a majoração fixada no montante de 15% sobre o valor dos honorários já arbitrados, constituindo valor módico e em observância aos limites legais, sem olvidar considerar a inauguração de novo grau recursal já na vigência do CPC/2015, bem assim o fato da lei não exigir comprovação

---

[70] NERY JUNIOR, Nelson; NERY, Rosa Maria de Andrade. *Código de processo civil comentado.* 16. ed. São Paulo: Revista dos Tribunais, 2016, p. 478-479.

[71] Art. 85. A sentença condenará o vencido a pagar honorários ao advogado do vencedor. § 1º São devidos honorários advocatícios na reconvenção, no cumprimento de sentença, provisório ou definitivo, na execução, resistida ou não, e nos recursos interpostos, cumulativamente.

[72] NERY JUNIOR, Nelson; NERY, Rosa Maria de Andrade. *Código de processo civil comentado.* 16. ed. São Paulo: Revista dos Tribunais, 2016, p. 479.

do efetivo trabalho adicional realizado pelo advogado da parte contrária como requisito para o incremento.[73]

Já em relação ao § 12, entendemos que que as lições dos mestres Nelson Nery Junior e Rosa Maria de Andrade Nery devem ser transcritas na íntegra, dada a necessidade:[74]

> A exemplo do que ocorre com os honorários fixados por ocasião da sentença, os da instância recursal são cumulativos a multas e sanções processuais, inclusive por litigância de má-fé (CPC 80). Questiona-se se a fixação dos honorários se daria a cada recurso interposto, ou em valor que englobe toda a fase recursal ou apenas os recursos mais relevantes, caso se admita a primeira hipótese, haveria o risco de se dificultar o acesso à justiça pelos custos com advogados, ou mesmo o risco de se prejudicar a defesa da parte prejudicada, em função desses custos. Em vista do disposto no CPC 85, § 1º, interpretado conjuntamente com este § 12, a intenção do legislador parece ter sido, de fato, a remuneração do advogado pelo trabalho realizado na instância superior, mas de forma que o cômputo geral dos honorários não ultrapasse o limite previsto nos §§ 2º e 3º, conforme o caso.

O § 13 prevê que o valor dos honorários é computado, nas hipóteses previstas, ao restante da dívida, sem necessidade de ação autônoma para a cobrança, sendo exigido diretamente pelo credor ao devedor: "As verbas de sucumbência arbitradas em embargos à execução rejeitados ou julgados improcedentes e em fase de cumprimento de sentença serão acrescidas no valor do débito principal, para todos os efeitos legais". Ainda, podem ser cumulados os honorários tanto na fase de conhecimento como na fase de cumprimento de sentença.[75]

---

[73] PROCESSUAL CIVIL. AGRAVO INTERNO NOS EMBARGOS DE DIVERGÊNCIA EM RECURSO ESPECIAL. SÚMULA 158 STJ. IRRESIGNAÇÃO QUANTO À APLICABILIDADE DO ENUNCIADO. DESCABIMENTO. MAJORAÇÃO DOS HONORÁRIOS SUCUMBENCIAIS. ART. 85, § 11, DO CPC. CABIMENTO. RECURSO DESPROVIDO. I - A súmula 158/STJ preconiza não servir para justificar dissídio o acórdão proferido por turma que não possui competência regimental sobre a matéria, em virtude da finalidade precípua dos embargos de divergência de unificação de jurisprudência, evitando-se reiteração de decisões díspares em casos idênticos. II - Nem mesmo sob a vigência do atual Código de Processo Civil o enunciado foi revogado, conforme entendimentos firmados pela Corte Especial, no julgamento do AgInt nos EAREsp n. 526.207/SC, de relatoria da em. Ministra Laurita Vaz, conforme trecho da ementa: "1. Mesmo após a entrada em vigor do novo Código de Processo Civil, incide o enunciado da Súmula n.º 158 desta Corte, [...] 2. Os embargos de divergência evitam que persista, dentro do mesmo Tribunal, dissenso sobre a interpretação da lei federal. Esse risco não existe quando o paradigma é de Turma que não mais detém competência para o julgamento da matéria, motivo pelo qual o recurso não se justifica." III - Firmou esta Corte o posicionamento acerca da incidência do disposto no art. 85, § 11, do Código de Processo Civil, quando os embargos de divergência tiverem por objeto acórdão publicado na vigência do atual diploma processual, por inaugurar nova via recursal, de competência de órgão julgador diverso. Ainda, razoável e proporcional o montante arbitrado, tendo em conta o trabalho desenvolvido. Agravo Interno desprovido. (BRASIL. Superior Tribunal de Justiça. Corte Especial. AgInt nos EDv nos EAREsp nº 425.767/RJ. Rel. Min: Felix Fischer. Julgado em: 01/07/2019. Disponível em: <https://ww2.stj.jus.br/processo/revista/documento/mediado/?componente=ITA&sequencial=1844820&num_registro=201303693428&data=20190802&formato=HTML>. Acesso em: 08 ago 2019).

[74] NERY JUNIOR, Nelson; NERY, Rosa Maria de Andrade. *Código de processo civil comentado.* 16. ed. São Paulo: Revista dos Tribunais, 2016, p. 479.

[75] Idem, p. 479.

A redação do § 14,[76] dentre outras especificações, veda a compensação, para tanto, remetemos os leitores ao respectivo item, quando devidamente já analisado.[77]

O repasse da verba honorária pode ser feito, também, para a sociedade de advogados, nos termos do § 15, contudo, tal hipótese não afasta o caráter alimentar dos honorários advocatícios: "O advogado pode requerer que o pagamento dos honorários que lhe caibam seja efetuado em favor da sociedade de advogados que integra na qualidade de sócio, aplicando-se à hipótese o disposto no § 14".[78]

Os §§ 16 e 17 não têm maiores complexidades, circunstância que, para o seu entendimento, basta a leitura, respectivamente:

> § 16. Quando os honorários forem fixados em quantia certa, os juros moratórios incidirão a partir da data do trânsito em julgado da decisão.
>
> § 17. Os honorários serão devidos quando o advogado atuar em causa própria.

Em que pese tenhamos feito comentários aos honorários advocatícios e à ausência de pedido de expresso,[79] o § 18 assim dispõe:

> § 18. Caso a decisão transitada em julgado seja omissa quanto ao direito aos honorários ou ao seu valor, é cabível ação autônoma para sua definição e cobrança.

Nelson Nery Junior e Rosa Maria de Andrade Nery entendem pela desnecessidade de ação autônoma, eis que a caracterizam como inútil e burocrática. Na hipótese de omissão na decisão, quanto aos honorários, o interessado deve interpor embargos de declaração e, na pior das hipóteses, propor ação rescisória, nos termos do art. 966, inciso V.[80] Como se não bastasse, o pedido de condenação aos honorários (seja pelo autor, seja pelo réu[81]), é considerado implícito, eis que o juiz, como destinatário final do art. 85, "tem o dever de condenar o vencido nos honorários de advogado".[82]

O § 19 revela certa polêmica:

> § 19. Os advogados públicos perceberão honorários de sucumbência, nos termos da lei.

---

[76] Art. 85, § 14. Os honorários constituem direito do advogado e têm natureza alimentar, com os mesmos privilégios dos créditos oriundos da legislação do trabalho, sendo vedada a compensação em caso de sucumbência parcial.

[77] Ver item 1.5. Honorários advocatícios no novo Código de Processo Civil e a vedação à compensação.

[78] NERY JUNIOR, Nelson; NERY, Rosa Maria de Andrade. *Código de processo civil comentado.* 16. ed. São Paulo: Revista dos Tribunais, 2016, p. 479.

[79] Remetemos o leitor para o item 1.1.5 Honorários e ausência de pedido expresso.

[80] Art. 966. A decisão de mérito, transitada em julgado, pode ser rescindida quando: [...] V – Violar manifestamente norma jurídica; [...].

[81] Art. 322. O pedido deve ser certo. § 1º Compreendem-se no principal os juros legais, a correção monetária e as verbas de sucumbência, inclusive os honorários advocatícios. [...].

[82] Ver item 1.5. Honorários advocatícios no novo Código de Processo Civil e a vedação à compensação. NERY JUNIOR, Nelson; NERY, Rosa Maria de Andrade. *Código de processo civil comentado.* 16. ed. São Paulo: Revista dos Tribunais, 2016, p. 481.

Nelson Nery Junior e Rosa Maria de Andrade Nery explicam que, em um primeiro momento, a proposta relativa aos advogados públicos de receberem honorários advocatícios não foi bem vista quando da tramitação do Projeto do NCPC. Todavia, a alteração ganhou força e acabou sendo aprovada, eis que restou entendido que não há justificativa para a diferenciação entre advogados privados, públicos e, portanto, do caráter alimentar da verba, em que pese a existência de entendimentos de que os honorários constituem patrimônio da entidade pública, e não do advogado. E mais:[83]

> Todavia, a inclusão de tal previsão no corpo do CPC é questionável, já que a lei geral sobre o processo e procedimento civil não pode tratar da carreira de advogado público – um servidor público, que tem seu estatuto e regras específicas delineadas pelo órgão a que pertence. Acresça-se a isso o fato de que o advogado vinculado a uma pessoa jurídica de direito público está também submetido ao EOAB e tem direito aos honorários naturalmente, em razão de sua condição. Contudo, é a lei que deverá fixar regras para a disciplina do tema (CPC, 85, § 19).

Continuando, os honorários estão previstos, além das hipóteses trazidas pelo analisado art. 85, também nos dispositivos 86 a 97, que também merecem destaque.

A redação do art. 86 trata da questão acerca da sucumbência recíproca:

> Art. 86. Se cada litigante for, em parte, vencedor e vencido, serão proporcionalmente distribuídas entre eles as despesas.
>
> Parágrafo único. Se um litigante sucumbir em parte mínima do pedido, o outro responderá, por inteiro, pelas despesas e pelos honorários.

A sucumbência recíproca ocorre "quando uma das partes não obteve tudo o que o processo poderia ter-lhe proporcionado".[84]

Elpídio Donizetti explica a regra do art. 87:

> Art. 87. Concorrendo diversos autores ou diversos réus, os vencidos respondem proporcionalmente pelas despesas e pelos honorários.
>
> § 1º A sentença deverá distribuir entre os litisconsortes, de forma expressa, a responsabilidade proporcional pelo pagamento das verbas previstas no *caput*.
>
> § 2º Se a distribuição de que trata o § 1º não for feita, os vencidos responderão solidariamente pelas despesas e pelos honorários.

O mestre acima citado ressalta que se a sentença não referir, expressamente, a distribuição e responsabilidade pelo pagamento dos honorários, surgirá a responsabilidade pelos vencidos, divergindo a novidade da jurisprudência, que não vinha reconhecendo a solidariedade.[85]

---

[83] NERY JUNIOR, Nelson; NERY, Rosa Maria de Andrade. *Código de processo civil comentado*. 16. ed. São Paulo: Revista dos Tribunais, 2016, p. 482.

[84] Idem, p. 500.

[85] DONIZETI, Elpídio. *Novo código de Processo Civil comentado*. Lei nº 13.105, de 16 de março de 2015: análise comparativa entre o novo CPC e o CPC/73. São Paulo: Atlas, 2015, p. 78.

O art. 88, por sua vez, aborda os honorários com relação aos procedimentos de jurisdição voluntária:

> Art. 88. Nos procedimentos de jurisdição voluntária, as despesas serão adiantadas pelo requerente e rateadas entre os interessados.[86]
>
> Art. 89. Nos juízos divisórios, não havendo litígio, os interessados pagarão as despesas proporcionalmente a seus quinhões.[87]

Eis a redação do art. 90 e seus parágrafos:

> Art. 90. Proferida sentença com fundamento em desistência, em renúncia ou em reconhecimento do pedido, as despesas e os honorários serão pagos pela parte que desistiu, renunciou ou reconheceu.
>
> § 1º Sendo parcial a desistência, a renúncia ou o reconhecimento, a responsabilidade pelas despesas e pelos honorários será proporcional à parcela reconhecida, à qual se renunciou ou da qual se desistiu.
>
> § 2º Havendo transação e nada tendo as partes disposto quanto às despesas, estas serão divididas igualmente.
>
> § 3º Se a transação ocorrer antes da sentença, as partes ficam dispensadas do pagamento das custas processuais remanescentes, se houver.
>
> § 4º Se o réu reconhecer a procedência do pedido e, simultaneamente, cumprir integralmente a prestação reconhecida, os honorários serão reduzidos pela metade.

A norma acima "ressalta o princípio da causalidade" também para a hipótese de renúncia, e regra a questão da transação e reconhecimento da procedência do pedido. Em relação à transação e havendo omissão em relação às despesas processuais, o § 2º determina divisão de forma igual. O § 3º determina a dispensa das custas processuais que restarem para a hipótese de a transação ocorrer anteriormente à sentença. O § 4º revela vantagem àquele que reconhecer a procedência do pedido, com a redução, pela metade, da verba, desde que venha a cumprir integralmente a prestação reconhecida.[88]

> Art. 91. As despesas dos atos processuais praticados a requerimento da Fazenda Pública, do Ministério Público ou da Defensoria Pública serão pagas ao final pelo vencido.
>
> § 1º As perícias requeridas pela Fazenda Pública, pelo Ministério Público ou pela Defensoria Pública poderão ser realizadas por entidade pública ou, havendo previsão orçamentária, ter os valores adiantados por aquele que requerer a prova.
>
> § 2º Não havendo previsão orçamentária no exercício financeiro para adiantamento dos honorários periciais, eles serão pagos no exercício seguinte ou ao final, pelo vencido, caso o processo se encerre antes do adiantamento a ser feito pelo ente público.

A norma acima, apesar de prever a dispensa relativa aos atos processuais requeridos e praticados por Fazenda, Ministério Público e Defensoria Pública, determina que, em sede de perícia, devem ser

---

[86] O conteúdo é o mesmo em relação à legislação revogada.

[87] Idem.

[88] DONIZETI, Elpídio. *Novo código de Processo Civil comentado*, Lei nº 13.105, de 16 de março de 2015: análise comparativa entre o novo CPC e o CPC/73. São Paulo: Atlas, 2015, p. 79.

adiantados tais valores. A exceção, por sua vez, é para a hipótese de não existir previsão orçamentária. Se ocorrer tal situação, o pagamento deve ser pago no exercício seguinte ou final.[89]

Em relação aos arts. 92,[90] 93[91] e 94,[92] não há alterações substanciais, segundo Elpídio Donizetti.[93]

O art. 95 trata dos honorários dos peritos e dos assistentes técnicos que, de igual maneira do que ocorre com os advogados, também têm direito à percepção de honorários, dado o exercício de sua atividade profissional, merecedora da devida contraprestação:[94]

> Art. 95. Cada parte adiantará a remuneração do assistente técnico que houver indicado, sendo a do perito adiantada pela parte que houver requerido a perícia ou rateada quando a perícia for determinada de ofício ou requerida por ambas as partes.
>
> § 1º O juiz poderá determinar que a parte responsável pelo pagamento dos honorários do perito deposite em juízo o valor correspondente.
>
> § 2º A quantia recolhida em depósito bancário à ordem do juízo será corrigida monetariamente e paga de acordo com o art. 465, § 4º.
>
> § 3º Quando o pagamento da perícia for de responsabilidade de beneficiário de gratuidade da justiça, ela poderá ser:
>
> I – custeada com recursos alocados no orçamento do ente público e realizada por servidor do Poder Judiciário ou por órgão público conveniado;
>
> II – paga com recursos alocados no orçamento da União, do Estado ou do Distrito Federal, no caso de ser realizada por particular, hipótese em que o valor será fixado conforme tabela do tribunal respectivo ou, em caso de sua omissão, do Conselho Nacional de Justiça.
>
> § 4º Na hipótese do § 3º, o juiz, após o trânsito em julgado da decisão final, oficiará a Fazenda Pública para que promova, contra quem tiver sido condenado ao pagamento das despesas processuais, a execução dos valores gastos com a perícia particular ou com a utilização de servidor público ou da estrutura de órgão público, observando-se, caso o responsável pelo pagamento das despesas seja beneficiário de gratuidade da justiça, o disposto no art. 98, § 2º.
>
> § 5º Para fins de aplicação do § 3º, é vedada a utilização de recursos do fundo de custeio da Defensoria Pública.

---

[89] DONIZETI, Elpídio. *Novo código de Processo Civil comentado*, Lei nº 13.105, de 16 de março de 2015: análise comparativa entre o novo CPC e o CPC/73. São Paulo: Atlas, 2015, p. 80.

[90] Art. 92. Quando, a requerimento do réu, o juiz proferir sentença sem resolver o mérito, o autor não poderá propor novamente a ação sem pagar ou depositar em cartório as despesas e os honorários a que foi condenado.

[91] Art. 93. As despesas de atos adiados ou cuja repetição for necessária ficarão a cargo da parte, do auxiliar da justiça, do órgão do Ministério Público ou da Defensoria Pública ou do juiz que, sem justo motivo, houver dado causa ao adiamento ou à repetição.

[92] Art. 94. Se o assistido for vencido, o assistente será condenado ao pagamento das custas em proporção à atividade que houver exercido no processo.

[93] DONIZETI, Elpídio. *Novo código de Processo Civil comentado*. Lei nº 13.105, de 16 de março de 2015: análise comparativa entre o novo CPC e o CPC/73. São Paulo: Atlas, 2015, p. 81-82.

[94] NERY JUNIOR, Nelson; NERY, Rosa Maria de Andrade. *Código de processo civil comentado*. 16. ed. São Paulo: Revista dos Tribunais, 2016, p. 512.

O art. 96 aplica sanções (valores) ao litigante de má-fé:

> Art. 96. O valor das sanções impostas ao litigante de má-fé reverterá em benefício da parte contrária, e o valor das sanções impostas aos serventuários pertencerá ao Estado ou à União.

Aqui, a palavra *sanção* refere-se à aplicação de multa. Já a norma do art. 81,[95] além da multa, deve o causador dos prejuízos também indenizar a parte contrária.[96]

Finalmente, em relação ao art. 97:

> Art. 97. A União e os Estados podem criar fundos de modernização do Poder Judiciário, aos quais serão revertidos os valores das sanções pecuniárias processuais destinadas à União e aos Estados, e outras verbas previstas em lei.

Este dispositivo não encontra previsão na legislação processual revogada. Seu objetivo é o de assegurar "condições materiais a permanentes ações de modernização e de otimização dos serviços judiciais".[97]

1.7. Prazo prescricional

Importante também, mesmo que de forma breve, trazemos a temática relativa à prescrição e os honorários advocatícios, no sentido de alertar o profissional, para que observe o prazo trazido pela lei.

Nos termos do Estatuto da Ordem dos Advogados do Brasil, o prazo estabelecido em relação à prescrição para a ação de cobrança de honorários é de cinco anos, nos termos do art. 25,[98] e que se harmoniza com o art. 206, § 5º, inciso II, do Código Civil.[99] Gladston Mamede,

[95] Art. 81. De ofício ou a requerimento, o juiz condenará o litigante de má-fé a pagar multa, que deverá ser superior a um por cento e inferior a dez por cento do valor corrigido da causa, a indenizar a parte contrária pelos prejuízos que esta sofreu e a arcar com os honorários advocatícios e com todas as despesas que efetuou. § 1º Quando forem 2 (dois) ou mais os litigantes de má-fé, o juiz condenará cada um na proporção de seu respectivo interesse na causa ou solidariamente aqueles que se coligaram para lesar a parte contrária. § 2º Quando o valor da causa for irrisório ou inestimável, a multa poderá ser fixada em até 10 (dez) vezes o valor do salário-mínimo. § 3º O valor da indenização será fixado pelo juiz ou, caso não seja possível mensurá-lo, liquidado por arbitramento ou pelo procedimento comum, nos próprios autos.

[96] NERY JUNIOR, Nelson; NERY, Rosa Maria de Andrade. *Código de processo civil comentado.* 16. ed. São Paulo: Revista dos Tribunais, 2016, p. 514.

[97] DONIZETI, Elpídio. *Novo código de Processo Civil comentado.* Lei nº 13.105, de 16 de março de 2015: análise comparativa entre o novo CPC e o CPC/73. São Paulo: Atlas, 2015, p. 83.

[98] Art. 25. Prescreve em cinco anos a ação de cobrança de honorários de advogado, contado o prazo: I – do vencimento do contrato, se houver; II – do trânsito em julgado da decisão que os fixar; III – da ultimação do serviço extrajudicial; IV – da desistência ou transação; V – da renúncia ou revogação do mandato.

[99] Art. 206. Prescreve: [...] § 5º Em cinco anos: [...] II – a pretensão dos profissionais liberais em geral, procuradores judiciais, curadores e professores pelos seus honorários, contado o prazo da conclusão dos serviços, da cessação dos respectivos contratos ou mandato; [...].

inclusive, pondera que o Estatuto "[...] tomou o cuidado de dispor incisos que se ocupam do início da contagem do prazo".[100]

A jurisprudência do Superior Tribunal de Justiça já pacificou o entendimento de que a norma aplicável à espécie é do art. 25 do Estatuto da OAB, cujo prazo previsto é de cinco anos, com fundamento no princípio da especialidade:

> [...] por força do princípio da especialidade, a regra de prescrição para a ação de cobrança de honorários advocatícios prevista no art. 25 da Lei nº 8.906/1994 prevalece sobre a regra geral disposta no Código Civil. [...].[101]

No mesmo sentido verificamos a ocorrência da prescrição, senão vejamos:[102]

> [...] 1. Prescrição do exercício da pretensão de cobrança de honorários advocatícios contratuais. Consoante cediço no STJ, nos casos em que ocorrida rescisão unilateral do contrato de prestação de serviços advocatícios, a contagem do prazo prescricional quinquenal para exercício da pretensão de cobrança da verba honorária pactuada inicia-se da data em que o mandante/cliente é cientificado da renúncia ou revogação do mandato, à luz do artigo 25, inciso V, da Lei 8.906/94. Precedentes.
>
> Hipótese em que manifestamente prescrita a pretensão executiva do contrato de honorários advocatícios, a qual foi deduzida em 08.10.2007, após o decurso do prazo quinquenal contado da data da ciência da revogação do mandato (ocorrida em 20.12.1999). [...].

---

[100] MAMEDE, Gladston. *A advocacia e a Ordem dos Advogados do Brasil*. 2. ed. São Paulo: Atlas, 2003, p. 304.

[101] AGRAVO REGIMENTAL NO RECURSO ESPECIAL. AÇÃO DE COBRANÇA. HONORÁRIOS ADVOCATÍCIOS. PRESCRIÇÃO. OBSERVÂNCIA DA REGRA DO ART. 25 DA LEI Nº 8.906/1994. PRECEDENTES. 1. Por força do princípio da especialidade, a regra de prescrição para a ação de cobrança de honorários advocatícios prevista no art. 25 da Lei nº 8.906/1994 prevalece sobre a regra geral disposta no Código Civil. 2. No caso de rescisão unilateral na vigência do contrato, a contagem do prazo inicia-se da revogação do mandato. 3. Agravo regimental não provido. (BRASIL. Superior Tribunal de Justiça. Terceira Turma. AgRg no REsp 1216173/MS. Rel. Min: Ricardo Villas Bôas Cueva. Julgado em: 06/08/2015. Disponível em: <https://ww2.stj.jus.br/processo/revista/documento/mediado/?componente=ITA&sequencial=1426323&num_registro=201001893923&data=20150817&formato=HTML>. Acesso em: 16 fev. 2016).

[102] AGRAVO REGIMENTAL NO AGRAVO DE INSTRUMENTO – EMBARGOS À EXECUÇÃO DE CONTRATO DE HONORÁRIOS ADVOCATÍCIOS – DECISÃO MONOCRÁTICA CONHECENDO DO RECLAMO PARA DAR PROVIMENTO AO RECURSO ESPECIAL DA EXECUTADA, PRONUNCIADA A PRESCRIÇÃO DA PRETENSÃO DEDUZIDA APÓS O DECURSO DO PRAZO QUINQUENAL CONTADO DA DATA DA REVOGAÇÃO DO MANDATO. INSURGÊNCIA DA EXEQUENTE. 1. Prescrição do exercício da pretensão de cobrança de honorários advocatícios contratuais. Consoante cediço no STJ, nos casos em que ocorrida rescisão unilateral do contrato de prestação de serviços advocatícios, a contagem do prazo prescricional quinquenal para exercício da pretensão de cobrança da verba honorária pactuada inicia-se da data em que o mandante/cliente é cientificado da renúncia ou revogação do mandato, à luz do artigo 25, inciso V, da Lei 8.906/94. Precedentes. Hipótese em que manifestamente prescrita a pretensão executiva do contrato de honorários advocatícios, a qual foi deduzida em 08.10.2007, após o decurso do prazo quinquenal contado da data da ciência da revogação do mandato (ocorrida em 20.12.1999). 2. Agravo regimental desprovido. (BRASIL. Superior Tribunal de Justiça. Quarta Turma. AgRg no Ag 1351861/RS. Rel. Min: Marco Buzzi. Disponível em: <https://ww2.stj.jus.br/processo/revista/documento/mediado/?componente=ITA&sequencial=1307843&num_registro=201001683644&data=20140404&formato=HTML>. Acesso em: 16 fev. 2016).

1.8. *Valor da causa e a inclusão dos gastos com os honorários contratuais*

Bem, enfrentadas as inovações que a legislação processual trouxe acerca dos honorários de sucumbência, chega o momento de, gradativamente, passarmos do debate sobre a possibilidade de ressarcimentos dos honorários contratuais. Assim, neste primeiro momento, é importante que tal verba venha a ser incluída no rol dos pedidos, além de forma contextualizada, fazendo parte dos prejuízos que parte suporta em determinada demanda.

Da assertiva acima, portanto, importantíssima é a análise do valor da causa, especificamente no tocante à inclusão dos honorários contratuais, tal e qual estamos defendendo a possibilidade do seu ressarcimento. O NCPC, em seu art. 291, determina que: "A toda causa será atribuído valor certo, ainda que não tenha conteúdo econômico imediatamente aferível". Em relação ao valor da causa, importante são as lições doutrinárias a respeito:[103]

> O valor da causa é requisito essencial da petição inicial e serve de parâmetro para diferentes mensurações que se farão ao longo do processo. Tomem-se como exemplos o cálculo do valor a ser pago a título de custas processuais, tanto na propositura da ação quanto na interposição de recursos, assim como as multas, seja a que pode ser aplicada ao litigante de má-fé, quanto ao recorrente que interpõe embargos de declaração tidos por protelatórios.

As hipóteses que contemplam o valor da causa, de acordo com o novo Código de Processo Civil, estão previstas no art. 292.[104] É muito importante a leitura atenta deste dispositivo, pois devemos encaixar os gastos com os valores, a título de honorários advocatícios, nos pedidos,

---

[103] WAMBIER, Teresa Arruda Alvim; CONCEIÇÃO, Maria Lúcia Lins; RIBEIRO, Leonardo Ferres da Silva; MELLO, Rogério Licastro Torres de. *Primeiros comentários ao novo Código de Processo Civil*: artigo por artigo. São Paulo: Revista dos Tribunais, 2015, p. 477.

[104] Art. 292. O valor da causa constará da petição inicial ou da reconvenção e será: I – na ação de cobrança de dívida, a soma monetariamente corrigida do principal, dos juros de mora vencidos e de outras penalidades, se houver, até a data de propositura da ação; II – na ação que tiver por objeto a existência, a validade, o cumprimento, a modificação, a resolução, a resilição ou a rescisão de ato jurídico, o valor do ato ou o de sua parte controvertida; III – na ação de alimentos, a soma de 12 (doze) prestações mensais pedidas pelo autor; IV – na ação de divisão, de demarcação e de reivindicação, o valor de avaliação da área ou do bem objeto do pedido; V – na ação indenizatória, inclusive a fundada em dano moral, o valor pretendido; VI – na ação em que há cumulação de pedidos, a quantia correspondente à soma dos valores de todos eles; VII – na ação em que os pedidos são alternativos, o de maior valor; VIII – na ação em que houver pedido subsidiário, o valor do pedido principal. § 1º Quando se pedirem prestações vencidas e vincendas, considerar-se-á o valor de umas e outras. § 2º O valor das prestações vincendas será igual a uma prestação anual, se a obrigação for por tempo indeterminado ou por tempo superior a 1 (um) ano, e, se por tempo inferior, será igual à soma das prestações. § 3º O juiz corrigirá, de ofício e por arbitramento, o valor da causa quando verificar que não corresponde ao conteúdo patrimonial em discussão ou ao proveito econômico perseguido pelo autor, caso em que se procederá ao recolhimento das custas correspondentes.

que guardam sintonia com a causa de pedir e os prejuízos levados à juízo, objeto da ação.

Como se trata o valor da causa de requisito essencial da petição inicial, servindo, inclusive, de "[...] parâmetro para diferentes mensurações que se farão ao longo do processo". Portanto, a nova legislação processual prevê parâmetros bem definidos e claros sobre o valor da causa, estas contendo diversas espécies.[105]

[105] WAMBIER, Teresa Arruda Alvim; CONCEIÇÃO, Maria Lúcia Lins; RIBEIRO, Leonardo Ferres da Silva; MELLO, Rogério Licastro Torres de. *Primeiros comentários ao novo Código de Processo Civil*: artigo por artigo. São Paulo: Revista dos Tribunais, 2015, p. 478.

Segunda Parte

Direito das Obrigações e Responsabilidade Civil

Percebemos as importantes peculiaridades que os honorários advocatícios revelam, especialmente no campo do Direito Processual Civil, como destacamos nos tópicos anteriores. Agora, nesta segunda parte, enfrentaremos, ou melhor, passaremos a enfrentar a possibilidade de sua cobrança, de seu ressarcimento, frente às ações de reparação civil.

O Direito das Obrigações também é nosso suporte, nossa base, para sustentarmos a possibilidade de ressarcimento quanto aos gastos relativos aos honorários contratuais, frente ao responsável pela reparação civil, ou então seja qual for o êxito que o advogado tenha conseguido em determinada ação judicial (improcedência da demanda, por exemplo). Especificamente, para os casos de reparação civil, estudaremos que a Responsabilidade Civil é uma das fontes das obrigações e, estas, como tal, merecem análise neste livro.

Pontes de Miranda, em sua doutrina sobre o Direito das Obrigações, e com a precisão e o brilhantismo ímpar e habitual, faz análise detalhada sobre o conceito das obrigações. Diz o mestre que:[106]

> [...] quando se fala em direito das obrigações, já se restringe a tal ponto o conceito de obrigação, já se pré-excluem as obrigações que não entram no quadro, e de tal modo se precisa o conceito, que em verdade melhor teria sido que às obrigações que são objeto do direito das obrigações se houvesse dado outro nome. Porque a direito corresponde dever, de que o devido é objeto a prestar-se, e a pretensão corresponde obrigação, sem que se possa negar que há pretensões e obrigações fora do direito das obrigações.

A preocupação do ilustre autor suprerreferido é a devida distinção entre o que acontece e tem consequência para o campo do direito das obrigações, em sentido restrito, como para outras obrigações, mas que não se inserem no direito das obrigações. Portanto, em se tratando do

[106] PONTES DE MIRANDA, Francisco Cavalcanti. *Tratado de direito privado*: parte especial: direito das obrigações: obrigações e suas espécies: fontes e espécies das obrigações: tomo XXII. ALVES, Vilson Rodrigues (atual.). Campinas: BookSeller, 2003, p. 31.

direito das obrigações *stricto sensu*, os negócios jurídicos aqui envolvidos "[...] irradiam pretensões pessoais, isto é, pretensões a que alguém possa exigir de outrem, *debitor*, que dê, faça, ou não faça, em virtude de ralação jurídica só entre eles". Pontes de Miranda deixa claro que a pretensão supõe crédito, obrigação, dívida, exigindo-se da pessoa do devedor para que ele satisfaça a prestação (preste).[107]

Em relação aos negócios jurídicos de direito das coisas, o objeto não guarda relação com a atividade de alguém (positiva ou então negativa): é a própria coisa, esta sobre a qual o seu titular (do direito real) tem poder, entrando na classe dos direitos absolutos, ou seja: "existe e exerce-se contra quem quer que seja [...]". Já o direito de crédito, este é relativo, sendo as obrigações e ações que dele se irradiam, contra o devedor ou o obrigado, ou o sujeito passivo da ação. Vejamos as importantíssimas considerações sobre o direito das obrigações e os terceiros:[108]

> Os terceiros, ainda quando tenham de considerar existente e eficaz a relação jurídica entre credor e devedor, ou possam opor a eficácia erga omnes de outra relação jurídica em que se acham, não estão na relação jurídica pessoal. Portanto, não têm dever pessoal, nem obrigação pessoal.

Arnoldo Wald também demonstra a importância sobre o Direito das Obrigações, trazendo as acepções da obrigação. Diz o autor que, em sentido lato, obrigação pode ser identificada

> como qualquer espécie de dever moral, social, religioso ou jurídico. É que, inclusive no campo do estudo do direito, é comum os juristas utilizarem as palavras obrigação como sinônimo de dever jurídico, mas não conferindo significado exato, em termos de técnica e dogmática jurídicas.[109]

Paulo Lôbo chama a atenção para a necessária distinção entre dívida e obrigação, alertando que não deve ser feita confusão entre um e outro: "dívida (dever)" gera a obrigação; é que, para as relações jurídicas obrigacionais, não há obrigação sem dívida. E assim esclarece:[110]

> Nem sempre a obrigação ocorre simultaneamente com a dívida. Quem vende à vista já tem o dever e a obrigação de prestar (entregar a coisa). Se alguém se obrigou a entregar a coisa dois dias depois, já existe o direito (crédito) e o dever (dívida), mas não ainda a pretensão e a correlativa obrigação. Do mesmo modo não se deve confundir obrigação com prestação, porque esta é o objeto daquela (e também da dívida).

---

[107] PONTES DE MIRANDA, Francisco Cavalcanti. *Tratado de direito privado*: parte especial: direito das obrigações: obrigações e suas espécies: fontes e espécies das obrigações: tomo XXII. ALVES, Vilson Rodrigues (atual). Campinas: BookSeller, 2003, p. 32.

[108] Idem, p. 32-33.

[109] WALD, Arnoldo. *Direito civil*: direito das obrigações e teoria geral dos contratos. 19. ed. São Paulo: Saraiva, 2010, p. 3.

[110] LÔBO, Paulo. *Direito civil*: obrigações. 3. ed. São Paulo: Saraiva 2013, p. 31.

Portanto, se é consequência natural do inadimplemento que sejam computados juros, perdas e danos, por exemplo, e a própria lei civil, de forma expressa, também contempla a hipótese de horários advocatícios, estes devem ser ressarcidos, como mais adiante será analisado.

2. Tripartição fundamental do Direito das Obrigações

Em se falando do Direito das Obrigações, devemos discorrer sobre a sua tripartição fundamental. Todavia, antes da necessária tarefa, é preciso enfrentarmos a exata diferença entre dever e obrigação. A seguir, as lições de Pontes de Miranda, na íntegra, eis que qualquer esforço de completar ou explicar o brilhantismo do autor, além de ser em vão, soaria, inclusive, temerário:[111]

> O promitente tem o dever de cumprir a promessa quando o promissário puder exigir. Mas tem o dever de cumprir agora ou mais tarde já é ter dever. Esse é um dos pontos em que mais se emaranha o pensamento dos que não se firmam na precisão da diferença entre dever e obrigação. Quem vende à vista já tem o dever e a obrigação de prestar o que vendeu. Quem vende para entregar no começo do ano já deve, porém ainda não está obrigado. Nasceu o dever, a dívida; porém não ainda não a obrigação. O comprador tem o direito, o crédito; não, a pretensão. Se o vendedor há de prestar entre os dias 1 e 20 e não o presta até 30, nasce a ação do comprador. Tudo assim se passa, quer unilateral quer bilateral (ou plurilateral) a manifestação de vontade. Nos negócios jurídicos bilaterais, um dos figurantes pode já estar obrigado e não o estar o outro, ou não estarem os outros. O vínculo já se formou; há deveres para todos: ainda não nasceram as obrigações.

As obrigações nascem, brotam, têm origem, portanto, devemos contextualizar o seu surgimento, afinal, se entendemos que os honorários contratuais devem ser ressarcidos, devemos igualmente justificar e encontrar a sua fonte.

Silvio Rodrigues, ao ensinar sobre as fontes das obrigações, aduz que "são aqueles atos ou fatos nos quais estas encontram nascedouro". Todavia, o mestre ressalta que a problemática relativa às fontes, além de considerável relevo e "considerada controvérsia", é de origem remota:[112]

> No direito romano encontramos dois textos de Gaio sobre a matéria. No primeiro deles, constante de suas Institutas, diz o jurisconsulto que a obrigação vem do delito, ou surge

[111] PONTES DE MIRANDA, Francisco Cavalcanti. *Tratado de direito privado*: parte especial: direito das obrigações: obrigações e suas espécies: fontes e espécies das obrigações: tomo XXII. ALVES, Vilson Rodrigues (atual). Campinas: BookSeller, 2003, p. 75.

[112] RODRIGUES, Silvio. *Direito civil*: parte geral das obrigações. Vol. II. São Paulo: Saraiva, 2002, p. 8.

do contrato; no segundo, entretanto [...] como que verificado não haver esgotado as fontes das obrigações ao mencionar apenas o contrato e o delito, recorre a uma expressão de ordem genérica, *ex variis causarum figuris*, capaz de abranger todas as possíveis causas das obrigações. Portanto, segundo este último texto, as obrigações ou teriam por fonte o contrato, ou o delito, ou qualquer outra coisa. O que corresponde a não resolver o problema em apreço.

A seu turno, nas Institutas de Justiniano, as fontes das obrigações foram assim enumeradas: 1) contrato; 2) delito; 3) quase-contrato; 4) quase-delito. Em relação ao contrato, essa fonte de obrigação por gerar um liame entre as partes, no sentido de comprometimento quanto à realização de determinada prestação. Já o delito é fonte em decorrência da intenção em lesionar, em causar dano, cuja obrigação é o dever de reparação pelo ofensor em proveito da vítima. O quase-contrato também é fonte de obrigações "advindas de atos humanos lícitos, que não provêm de acordo de vontades, mas que representam um procedimento em muito parecido com a relação convencional". É quase como se fosse um contrato, tal e qual a gestão de negócios. Por fim, a figura do quase-delito também é fonte de obrigações. Aproxima-se do delito, pois, em que pese não exista o dolo, inspira-se na figura da culpa, eis que o prejuízo decorreu de negligência, imprudência ou imperícia do agente.[113]

Silvio Rodrigues, contextualizando as fontes das obrigações para o ordenamento brasileiro, em especial para a legislação civil, afirma que:[114]

> O Código Civil brasileiro contempla declaradamente três fontes de obrigações, a saber: o contrato, a declaração unilateral da vontade e o ato ilícito. Mas, como aponta Washington de Barros Monteiro, muitas outras relações obrigacionais existem, reconhecidas pelo direito, que não derivam daquelas fontes. Tal asserção não é acolhida por este livro.

O mestre acima referido entende que as obrigações sempre têm por fonte a lei, mesmo que de forma mediata, além de outros elementos causadores imediatos do vínculo, ou seja, a vontade humana e o ato ilícito. De tal sorte que assim classifica Silvio Rodrigues as fontes das obrigações: a) obrigações que têm por fonte imediata a vontade humana; b) obrigações que têm por finalidade imediata o ato ilícito; c) obrigações que têm por fonte direta a lei:[115]

> a) As primeiras, isto é, as obrigações derivadas diretamente da vontade humana, dividem-se em aquelas que provêm do contrato (conjunção de vontades), e as que decorrem da manifestação unilateral da vontade, como por exemplo, título ao portador ou a promessa de compra e venda.

---

113 RODRIGUES, Silvio. *Direito civil*: parte geral das obrigações. Vol. II. São Paulo: Saraiva, 2002, p. 9.

114 Idem, p. 10-11.

115 Idem, p. 10.

b) As segundas, isto é, as obrigações derivadas dos atos ilícitos, são as que se constituem mediante uma ação ou omissão culposa ou dolosa do agente, causando dano à vítima. Tais obrigações promanam diretamente do comportamento humano, infringente de um dever legal ou social.

c) Finalmente, há aquelas obrigações que decorrem direta e imediatamente da lei, como a obrigação de prestar alimentos ou o mister de reparar prejuízo causado, em caso de responsabilidade informada pela teoria do risco.

Em relação à lei como fonte das obrigações (exemplos de alimentos: art.1.694 do Código Civil; ou responsabilidade objetiva pelo risco), a lei é fonte da obrigação, mas remota. Pois "é ela que impõe ao devedor o mister de fornecer sua prestação e comina sanção para o caso de inadimplemento".[116] Paulo Lôbo, também analisando as fontes das obrigações, pondera que:[117]

> O Código Civil não explicita o que considera fontes das obrigações no livro próprio (arts. 233 a 420), optando por disciplinar diretamente as modalidades (obrigações de dar, de fazer, de não fazer, alternativas, divisíveis, solidárias), que não são, propriamente, espécies de fontes, mas modos de ser das variadas obrigações.

Paulo Lôbo ainda observa que o Código Civil, em livro próprio acerca do direito das obrigações (arts. 233 a 420), "[...] não explicita o que considera fontes das obrigações", optando, sim, a disciplinar a modalidade das obrigações, como as de não fazer, fazer, alternativas, divisíveis, solidárias.[118]

Fernando Noronha explica que não se mostra possível classificar em categorias gerais os fatos geradores das obrigações, eis que diversos e numerosos. Portanto, mais importante do que se buscar classificações, "é procurar agrupar as inúmeras obrigações da vida real de acordo com a *diversidade das funções* que elas desempenham na vida real, porque é tal diversidade que implica especificidades no regime jurídico".[119]

Seguindo as lições do autor supracitado, aquele assevera que "de acordo com as suas funções, ou finalidades que visam alcançar, todas as obrigações em sentido técnico, que encontramos na vida real podem ser objeto de duas classificações fundamentais". A primeira, segue o autor, faz a distinção entre o que chama de direitos de crédito, em dois grandes grupos: a) obrigações não autônomas e autônomas, de acordo, "conforme derivem, ou não, conforme estejam ou não ao serviço de relações jurídicas preexistentes à relação obrigacional (não autônomas

---

116 RODRIGUES, Silvio. *Direito civil*: parte geral das obrigações, Vol. II. São Paulo: Saraiva, 2002, p. 11.

117 LÔBO, Paulo. *Direito civil*: obrigações. 3. ed. São Paulo: Saraiva, 2013, p. 46.

118 Idem, p. 46.

119 NORONHA, Fernando. *Direito das obrigações*. 4. ed. São Paulo: Saraiva, 2013, p. 435.

pertencendo a outro ramo direito; autônomas são as obrigações propriamente ditas, inerentes ao estudo do Direito das Obrigações); b) a segunda, a seu turno, guarda relação restrita com às obrigações autônomas. Estas, por sua vez, são divididas em três categorias: 1) obrigações negociais; 2) obrigações de responsabilidade civil; e 3) obrigações de enriquecimento sem causa.[120] Assim, existem três categorias de interesse do credor, tripartidas conforme as categorias anteriormente referidas".[121] Vamos, a partir de agora, ao estudo de cada uma.

2.1. Obrigações negociais

Tais obrigações nascem dos negócios jurídicos, que são "aqueles compromissos voluntariamente assumidos pelas pessoas, tendo por finalidade regulamentar os seus interesses", respeitando e observando os limites da autonomia privada. Segundo ensina Fernando Noronha, trata-se da maior parte das obrigações que se verifica na vida real, eis que resultam das relações econômicas em sociedade. Portanto, é através desses negócios jurídicos que se objetiva constituir, modificar ou extinguir relações jurídicas, ou seja, a produção de efeitos jurídicos específicos, tutelados pela ordem jurídica. Como exemplos: contratos (locação, transporte, compra e venda); negócios unilaterais (testamento, promessa de recompensa).[122]

Concluindo, esse tipo de obrigação exige a realização de determinada prestação cujas partes firmaram compromisso. Não sendo cumprida, surge outra obrigação, "que é a de indenizar os prejuízos sofridos pelo credor".[123]

2.2. Responsabilidade Civil

Silvio Rodrigues, ressaltando a doutrina de Savatier, em relação ao conceito da Responsabilidade Civil, há muito dizia que "a obrigação que pode incumbir uma pessoa a reparar o prejuízo causado a outra, por fato próprio, ou por fato de pessoas ou coisas que dela dependam". Portanto, o foco da problemática é saber se o prejuízo em face da vítima deve ser objeto, ou não, da reparação civil, e continua: "Se a resposta for afirmativa, cumpre indagar em que condições e de que maneira

[120] NORONHA, Fernando. *Direito das obrigações*. 4. ed. São Paulo: Saraiva, 2013, p. 435-436.

[121] Idem, p. 439.

[122] Idem, p. 441-442.

[123] Idem, p. 442.

será tal prejuízo reparado. Esse é o campo que a teoria da responsabilidade civil procura cobrir".[124]

Gustavo Borges, por sua vez, leciona que:[125]

> A responsabilidade civil é imposta a todo indivíduo que por comportamento lesivo causar dano a direito alheio e tem por finalidade reprimir o dano privado e restabelecer o equilíbrio individual perturbado, visando à convivência social pacífica.

Considerando as afirmações e ensinamentos acima trazidos, o nosso trabalho, nossa tarefa, é a contextualização, fundamentação e inclusão dos honorários contratuais, prejuízo a ser computado e, de igual forma, trazido ao necessário reequilíbrio.

Fernando Noronha ensina que resulta da necessidade o dever de

> reparar os danos causados a outras pessoas, em consequência da prática de atos ilícitos (arts. 186 e 924, *caput*) e de outros atos cometidos sem culpa, mas equiparados aos ilícitos, para efeitos de indenização (art. 927, parágrafo único). Soma-se, ainda a finalidade estática da Responsabilidade Civil, no sentido de tutelar a esfera jurídica das pessoas, por meio da devida reparação dos danos.[126]

O mestre suprarreferido assim diferencia as obrigações de responsabilidade civil e negociais:[127]

> Nas negociais, a prestação a ser realizada pelo devedor é assumida voluntariamente, ao passo que na de responsabilidade civil em sentido estrito, antes do surgimento do vínculo que recai sobre o devedor, só existe um dever genérico de não causar danos, que é dirigido a todas as pessoas. Enquanto nas obrigações negociais podemos ter duas obrigações sucessivas (uma de realizar a prestação objeto do compromisso e outra de indenizar, caso não seja cumprida a primeira), nas obrigações de responsabilidade civil temos uma única. Na responsabilidade civil, o que acontece é termos num primeiro momento um dever genérico, que é de natureza bem diversa da específica obrigação negocial de satisfazer a prestação acordada. Por isso, na responsabilidade civil não existe obrigação em sentido estrito, verdadeira e própria, antes da violação do dever genérico e da ocorrência de danos, resultantes dessa violação.

Portanto, "Em meio às diversas causas eficientes da obrigação, é de se ressaltar o *dano*", haja vista que a responsabilidade civil está intimamente ligada ao prejuízo, eis que "constitui a obrigatoriedade de reparar o dano", seja patrimonial ou extrapatrimonial.[128]

Portanto, em sendo o dano objeto da tutela jurídica, podemos concluir, sem sombra de dúvida, que será objeto de reparação.

---

[124] RODRIGUES, Silvio. *Responsabilidade civil*. Vol. 4. 20. ed. São Paulo: Saraiva, 2008, p. 6.

[125] BORGES, Gustavo. *Erro médico nas cirurgias plásticas*. São Paulo: Atlas, 2014, p. 211.

[126] NORONHA, Fernando. *Direito das obrigações*. 4. ed. São Paulo: Saraiva, 2013, p. 442.

[127] Idem, p. 443.

[128] FRANÇA. R. Limongi. *Instituições de direito civil*. 4. ed. São Paulo: Saraiva, 1996, p. 883.

2.3. *Enriquecimento sem causa*

Como referido no capítulo referente à Responsabilidade Civil, "A terceira categoria de obrigações [...] é aquela que chamaremos *obrigações de restituição por enriquecimento sem causa* ou, simplesmente, *enriquecimento sem causa*". A diferença para a Responsabilidade Civil, segundo as lições de Fernando Noronha, vai no sentido de que o enriquecimento sem causa tem por finalidade "remover de um patrimônio os acréscimos patrimoniais indevidos". São indevidos porque deveriam ter acontecido em um outro patrimônio, já anterior e juridicamente reservado. A Responsabilidade Civil, por sua vez, tem a função de reparar os danos, ou seja, a diminuição ou a redução verificada no patrimônio.[129]

O estudo do enriquecimento sem causa também é alicerce para fundamentar e justificar o ressarcimento dos honorários contratuais. César Fiuza, ao abordar o tema, inicialmente, entende que tal instituto deveria ser previsto na Parte Geral do Código Civil, eis que é "princípio geral do Direito Civil". Portanto, aplica-se ao Direito das Obrigações e Contratos, Direito das Coisas, Direito de Família e sucessões. É que, onde exista a possibilidade de relações patrimoniais, tal princípio deve coibir o enriquecimento sem causa legítima, às custas de outro.[130]

Pontes de Miranda já afirmava que: "A ordem jurídica se estabelece com o princípio de que não se tira a outrem o que é seu". Conclui o mestre, portanto, que ninguém pode se locupletar causando danos a outros.[131]

É do Direito Romano o princípio que proíbe o enriquecimento sem causa, fundado na equidade: "*Naturae aequum est, neminem cum alterius detrimento et injuria, fieri locupletionem*". [132]

António Menezes Cordeiro afirma que surgiu, no palco jurídico de nossos tempos, essencialmente consagrado como instituto do direito alemão, de forma expressa nos §§ 812 e 822 do BGB:[133]

> [...] na sequência de um aturado aprofundamento pandectístico dinamizado por Savigny, o enriquecimento sem causa só seria reconhecido em França, por via jurisprudencial, nos finais do século XIX (Arrêt Boudier) e em Inglaterra, por via doutrinária, apesar de

[129] NORONHA, Fernando. *Direito das obrigações*. 4. ed. São Paulo: Saraiva, 2013, p. 443.

[130] FIUZA, César. *Direito civil: curso completo*. Belo Horizonte: Del Rey, 2009, p. 261-262.

[131] PONTES DE MIRANDA, Francisco Cavalcanti. *Tratado de direito privado*: parte especial: direito das obrigações: obrigações e suas espécies: fontes e espécies das obrigações: tomo XXII. ALVES, Vilson Rodrigues (atual). Campinas: BookSeller, 2003, p. 445.

[132] MONTEIRO, Washington de Barros; MALUF, Carlos Alberto; DIAS, Regina Beatriz Tavares. *Curso de direito civil*: direito das obrigações: 2ª parte. 41. ed. São Paulo: Saraiva, 2014, p. 575.

[133] CORDEIRO, António Menezes. *Tratado de direito civil português*: Vol. II: tomo III: gestão de negócios: enriquecimento sem causa: responsabilidade civil. Coimbra: Almedina, 2010, p. 138-139.

antecedentes antigos, na segunda metade do século XX. O Direito europeu, designadamente pelos trabalhos de Christian von Bar, tem feito um esforço intenso no sentido do acolhimento do instituto. Directa ou indirectamente, não é arriscado apontar a influência de Savigny na ciência do Direito planetária.

Desse modo, o enriquecimento sem causa constitui fonte obrigacional, ao mesmo tempo em que a sua vedação decorre dos princípios da função social das obrigações e da boa-fé objetiva.[134]

> O atual Código Civil brasileiro valoriza aquele que trabalha, e não aquele que fica à espreita esperando um golpe de mestre para enriquecer-se à custa de outrem. O Código Civil de 2002 é inimigo do especulador, daquele que busca capitalizar-se mediante o trabalho alheio.

As palavras acima são fundamentais, eis que refletem cristalinamente a necessidade de restituição dos honorários contratuais, afinal, para a hipótese de indeferimento neste sentido, o causador do dano locupleta-se sem causa, fazendo com que a própria vítima busque, em seu patrimônio, numerário que tenha dado causa para o gasto inerente à contratação. Observando os pressupostos do enriquecimento sem causa, fortalecemos ainda mais a nossa tese, senão vejamos:[135]

> a) o enriquecimento do *accipiens* (de quem recebe);
> b) o empobrecimento do *solvens* (de quem paga);
> c) a relação de causalidade entre o enriquecimento e o empobrecimento;
> d) a inexistência de causa jurídica prevista por convenção das partes ou pela lei; e
> e) a inexistência de ação específica.

Nossa defesa ganha reforço com a seguinte afirmação:[136]

> Urge frisar, todavia, que nem todo o enriquecimento é condenado e sim, exclusivamente, o injusto, sem causa lícita ou jurídica. O enriquecimento ilícito consiste no ganho sem causa. Verifica-se ele não só quando recebemos alguma coisa sem motivo justo (*condictio indebiti, condictio sine causa, causa data non secuta*), como quando, sem causa legítima, nos libertamos de alguma obrigação com dinheiro alheio.

Sérgio Savi aprofunda o estudo sobre o enriquecimento sem causa. Aduz o autor que o nosso ordenamento prevê cláusula geral no art. 884 do Código Civil. Assim, é autorizado o pedido à restituição quando: a) houver um enriquecimento; b) este enriquecimento tiver sido obtido "à custa de outrem"; e c) não houver uma causa justificativa para o enriquecimento.[137]

---

[134] TARTUCE, Flávio. *Direito civil*: Vol. 2: direito das obrigações e responsabilidade civil. São Paulo: Método, 2014, p. 34.

[135] Idem, p. 34.

[136] MONTEIRO, Washington de Barros; MALUF, Carlos Alberto Maluf; DIAS, Regina Beatriz Tavares da. *Curso de direito civil*: direito das obrigações: 2ª parte. 41. ed. São Paulo: Saraiva, 2014, p. 565.

[137] SAVI, Sérgio. *Responsabilidade civil e enriquecimento sem causa*: o lucro da intervenção. São Paulo: Atlas, 2012, p. 56.

Contudo, Sérgio Savi alerta para a seguinte situação, no sentido de se cogitar da hipótese de restituição com base no enriquecimento sem causa o liame, ou o nexo de causalidade exigido:[138]

> Contudo, afigura-se inapropriado falar na existência de um "liame" entre enriquecimento e empobrecimento. O liame exigido como requisito para a configuração do enriquecimento sem causa deve ser entendido como a correlação entre o enriquecimento e um fato que se ligue à outra parte. Portanto, para o surgimento do direito à restituição, fundada no enriquecimento sem causa, o titular do direito terá que demonstrar a relação entre o enriquecimento da outra parte e a sua esfera de direitos.

Mas é importante observar, também, os Enunciados das Jornadas de Direito Civil do Conselho da Justiça Federal, que tratam da matéria e os comentários a respeito do enriquecimento sem causa:[139]

> [...] o Enunciado nº 35, aprovado na I Jornada de Direito Civil do Conselho da Justiça Federal, "a expressão se enriquecer à custa de outrem do art. 884 do novo Código Civil não significa, necessariamente, que deverá haver empobrecimento". A doutrina atual vem, portanto, afastando tal requisito.
>
> Quando da III Jornada foi aprovado o Enunciado nº 188, também aplicável ao tema, com a seguinte redação: "A existência de negócio jurídico válido e eficaz é, em regra, uma justa causa para o enriquecimento". Pelo enunciado doutrinário, em havendo um contrato válido e gerando efeitos que trazem o enriquecimento de alguém, em regra, não se pode falar em locupletamento sem razão. Isso desde que o contrato não viole os princípios da função social e da boa-fé objetiva e também não gere onerosidade excessiva, desproporção negocial.

Outro aspecto importante em relação ao enriquecimento sem causa é a sua diferença para com o enriquecimento ilícito. Segundo Flávio Tartuce, e em relação ao primeiro, há a falta de determinada causa jurídica, para o enriquecimento. Já em relação ao segundo, o ilícito é que fundamenta o enriquecimento: "[...] todo o enriquecimento ilícito é sem causa, mas nem todo o enriquecimento sem causa é ilícito. Um contrato desproporcional pode não ser um ilícito e gerar enriquecimento sem causa".[140]

Entendemos que aquele que dá causa a determinada demanda e obriga a intervenção judicial para a parte, através de advogado contratado e, portanto, que teve de pagar honorários, deve ressarcir tal verba, também no sentido de se evitar o enriquecimento sem causa, quanto a este ponto.

---

[138] SAVI, Sérgio. *Responsabilidade civil e enriquecimento sem causa*: o lucro da intervenção. São Paulo: Atlas, 2012, p. 57.

[139] TARTUCE, Flávio. *Direito civil*. Vol. 2: direito das obrigações e responsabilidade civil. São Paulo: Método, 2014, p. 34.

[140] Idem, p. 35.

2.4. *Constituição Federal e a Responsabilidade Civil*

Como o estudo em questão trata sobre a possibilidade de se buscarem os gastos, também, com os honorários advocatícios contratuais, importante, então e a partir de agora, estudarmos a Responsabilidade Civil, relacionando-a com a Constituição Federal para, em seguida, avançarmos sobre o tema proposto e sobre a sua aplicação no campo aqui objeto de estudo.

Resta claro que as normas constitucionais, dotadas e caracterizadas de hierarquia superior, balizam a interpretação e a aplicação da legislação infraconstitucional. Portanto, conclusão lógica a que se chega é a de que as normas, regras, leis, decisões (judiciais e administrativas) enfim, todo o ordenamento jurídico, têm de estar em harmonia com a Carta Política.[141]

Paulo Lôbo, ao comentar sobre os fundamentos constitucionais da Responsabilidade Civil, assevera que:

> A Constituição Federal destinou vários dispositivos legais dispersos à responsabilidade civil, permitindo ao intérprete deles extrair um sistema básico que informa e conforma a legislação aplicável, especialmente o Código Civil.[142]

O mestre acima referido, dando continuidade aos seus ensinamentos acerca dos fundamentos constitucionais da Responsabilidade Civil, assevera que:

> Em termos de direitos e garantias fundamentais, são trazidos os incisos V (danos materiais, morais e à imagem), X (danos a direitos da personalidade) e LXXV (reparação do erro judiciário), inseridos no art. 5º.

Como se não bastasse, há também outros artigos específicos, dentre eles:

> 21, XXII, *c*, (danos nucleares); 24, VII (danos a interesses difusos); 37, § 6º; 141 (responsabilidade do Estado e de concessionárias privadas); 173, § 1º e § 5º (responsabilidade de administradores de empresas); 225 (futuras gerações); 225, §§ 2º e 3º; 236, § 1º; 245 (responsabilidade civil de autor de crime doloso).[143]

Pedimos licença para nos utilizarmos dos ensinamentos de Sergio Cavalieri Filho, quando aborda a função da Responsabilidade Civil. Pondera o ilustre jurista que o anseio de buscar a obrigação do causador do dano à devida reparação tem como inspiração o mais elementar sentimento de justiça. De sorte que, existindo dano causado pelo ato ilícito, há o rompimento do equilíbrio jurídico-econômico que existia antes, entre o agente e a vítima. Existe uma necessidade fundamental de se ver restabelecido o anterior equilíbrio, recolocando-se o

---

141 CAVALIERI FILHO, Sergio. *Programa de responsabilidade Civil*. 8. ed. Atlas: São Paulo, p. 79.

142 LÔBO, Paulo. *Direito civil: obrigações*. 3. ed. São Paulo: Saraiva, 2013, p. 22.

143 Idem, p. 22.

prejudicado no *status quo ante*. Imperativo é o princípio da *restitutio in integrum*, ou seja, tenta-se, o mais perto do possível, repor a vítima ao estado anterior ao dano causado, pois, segundo o mestre aqui referido, "indenizar pela metade é responsabilizar a vítima pelo resto; limitar a reparação é impor à vítima que suporte o resto dos prejuízos não indenizados".[144]

Trazendo a Responsabilidade Civil para a Constituição Federal, o artigo 5º, *caput*, da Carta política brasileira,[145] de forma expressa e como antes referido, garante aos brasileiros e aos estrangeiros residentes no país o exercício dos direitos e garantias fundamentais, e sem distinção de qualquer natureza.

Mas a história da reparação por danos puramente imateriais encontrou algumas objeções. Um dos argumentos, e talvez o principal, era o de que seria imoral a busca de valor monetário à dor, ou então de que seria impossível a determinação dos sujeitos atingidos, sejam pais, irmãos, noivos etc. A questão da impossibilidade de mensuração da dor também foi questionada. Por outro lado, e com o passar dos tempos, tanto a jurisprudência como a doutrina trataram de rechaçar tais óbices.[146]

O Código Civil de 1916, segundo a doutrina de Nelson Nery Junior e Rosa Maria de Andrade Nery, tratava-se de uma legislação à frente do seu tempo. E a prova de tal afirmativa, segundo os mencionados autores, foi quanto à aprovação e à reprovação de muitos dos seus dispositivos. Um dos artigos de lei que Clóvis Beviláqua tinha intenção de que integrasse a legislação revogada era exatamente a possibilidade de condenação a título de danos imateriais. O próprio *caput* do então art. 159 referia que quem violasse direito de outrem, ou causasse prejuízo, tinha o dever de indenizar, ou seja, ficava obrigado a reparar o dano. E, segundo os comentários ao Código pelo próprio Clóvis Beviláqua, a norma não fazia distinção entre danos materiais e imateriais, e não excluía um em relação ao outro. É que a violação de direito poderia se dar tanto na esfera patrimonial como na esfera extrapatrimonial, não havendo, portanto, discriminação sobre qual o direito se tratava, ou seja, se recaía sobre prejuízos econômicos ou sobre questões que

---

[144] O referido princípio da reparação integral é tema central deste livro e será devidamente analisado e contextualizado ao devido ressarcimento dos honorários contratuais a partir da TERCEIRA PARTE deste livro.

[145] "Art. 5º Todos são iguais perante a lei, sem distinção de qualquer natureza, garantindo-se aos brasileiros e aos estrangeiros residentes no País a inviolabilidade do direito à vida, à liberdade, à igualdade, à segurança e à propriedade, nos termos seguintes:".

[146] GONÇALVES, Carlos Roberto. *Direito civil brasileiro*. Vol. 4: responsabilidade civil. 8. ed. São Paulo: Saraiva, 2013, p. 397.

compunham a humanidade da pessoa. E resumiu assim Clóvis Beviláqua: "Onde a lei não distingue, não cabe ao intérprete fazê-lo".[147]

Na segunda metade do século XX, o Supremo Tribunal Federal passou a admitir indenizações de cunho moral, mas com uma condição: desde que expressamente tal condenação não restasse cumulada com danos patrimoniais e, mesmo assim, o valor da indenização era sempre simbólico, não a tornando efetiva. Já nos anos noventa, o Superior Tribunal de Justiça tratou de admitir indenizações, tanto a título de danos patrimoniais como a título de danos imateriais, com origem no mesmo fato.[148]

A indenização a título de danos imateriais, atualmente, representa uma compensação ao lesado, mesmo que pequena, em decorrência da tristeza infligida a alguém, de forma, injusta.[149] Temos, ainda, as Súmulas n°s 37 e 387 do Superior Tribunal de Justiça, que tratam da cumulação, respectivamente, de danos morais e materiais decorrentes do mesmo fato, bem como da cumulação de indenizações de dano estético e dano moral.

Carlos Roberto Gonçalves afirma que a doutrina, de modo geral, entende que a enumeração das hipóteses previstas na Constituição Federal, no tocante aos bens lesados e à configuração do dano imaterial, sejam de forma exemplificativa. Por outro lado, alerta que o julgador não deve-se afastar das diretrizes lá traçadas. O fundamento é que, caso contrário, o dano extrapatrimonial considerará pequenos incômodos e desprazeres, que todos, em razão de uma vida em sociedade, devem suportar.[150] Nesse sentido, trazemos julgamento do Superior Tribunal de Justiça que consideram os meros dissabores, incômodos, como não passíveis de reparação a título de danos imateriais, em razão do referido convívio em sociedade.[151]

---

[147] NERY JUNIOR, Nelson; NERY, Rosa Maria de Andrade. *Código Civil comentado.* 10. ed. São Paulo: Revista dos Tribunais, 2013, p. 454-455.

[148] Idem, p. 455.

[149] GONÇALVES, Carlos Roberto. *Direito Civil brasileiro.* Vol. 4: responsabilidade civil. 8. ed. São Paulo: Saraiva, 2013, p. 397.

[150] Idem, p. 385.

[151] "BRASÍLIA. DIREITO CIVIL. RESPONSABILIDADE CIVIL. COMPRA PELA INTERNET. PRESENTE DE NATAL. NÃO ENTREGA DA MERCADORIA. VIOLAÇÃO A DIREITO DE PERSONALIDADE NÃO COMPROVADA NO CASO CONCRETO. DANOS MORAIS INDEVIDOS. 1. A jurisprudência desta Corte tem assinalado que os aborrecimentos comuns do dia a dia, os meros dissabores normais e próprios do convívio social não são suficientes para originar danos morais indenizáveis. 2. A falha na entrega de mercadoria adquirida pela internet configura, em princípio, mero inadimplemento contratual, não dando causa a indenização por danos morais. Apenas excepcionalmente, quando comprovada verdadeira ofensa a direito de personalidade, será possível pleitear indenização a esse título. 3. No caso dos autos, as instâncias de origem concluíram não haver indicação de que o inadimplemento da obrigação de entregar um "Tablet", adquirido mais de mês antes da data do Natal, como presente de Natal para filho, fatos não comprovados, como causador de grave sofrimento de ordem moral ao Recorrente ou a sua família.

San Tiago Dantas, por sua vez, há muito dizia que o principal objetivo da ordem jurídica é proteger o lícito e reprimir o ilícito. De tal sorte que, para atingir a esse fim, o ordenamento estabelece deveres e que, dependendo da natureza desses deveres, podem ser positivos, de dar ou fazer; ou negativos, de tolerar ou não fazer algo. Vamos ainda mais longe, ou seja, existe um dever geral de não prejudicar ninguém, expresso pelo Direito Romano, através da máxima *neminem laedere.*[152] Pontes de Miranda ensinava que: "O ressarcimento prende-se à origem do homem, como reação ao mal, ao que fere ou ofende".[153]

Quando há situação que viole determinado dever jurídico, resta configurado o ilícito e, como regra, gera, para aquele que o violou, um novo dever jurídico, qual seja, o de reparar o dano. De modo que Sergio Cavalieri Filho assevera que existem dois deveres jurídicos: um originário ou primário e outro sucessivo, ou também chamado de secundário, que será o de indenização quanto aos prejuízos. Quanto ao primeiro, o dever originário, trazemos o exemplo dado pelo Mestre, qual seja, o de que todos têm o dever de respeitar a integridade física do ser humano. Todavia e como referido, aquele que lesa tal direito tem o dever jurídico de repará-lo.[154]

Neste aspecto é que entra a noção da Responsabilidade Civil, que reflete a ideia de obrigação, encargo. Melhor explicando, aponta o dever que determinada pessoa tem de reparar o prejuízo causado a outrem, eis que decorrente da violação de um dever jurídico. Resumindo a ideia, a Responsabilidade Civil espelha que o dever jurídico sucessivo surge, emerge, no sentido de recomposição por dano que decorreu de violação de dever jurídico originário.[155]

Finalizando, a responsabilidade é dever jurídico sucessivo, e tem como consequência a violação do primeiro, ou seja, do dever originário. Utiliza o autor, para melhor ilustrar o tema, as palavras de Larenz: "a responsabilidade é a sombra da obrigação".[156]

---

4. Cancela-se, entretanto, a multa, aplicada na origem aos Embargos de Declaração tidos por protelatórios (CPC, art. 538, parágrafo único). 5. Recurso Especial a que se dá provimento em parte, tão somente para cancelar a multa. (REsp 1399931 / MG, Superior Tribunal de Justiça, , Terceira Turma, Rel. Min. Ministro SIDNEI BENETI, julgado em 11/02/2014)". Disponível em: <https://ww2.stj.jus.br/revistaeletronica/Abre_Documento.asp?sSeq=1296475&sReg=201302819034&sData=20140306&formato=HTML>. Acesso em 12 mar. 2014.

152 CAVALIERI FILHO, Sergio. *Programa de responsabilidade civil.* 8. ed. São Paulo: Atlas, 2009, p. 1.

153 PONTES DE MIRANDA, Francisco Cavalcanti. *Tratado de direito privado*: direito das obrigações: fatos ilícitos absolutos: atos-fatos ilícitos absolutos: atos ilícitos absolutos: responsabilidade danos causados por animais: coisas inanimadas e danos: estado e servidores: profissionais: tomo 53. ALVES, Vilson Rodrigues (atual). Campinas: BoookSeller, 2008, p. 155.

154 CAVALIERI FILHO, Sergio. *Programa de responsabilidade civil.* 8. d. São Paulo: Atlas, 2009, p. 2.

155 Idem, p. 2.

156 Idem, p. 3.

2.5. *Função da Responsabilidade Civil*

O anseio de obrigar o causador do dano à devida reparação tem como fonte de inspiração o que Sergio Cavalieri Filho chama de o mais elementar sentimento de justiça. O referido dano causado pelo ilícito faz com que seja rompido o equilíbrio jurídico-econômico que existia antes entre agente e vítima, de tal sorte que surge, então, uma fundamental necessidade de se restabelecer o referido equilíbrio, procurando-se colocar o prejudicado no denominado *status quo ante*. Nesse campo, impera, portanto, o princípio da *restitutio in integrum*, ou seja, deve-se, tanto quanto possível, repor a vítima à situação anterior à lesão, através de uma indenização fixada proporcionalmente ao dano. Indenizar pela metade é responsabilizar a vítima pelo resto; limitar a reparação é impor ao lesado que suporte o resto dos prejuízos não indenizados.[157]

Maria Helena Diniz ressalta a importância da Responsabilidade Civil e das suas funções. A autora justifica tal importância, eis que a Responsabilidade Civil busca:[158]

> [...] restaurar um equilíbrio moral e patrimonial desfeito e à distribuição da riqueza de conformidade com os ditames da justiça, tutelando a pertinência de um bem, com todas as suas utilidades, presentes e futuras, a um sujeito determinado, pois, como pondera José Antônio Nogueira, o problema da responsabilidade é o próprio problema do direito, visto que "todo o direito assenta na idéia de ação, seguida da reação, de restabelecimento de uma harmonia quebrada".

A autora segue aduzindo que "o interesse em restabelecer o equilíbrio violado pelo dano é a fonte geradora da responsabilidade civil". Portanto, a reação do ordenamento jurídico vem no sentido de proteger o lesado em razão da perda ou diminuição em seu patrimônio, através da ilicitude verificada.[159]

2.6. *"Neminem laedere" e o dever originário e sucessivo*

Em primeiro lugar, necessário faz-se analisar o dever geral de não lesar ninguém para, somente após a sua verificação, falar-se em indenização pelo ilícito e, consequentemente, pleitear-se valores gastos a título de honorários contratuais.

---

[157] CAVALIERI FILHO, Sergio. *Programa de responsabilidade civil*. 8. ed. São Paulo: Atlas, 2009, p. 13.

[158] DINIZ, Maria Helena. *Curso de direito civil brasileiro*: responsabilidade civil. Vol. 7. 29. ed. São Paulo: Atlas, 2015, p. 21.

[159] Idem, p. 21.

Trazendo a teoria supracolocada para a prática, importante a leitura e análise do julgamento trazido que abordou a questão quanto ao dever jurídico originário e sucessivo. A fundamentação considerou que, como regra, não há falar em indenização por danos extrapatrimoniais no âmbito das relações familiares. Todavia, há situações que extrapolam a normalidade, como a violência psíquica e física.[160] Portanto, o dever jurídico originário que foi violado foi a integridade física e psíquica da autora da ação. De modo que, como consequência, há um dever jurídico sucessivo, que é a indenização por danos morais, a qual trata a decisão em análise.

Aguiar Dias, em citação a Marton, assim lecionou sobre a Responsabilidade Civil:[161]

> Marton estabelece com muita lucidez a boa solução, quando define responsabilidade como a situação de quem, tendo violado uma norma qualquer, se vê exposto às consequências desagradáveis decorrentes dessa violação, traduzidas em medidas que a autoridade encarregada de velar pela observação do preceito lhe imponha, providência essas que podem, ou não, estar previstas.

---

160 APELAÇÃO CÍVEL. DIVÓRCIO. ALIMENTOS. INDENIZAÇÃO POR DANO MORAL. ABUSO E VIOLÊNCIA PSÍQUICA E FÍSICA. GRAVIDADE DOS DANOS SUFICIENTEMENTE PROVADAS. VALOR DA CONDENAÇÃO E VERBA ALIMENTAR MANTIDOS NO PATAMAR POSTO NA SENTENÇA. 1. INDENIZAÇÃO POR DANO MORAL. A gravíssima situação dos autos, em que a autora, desde menina (a partir dos 8 anos de idade), foi submetida a violência física e sexual, tendo, aos 25 anos, se casado com o agressor, configura, à saciedade, a dor, vexame, sofrimento e humilhação que, fugindo à normalidade, interferiram intensamente no comportamento psicológico da apelada, gerando sério desequilíbrio em seu bem-estar. 2. É certo que a jurisprudência em geral – e muito particularmente a deste Tribunal – é justificadamente recalcitrante em deferir danos morais no âmbito das relações familiares, dadas as peculiaridades que as cercam. O caso, porém, extrapola tudo o que se possa cogitar em termos de dano à pessoa, caracterizando dano moral mesmo que abstraída a conjuntura familiar em que foi praticado. 3. VALOR DA CONDENAÇÃO. A intensidade do dano e seqüelas emocionais, justificam a quantia – não obstante não haver valor suficiente para recompor as lesões psíquicas ou reparar os traumas e sofrimento vivido pela autora desde criança ("uma vida perdida"). De outro lado, cabia ao recorrente a prova de sua condição financeira e neste sentido foi de todo insuficiente o que trouxe aos autos. Várias foram as oportunidades de dilação probatória, sempre decorrendo o prazo sem manifestação do apelante – até que se encerrou a instrução, também sem inconformidade do demandado. 3. ALIMENTOS. A mesma fundamentação serve para desacolher o pedido de redução da verba alimentar, prevalecendo o valor fixado pela sentença, ou seja, 40% do rendimento líquido da sua folha de pagamento, excetuados somente os descontos obrigatórios. NEGARAM PROVIMENTO. UNÂNIME. (SEGREDO DE JUSTIÇA) (BRASIL. Tribunal de Justiça do Rio Grande do Sul. Oitava Câmara Cível. Apelação Cível Nº 70042267179. Rel. De:. Luiz Felipe Brasil Santos. Julgado em 14/07/2011. Disponível em: <http://google8.tjrs.jus.br/search?q=cache:www1.tjrs.jus.br/site_php/consulta/consulta_processo.php%3Fnome_comarca%3DTribunal%2Bde%2BJusti%25E7a%26versao%3D%26versao_fonetica%3D1%26tipo%3D1%26id_comarca%3D700%26num_processo_mask%3D70042267179%26num_processo%3D70042267179%26codEmenta%3D4249349+APELA%C3%87%C3%83O+C%C3%E7VEL.+DIV%C3%93RCIO.+ALIMENTOS.+INDENIZA%C3%87%C3%83O+POR+DANO+MORAL.+ABUSO+E+VIOL%C3%8ANCIA+PS%C3%E7QUICA+E+F%C3%E7SICA.+&site=ementario&client=buscaTJ&access=p&ie=UTF-8&proxystylesheet=buscaTJ&output=xml_no_dtd&oe=UTF-8&numProc=70042267179&comarca=Viam%E3o&dtJulg=14-07-2011&relator=Luiz+Felipe+Brasil+Santos>. Acesso em: 05 dez. 2012).

161 AGUIAR DIAS, José de. *Da responsabilidade civil*. 12. ed. Rio de Janeiro: Lumen Juris, 2012, p. 3.

Vejamos a aplicação prática quanto ao *neminem laedere*, à luz da jurisprudência do Superior Tribunal de Justiça:[162]

> [...] 7. O prazo estabelecido no art. 23 da Lei 8.429/92 se refere à Aplicação das sanções, e não ao ressarcimento ao erário.
>
> 8. O ressarcimento não constitui penalidade; é consequência lógica Do ato ilícito praticado e consagração dos princípios gerais de todo ordenamento jurídico: *suum cuique tribuere* (dar a cada um o que é seu), honeste vivere (viver honestamente) e neminem laedere (não causar dano a ninguém) [...].

Portanto, se a responsabilidade é dever jurídico sucessivo ou secundário, e que surge como consequência do não cumprimento de determinada obrigação, não nos parece nada justo não se deferir os valores gastos com advogados (honorários contratuais).

2.7. *Obrigação de indenizar*

Sergio Cavalieri Filho explica que, além das modalidades de obrigações existentes, como as de fazer, dar e não fazer, a indenização também se revela como obrigação, nos termos do art. 927[163] do Código Civil.[164]

---

162 ADMINISTRATIVO. RECURSO ESPECIAL. AÇÃO DE IMPROBIDADE ADMINISTRATIVA. IMPRESCRITIBILIDADE. ART. 37, § 5º, DA CF. APLICAÇÃO DAS PENALIDADES. PRAZO QUINQUENAL. *DIES A QUO*. TÉRMINO DO MANDATO DE PREFEITO. RECURSO PROVIDO. 1. "As ações destinadas a levar a efeitos as sanções previstas nesta lei podem ser propostas: I – até cinco anos após o término do exercício de mandato, de cargo em comissão ou de função de confiança" (art. 23 da Lei 8.429/92). 2. "...se o ato ímprobo for imputado a agente público no exercício de mandato, de cargo em comissão ou de função de confiança, o prazo prescricional é de cinco anos, com termo a quo no primeiro dia após a cessação do vínculo" (REsp 1.060.529/MG). 3. *In casu*, não há falar em prescrição, de forma que subsiste para o ora recorrente o interesse em ter o mérito da ação civil pública analisado. 4. O art. 37, § 5º, da CF estabelece a imprescritibilidade das ações visando ao ressarcimento ao erário em decorrência de ilícitos praticados. 5. O comando constitucional não condicionou o exercício da ação à prévia declaração de nulidade do ato de improbidade administrativa. 6. Certamente, só há falar em ressarcimento se reconhecida, concretamente, a ilicitude do ato praticado. Entretanto, esse reconhecimento não prescinde de declaração de nulidade, conforme entendeu o Tribunal a quo. Assim fosse, tornar-se-ia letra morta o conteúdo normativo do art. 37, § 5º, da CF se não ajuizada no prazo legal a ação. 7. O prazo estabelecido no art. 23 da Lei 8.429/92 se refere à aplicação das sanções, e não ao ressarcimento ao erário. 8. O ressarcimento não constitui penalidade; é consequência lógica do ato ilícito praticado e consagração dos princípios gerais de todo ordenamento jurídico: *suum cuique tribuere* (dar a cada um o que é seu), honeste vivere (viver honestamente) e neminem laedere (não causar dano a ninguém). 9. Recurso especial provido para determinar o retorno dos autos à primeira instância para análise do mérito. (BRASIL. Superior Tribunal de Justiça. Primeira Turma. REsp 1028330/SP. Rel. Min: Arnaldo Esteves Lima. Julgado em: 04/11/2010. Disponível em: <https://ww2.stj.jus.br/processo/revista/documento/mediado/?componente=ITA&sequencial=1018103&num_registro=200800191757&data=20101112&formato=HTML>. Acesso em: 04 ago. 2015).

163 Art. 927. Aquele que, por ato ilícito (arts. 186 e 187), causar dano a outrem, fica obrigado a repará-lo. Parágrafo único. Haverá obrigação de reparar o dano, independentemente de culpa, nos casos especificados em lei, ou quando a atividade normalmente desenvolvida pelo autor do dano implicar, por sua natureza, risco para os direitos de outrem.

164 CAVALIERI FILHO, Sergio. *Programa de responsabilidade civil*. 8. ed. São Paulo: Atlas, 2009, p. 3.

Continua o autor suprarreferido ensinando que a Responsabilidade Civil opera a partir do ato ilícito, de tal sorte surgindo o dever de indenizar, cuja finalidade é tornar indene o lesado, ou seja, colocando a vítima na situação em que estaria sem a ocorrência do fato que acarretou danos.[165]

Mas muito importante também é a natureza jurídica da obrigação de indenizar, que se pode dividir em duas, ou seja, voluntária e legal. A primeira guarda relação com os negócios jurídicos e a autonomia da vontade, ou seja, surgem as obrigações porque as partes assim quiseram. Já quanto à segunda, a legal, a lei as impõe, lhes dá a vida e também define o conteúdo. De tal sorte que a vontade das partes só intervém na qualidade de condicionadora, e não como modeladora dos efeitos jurídicos estatuídos em lei. Concluindo: para esta modalidade de obrigação de indenizar, a própria lei determina quando a obrigação surge. Sergio Cavalieri Filho, bebendo na fonte dos ensinamentos de Humberto Theodoro Júnior, adverte que não se trata de obrigação desejada, mas sim de uma obrigação-sanção, em decorrência do comportamento infringente dos seus preceitos.[166]

Completamos o raciocínio acima, em relação à obrigação-sanção, de que esta surge para o caso aqui tratado, como consequência natural e da própria lei, para o dever de indenizar ou compensar.

2.8. *Pressupostos da Responsabilidade Civil*

Estamos tratando do ressarcimento dos honorários contratuais, eis que entendemos que compõe os prejuízos, o dano, experimentado pela parte que teve de vir a juízo buscar o que é seu por direito. Portanto, a busca pelos pressupostos da Responsabilidade Civil revela-se imperiosa. O art. 186 do Código Civil[167] direciona-nos para o referido princípio do *neminem laedere*, ou seja, o dever geral de não lesar a ninguém. O referido dispositivo aponta, então, para os pressupostos da Responsabilidade Civil, a saber: a) conduta humana (positiva ou negativa); b) dano ou prejuízo; c) nexo de causalidade.[168]

---

165 CAVALIERI FILHO, Sergio. *Programa de responsabilidade civil*. 8. ed. São Paulo: Atlas, 2009, p. 4

166 Idem, p. 4.

167 Art. 186. Aquele que, por ação ou omissão voluntária, negligência ou imprudência, violar direito e causar dano a outrem, ainda que exclusivamente moral, comete ato ilícito.

168 GAGLIANO, Pablo Stolze; PAMPLONA FILHO, Rodolfo. *Novo curso de direito civil*. Vol. 3: responsabilidade civil. 13. ed. São Paulo: Saraiva, 2015, p. 69.

Podemos observar em um caso prático a análise dos pressupostos acima apontados e que, a partir dos próximos tópicos, serão analisados. No caso em debate, envolvendo relação de consumo, o pedido de condenação por danos extrapatrimoniais teve, como causa de pedir, supostas ofensa praticadas por um funcionário de um *Shopping Center* que, segundo as alegações da autora, aquele teria colocado em dúvida o pagamento do cartão de estacionamento. Assim foram as razões de decidir, em parte:[169]

> Os elementos constantes nos autos se mostram insuficientes para comprovar a ilicitude do ato praticado pelas demandadas.
>
> Compulsando os autos verifica-se que a parte autora limitou-se a acostar aos autos ocorrência policial realizada três dias após o fato ocorrido, nota fiscal das compras realizadas e, ainda, o ticket do estacionamento.
>
> Ocorre que os referidos documentos, da maneira que se apresentam, não são hábeis para comprovar o dano moral pretendido pela autora, sendo que apenas comprovam que a mesma esteve no estabelecimento comercial no dia e hora alegados.
>
> Ademais, do depoimento da testemunha arrolada pela própria autora depreende-se que os fatos ocorridos não ultrapassaram a esfera do mero aborrecimento e dissabor, uma vez que a mesma ao ser questionada se presenciou alguma ofensa moral afirmou que não houve ofensa moral (fl. 117).
>
> Assim, entendo que a parte autora não logrou êxito em comprovar a ocorrência de danos morais indenizáveis, cujo ônus lhe competia, nos termos do art. 331, I, do CPC, o que acarreta a improcedência da demanda.

Passamos, no próximo tópico, ao enfrentamento e análise de cada um dos pressupostos da Responsabilidade Civil.

---

[169] APELAÇÃO CÍVEL. RESPONSABILIDADE CIVIL. AÇÃO INDENIZATÓRIA POR DANO MORAL. ALEGAÇÃO DE OFENSAS E AGRESSIVIDADE PROFERIDAS DO FUNCIONÁRIO DO ESTABELECIMENTO RÉU. AUSÊNCIA DE COMPROVAÇÃO SUFICIENTE PARA A DEMONSTRAÇÃO DOS PRESSUPOSTOS ENSEJADORES DE DANOS MORAIS, ÔNUS QUE LHE INCUMBIA DIANTE DO ART. 333, INCISO I DO CPC. 1. A parte autora não comprova, de forma satisfatória, a ocorrência dos fatos alegados, tais como as ofensas proferidas pelo funcionário da requerida, uma vez que traz à baila apenas um depoimento sucinto. 2. Nesse sentido, a reparação por danos morais resulta da presença dos pressupostos de indenizar elencados nos artigos 186 e 927, do Código Civil, a saber: conduta ilícita, o dano e o nexo de causalidade. 3. Assim, não demonstrada a existência dos pressupostos, tais como, conduta ilícita, o dano e o nexo de causalidade, tenho por descabido o dever de indenizar da parte ré, ou seja, pela improcedência da demanda. APELAÇÃO DESPROVIDA. (BRASIL. Tribunal de Justiça do Rio Grande do Sul. Quinta Câmara Cível. Apelação Cível nº 70067733436. Rel. Des: Léo Romi Pilau Júnior. Julgado em: 30/03/2016. Disponível em: <http://www.tjrs.jus.br/busca/search?q=cache:www1.tjrs.jus.br/site_php/consulta/consulta_processo.php%3Fnome_comarca%3DTribunal%2Bde%2BJusti%25E7a%26versao%3D%26versao_fonetica%3D1%26tipo%3D1%26id_comarca%3D700%26num_processo_mask%3D70067733436%26num_processo%3D70067733436%26codEmenta%3D6707677+dano+moral+e+aus%C3%AAncia+dos+pressupostos+da+responsabilidade++++&proxystylesheet=tjrs_index&ie=UTF-8&lr=lang_pt&access=p&client=tjrs_index&site=ementario&oe=UTF-8&numProcesso=70067733436&comarca=Comarca%20de%20Porto%20Alegre&dtJulg=30/03/2016&relator=L%C3%A9o%20Romi%20Pilau%20J%C3%BAnior&aba=juris>. Acesso em: 22 abr. 2016).

2.9. *Conduta*

Apenas o homem, seja por si, seja pela pessoa jurídica, pode ser civilmente responsável, eis que o núcleo fundamental relativo à conduta humana é a voluntariedade, "que resulta exatamente da liberdade de escolha do agente imputável, com discernimento necessário para ter consciência daquilo que faz".[170] De tal sorte que:[171]

> Nesse contexto, fica fácil entender que a ação (ou omissão) humana voluntária é pressuposto necessário para a configuração da responsabilidade civil. Trata-se, em outras palavras, da conduta humana, positiva ou negativa (omissão), guiada pela vontade do agente, que desemboca no dano ou prejuízo.

Portanto, a consciência daquilo que se está a fazer, e não necessariamente a intenção de causar o dano. Nesse sentido, o seguinte exemplo:[172]

> Por isso, não se pode reconhecer o elemento "conduta humana", pela ausência do elemento volitivo, na situação do sujeito que, apreciando um raríssimo pergaminho do século III, sofre uma micro-hemorragia nasal e, involuntariamente, espirra, danificando seriamente o manuscrito. Seria inadmissível, no caso, imputar ao agente a prática de um ato voluntário. Restará, apenas, verificarmos se houve negligência da diretoria do museu por não colocar o objeto em mostruário fechado, com a devida segurança, ou, ainda, se o indivíduo violou normas internas, caso em que poderá ser responsabilizado pela quebra desse dever, e não pelo espirro em si.

A conduta propriamente dita pode, ainda, classificar-se em positiva e negativa. A primeira revela-se através de um comportamento ativo; a segunda guarda a relação com uma abstenção que venha a causar dano. Mas a voluntariedade deve estar presente em ambas.[173]

Deve ser alertado que, para além da Responsabilidade Civil por ato próprio, existem caso em que o Código Civil reconhece a denominada responsabilidade indireta, ou seja, para os casos de ato de terceiro;[174]

---

[170] GAGLIANO, Pablo Stolze; PAMPLONA FILHO, Rodolfo. *Novo curso de direito civil*. Vol. 3: responsabilidade civil. 13. ed. São Paulo: Saraiva, 2015, p. 73.

[171] Idem, p. 73.

[172] Idem, p. 73-74.

[173] Idem, p. 75.

[174] Art. 932. São também responsáveis pela reparação civil: I – os pais, pelos filhos menores que estiverem sob sua autoridade e em sua companhia; II – o tutor e o curador, pelos pupilos e curatelados, que se acharem nas mesmas condições; III – o empregador ou comitente, por seus empregados, serviçais e prepostos, no exercício do trabalho que lhes competir, ou em razão dele; IV – os donos de hotéis, hospedarias, casas ou estabelecimentos onde se albergue por dinheiro, mesmo para fins de educação, pelos seus hóspedes, moradores e educandos; V – os que gratuitamente houverem participado nos produtos do crime, até a concorrente quantia.

fato de animal[175] e fato da coisa.[176] Todavia, alertam Pablo Stolze Gagliano e Rodolfo Pamplona Filho que, mesmo para essas hipóteses, não se pode cogitar da ausência de voluntariedade, haja vista que "ocorreriam omissões ligadas a deveres jurídicos de custódia, vigilância ou má eleição de representantes, cuja responsabilização é imposta por norma legal".[177]

2.10. Dolo e culpa

Maria Helena Diniz leciona que decorre da culpa a regra geral do dever de ressarcir em decorrência da prática de ato ilícito, sendo reprovado o comportamento do agente quando "[...] ante circunstâncias concretas do caso, se entende que ele poderia ou deveria ter agido de modo diferente. Portanto, o ato ilícito qualifica-se pela culpa". Conclusão: inexistindo a culpa, em regra, ausente o dever de reparar o dano.[178]

As pessoas devem, em seu agir, ser cautelosas e diligentes, de tal sorte que a inobservância de um dever de cuidado torna a conduta dolosa ou culposa, esses que revelam, na verdade, "uma deficiência e exprimem um juízo de reprovabilidade sobre uma conduta, pois em face das circunstâncias específicas do caso, o agente devia e podia ter agido de outro modo". Há conduta inadequada aos padrões sociais, ou seja, um desvio de conduta, quando "uma pessoa prudente e cautelosa não teria praticado ou não teria deixado ocorrer".[179]

Arnoldo Wald e Brunno Pandori Giancoli apresentam as diferenças necessárias entre dolo e culpa:[180]

> [...] resulta da clássica distinção romana entre delito e quase delito. O delito era entendido como uma violação intencional de uma norma de conduta. Já o quase delito resultava de um ato de uma pessoa, operando sem malícia, mas com negligência não escusável, em relação ao direito alheio.

---

175 Art. 936. O dono, ou detentor, do animal ressarcirá o dano por este causado, se não provar culpa da vítima ou força maior.

176 Art. 937. O dono de edifício ou construção responde pelos danos que resultarem de sua ruína, se esta provier de falta de reparos, cuja necessidade fosse manifesta. Art. 938. Aquele que habitar prédio, ou parte dele, responde pelo dano proveniente das coisas que dele caírem ou forem lançadas em lugar indevido.

177 GAGLIANO, Pablo Stolze; PAMPLONA FILHO, Rodolfo. *Novo curso de direito civil*. Vol. 3: responsabilidade civil. 13. ed. São Paulo: Saraiva, 2015, p. 75-76.

178 DINIZ, Maria Helena. *Curso de direito civil brasileiro*: responsabilidade civil. Vol. 7. 29. ed. São Paulo: Atlas, 2015, p. 57.

179 WALD, Arnoldo; GIACOLI, Brunno Pandori. *Direito civil*: responsabilidade civil. Vol. 7. 2. ed. São Paulo: Saraiva, 2012, p. 119.

180 Idem, p. 120.

> Dolo e culpa se relacionam a uma atuação voluntária e reprovável de um determinado agente. Ocorre que, no dolo, a conduta nasce ilícita, porquanto a vontade se dirige à concretização de um resultado antijurídico. Já na culpa a conduta só se torna ilícita na medida em que se desviou dos padrões social ou tecnicamente adequados.

Por fim, Pablo Stolze Gagliano e Rodolfo Pamplona Filho defendem que a culpa não é elemento essencial da Responsabilidade Civil, e sim acidental, mesmo que o art. 186 do Código Civil traga as expressões "ação ou omissão voluntária, negligência ou imprudência". O fundamento vem consubstanciado na responsabilidade objetiva, eis que prescinde da análise da existência da culpa para a sua configuração.[181]

A referida responsabilidade objetiva acima referida vem amparada no parágrafo único do art. 927 do Código Civil e fundamentada na teoria do risco ou então quando a lei prever.[182]

Bruno Miragem assim ensina sobre a responsabilidade subjetiva e objetiva:[183]

> No caso, prevê-se a imputação da responsabilidade subjetiva, na qual a presença do elemento culposo é requisito essencial, e a responsabilidade objetiva, na qual se prescinde da culpa, na exata medida em que deverá ser prevista expressamente na legislação.

2.11. *Nexo de causalidade*

Orlando Gomes, ao ensinar sobre o nexo causal, referia que: "Para o ato ilícito ser fonte da obrigação de indenizar é preciso uma relação de *causa* e *efeito* entre o ato (fato) e o dano. A essa relação chama-se nexo causal". Portanto, revela-se necessário, para fins de indenização, que o dano seja consequência de quem o produziu.[184]

Paulo Nader adverte que não são suficientes para a caracterização do ato ilícito "a conduta antijurídica, a culpa ou o risco e dano". É de igual relevância à presença da relação de causa e efeito entre a conduta e o dano causado, ou seja, que os prejuízos sofridos tenham como consequência da ação ou da omissão do agente, está em contrariedade ao dever jurídico.[185]

---

[181] GAGLIANO, Pablo Stolze; PAMPLONA FILHO, Rodolfo. *Novo curso de direito civil*. Vol. 3: responsabilidade civil. 13. ed. São Paulo: Saraiva, 2015, p. 70.

[182] TARTUCE, Flávio. *Direito civil*. Vol. 2: direito das obrigações e responsabilidade civil. São Paulo: Método, 2014, p. 484-486.

[183] MIRAGEM, Bruno. *Abuso do direito*: ilicitude objetiva e limite ao exercício de prerrogativas jurídicas no direito privado. 2. ed. São Paulo: Revista dos Tribunais, 2013, p. 126.

[184] GOMES, Orlando. *Responsabilidade civil*. BRITO, Evaldo (atual.). Rio de Janeiro: Forense, 2011, p. 79.

[185] NADER, Paulo. *Curso de direito civil*: responsabilidade civil. Vol. 7. 5. ed. Rio de Janeiro: Forense, 2014, p. 111-112.

Partindo-se do pressuposto que deva existir a relação de causalidade entre a conduta e o dano, deve-se apurar qual o fato decisivo, determinante, para o evento lesivo, quando acontecem várias causas, de forma sucessivas ou então simultâneas. Três teorias são colocadas: a) equivalência das condições; b) causalidade adequada; c) causalidade imediata.[186]

Para a teoria da equivalência das condições, qualquer fato que tenha contribuído para o dano pode ser entendido como causa eficiente do dano, ou seja, mesmo que não seja a causa imediata, é condição *sine qua non* para produção do evento lesivo. A crítica a tal teoria é a de que "é por demais abrangente levando a uma cadeia infindável de causas, sem qualquer lógica de entendimento razoável".[187] A teoria da causalidade adequada, por sua vez, considera a "causa do dano o fato idôneo a produzi-lo". Assim, ou a causa é adequada à produção do dano indenizável, ou não. [188] Já a teoria da causalidade imediata prevê que se excluam os danos remotos, cujos efeitos não são diretos e imediatos, nos termos, inclusive, do art. 403 do Código Civil.[189] Essa teoria também é, segundo Álvaro Villaça Azevedo, denominada de teoria dos danos diretos e imediatos.[190]

Podemos observar julgado do Superior Tribunal de Justiça, aplicando a teoria da causalidade adequada. No caso, houve furto de caminhão que estava estacionado no pátio da ré, uma oficina. Todavia, há peculiaridade no caso, conforme observamos pelas razões de decidir, entendendo pela existência de culpa concorrente, na investigação do nexo causal:[191]

---

[186] GOMES, Orlando. *Responsabilidade civil.* BRITO, Evaldo (atual.). Rio de Janeiro: Forense, 2011, p. 79.

[187] AZEVEDO, Álvaro Villaça. *Teoria geral das obrigações e responsabilidade civil*: direito civil. 12. ed. São Paulo: Atlas, 2011, p. 253.

[188] Idem, p. 253.

[189] GOMES, Orlando. *Responsabilidade civil.* BRITO, Evaldo (atual.). Rio de Janeiro: Forense, 2011, p. 80.

[190] AZEVEDO, Álvaro Villaça. *Teoria geral das obrigações e responsabilidade civil*: direito civil. 12. ed. São Paulo: Atlas, 2011, p. 253.

[191] RECURSO ESPECIAL. CIVIL. RESPONSABILIDADE CIVIL. FURTO DE CAMINHÃO ESTACIONADO EM PÁTIO DE OFICINA. AUTORIZAÇÃO TÁCITA DA RÉ. DEVER DE GUARDA E VIGILÂNCIA. RECONHECIMENTO DE CONDUTA NEGLIGENTE DA AUTORA. CULPA CONCORRENTE. INDENIZAÇÃO. GRAU DE CULPA. DIMENSIONAMENTO CASO A CASO. RECURSO PARCIALMENTE PROVIDO. 1. Na hipótese dos autos, não se tem um daqueles casos comuns, típicos de simples relação de consumo entre cliente e sociedade empresária com estabelecimento dotado de estacionamento para angariar clientela, acerca dos quais esta Corte tem entendimento consolidado na Súmula 130/STJ: "A empresa responde, perante o cliente, pela reparação de dano ou furto de veículo ocorridos em seu estacionamento". 2. O caso é peculiar, pois envolve duas sociedades empresárias e suas atividades típicas, quanto ao bem móvel objeto do dano reclamado, estando cercado de aspectos merecedores de cautelosa apreciação. Analisadas essas circunstâncias, elementos fáticos e probatórios firmados pelas instâncias ordinárias, se, de

Na perigosa vida dos que operam nas estradas, a conduta solidária do comerciante que acolhe em estacionamento de estabelecimento situado à margem de rodovia o viajante profissional transportador deve ser estimulada, e não censurada.

No caso em apreço, não se pode deixar de reconhecer, como fez o julgador singular, que a parte autora não foi suficientemente diligente em colher documentação que atestasse estar deixando o veículo na oficina para conserto, colhendo prova escrita como um mero orçamento.

Pelo que se constata, o dano decorreu, principalmente, de procedimento culposo, negligente, da parte autora, na medida em que deixou de informar à recorrente que deixaria o caminhão por alguns dias sob sua custódia, entregando as chaves e documentando-se. Contentou-se com a anuência passiva da ré, certamente por receio de ver recusado o compromisso de guarda e vigilância do bem, tendo, então, de removê-lo dali para local menos seguro.

Foi negligente e agora pretende transferir completamente para a recorrente os riscos assumidos com seu desidioso comportamento. Tendo agido de modo nada profissional, como transportadora de carga ou mercadoria, quer exigir da outra sociedade empresária, mera oficina mecânica, elevadas responsabilidades de seguradora não contratada, sacando contra a ré apólice gratuita.

Para melhor exame do recurso, destacam-se do caso concreto dados fáticos relevantes firmados pelas instâncias ordinárias, especialmente o d. Juízo de 1º grau, e, portanto, não alteráveis nesta instância especial, mas passíveis de reavaliação para fins de constatação de peculiaridades e da presença de culpa atribuível à promovida e, eventualmente, de causas excludentes ou atenuantes da culpa: (I) o bem móvel furtado, um caminhão, era produto diretamente empregado na atividade econômica explorada pela autora,

---

um lado, não se pode afastar completamente a responsabilidade da oficina ré pela guarda e vigilância decorrentes do ato gracioso, no qual, de boa-fé, autorizou ou admitiu a estadia em seu estacionamento de caminhão pertencente à transportadora autora, de outro lado, tem-se a ocorrência de culpa concorrente da ofendida. O evento danoso decorreu, principalmente, de procedimento culposo, negligente, da parte autora, que deixou de informar à recorrente que deixaria o caminhão por alguns dias sob sua custódia, entregando as chaves e documentando-se minimamente quanto ao ajuste. 3. A sociedade empresária transportadora não pode ficar absolutamente segurada contra riscos inerentes à sua atividade econômica, como os de colisão e furto de caminhão de sua frota, inclusive durante o período de repouso noturno, bastando que estacione, gratuitamente, seus veículos em pátios de oficinas, de postos de gasolina, de restaurantes, hotéis e pousadas e locais assemelhados situados à margem de rodovias, transferindo, com isso, para terceiros comerciantes desavisados os riscos da atividade econômica própria. Na perigosa vida dos que operam nas estradas, a conduta solidária do comerciante que acolhe em estacionamento de estabelecimento situado à margem de rodovia o viajante profissional transportador deve ser estimulada, e não censurada. 4. No contexto, mostram-se adequadas e determinantes para a ocorrência do evento danoso também as condutas negligentes da recorrida-transportadora (teoria da causalidade adequada). Havendo concorrência de culpas (concorrência de causas ou concorrência de responsabilidades), a indenização deve medir-se conforme a extensão do dano e o grau de cooperação de cada uma das partes à sua eclosão, situação que deve ser dimensionada caso a caso pelo julgador. 5. Na espécie, a recorrente, por seu comportamento culposo, atenuado pela grave negligência da vítima, deverá responder somente pelo prejuízo imediato, o dano emergente do ato ilícito (furto qualificado) praticado por terceiros, ou seja, pelo valor do caminhão, excluindo-se da condenação os lucros cessantes da atividade empresarial da autora. 6. Recurso especial parcialmente provido. (BRASIL. Superior Tribunal de Justiça. Quarta Turma. REsp 545752/RS. Rel. Min: Raul Araújo. Julgado em: 17/12/2015. Disponível em: <https://ww2.stj.jus.br/processo/revista/documento/mediado/?componente=ITA&sequencial=1130224&num_registro=200300677970&data=20160224&formato=HTML>. Acesso em: 22 abr. 2016).

dedicada ao ramo de transporte rodoviário de mercadorias, portanto equipamento envolvido diretamente com os riscos da atividade-fim da empresa; (II) o caminhão não estava segurado e nem dispunha de dispositivo apto a dificultar seu furto; (III) o veículo, embora levado à oficina da ré para troca de feixes de molas, lá não foi deixado para realização de conserto por ser aquele tipo de serviço estranho às atividades da recorrente; (IV) certamente, enquanto buscava outra oficina especializada, optou a recorrida por deixar o caminhão no estacionamento da oficina da recorrente, por dias (de terça a sexta-feira); (V) com a anuência da ré, a promovente, por seu preposto, utilizou o estacionamento por conveniência própria, já que gratuito e relativamente seguro, porque rodeado de cerca e dotado de portão fechado durante a noite; (VI) o estacionamento ficava em pátio externo totalmente cercado por grade, ligado ao prédio-garagem onde funciona a oficina da promovida; (VII) não há prova escrita de contrato; (VIII) não havia vigilância noturna no local, "porque os caminhões são conduzidos para o interior da garagem, e lá guardados" (fl. 188), durante o repouso noturno; (IX) como as chaves do veículo não foram deixadas no local, a ré estava impossibilitada de mover o caminhão, durante a noite, para o interior do galpão da oficina fechado e coberto; (X) o furto qualificado ocorreu durante a madrugada, fora do horário de funcionamento da oficina, mediante o arrombamento do cadeado do portão do pátio externo de estacionamento e a subtração de um só veículo, o caminhão da autora, com o emprego de técnicas próprias de meliantes que furtam veículos sem usar as chaves.

Os dados destacados permitem inferir que, embora o estacionamento tenha a finalidade de garantir maior conforto e segurança aos clientes que procuram a ré para a prestação de serviços de conserto de veículos rodoviários, no caso vertente o caminhão não fora ali deixado com esse propósito. Ficara gratuitamente estacionado, por conveniência ou necessidade dos interesses e serviços profissionais da autora, e não para utilização dos serviços da oficina (que não realizava aquele tipo de conserto). Permaneceu o veículo para fins de estadia ininterrupta por dias, em vaga do pátio da ré que o preposto da promovente elegeu como suficientemente seguro e adequado, tanto que, segundo apurou o juízo singular, levou consigo as chaves do caminhão, deixando-o trancado, impedindo, ou tendo como desnecessária, sua movimentação noturna para o interior da garagem.

Então, presentes essas peculiaridades, não se tem, na hipótese, um daqueles casos comuns, típicos de simples relação entre cliente e empresa comercial dotada de estacionamento para angariar clientela, acerca dos quais esta Corte tem entendimento consolidado em súmula.

A hipótese é peculiar, pois envolve duas sociedades empresárias e suas atividades típicas, quanto ao bem móvel objeto do dano reclamado, estando cercada de aspectos merecedores de cautelosa apreciação.

Analisadas essas circunstâncias, se, de um lado, não se pode afastar completamente a responsabilidade da ré pela guarda e vigilância decorrentes do ato gracioso, no qual, de boa-fé, autorizou a estadia em seu estacionamento de caminhão pertencente à autora, de outro lado, merece averiguação a ocorrência de culpa concorrente ou exclusiva da ofendida.

Mostra-se contrário à boa lógica que se admita na espécie a mesma solução baseada em jurisprudência construída para hipótese geral, envolvendo relação jurídica mais singela, de consumo, entre comerciante e cliente comum. No caso, a sociedade empresária transportadora não pode ficar absolutamente segurada contra riscos inerentes à sua atividade econômica, como os de colisão e furto de caminhão de sua frota, inclusive durante

> o período de repouso noturno, bastando que estacione, gratuitamente, seus veículos em pátios de oficinas ou de restaurantes, hotéis e pousadas e locais assemelhados situados à margem de rodovias, inclusive postos de gasolina, transferindo, com isso, para os terceiros comerciantes desavisados os riscos da atividade econômica própria.
>
> Como os caminhões de empresas transportadoras estão sempre rodando pelas estradas, correm elevados riscos de colisões e de furtos. É certo que, em algum momento, necessitarão de estacionar, pelas mais diferentes razões, como conserto, abastecimento, troca de óleo, descanso e refeição do motorista. Ao estacionar, não ficam cobertos dos riscos inerentes às suas atividades, transferindo-os para os demais empreendimentos econômicos por serem estes proprietários do estacionamento. Não pode ser assim.
>
> [...].
>
> Em se tratando a recorrida não de um particular qualquer proprietário de veículo de emprego amador, mas de empresa transportadora lidando com equipamento essencial à sua atividade econômica, deveria ter tido mais cautela quanto ao bem, o qual nem sequer cuidara de segurar contra furto, risco inerente à sua atividade econômica, ou ao menos de equipar com dispositivo antifurto.
>
> Nesse contexto, mostram-se adequadas e determinantes para a ocorrência do evento danoso também as condutas negligentes da recorrida-transportadora.

Já em relação à teoria dos danos diretos e imediatos referida no mencionado art. 403, do Código Civil, ilustramos sua incidência, também com base em caso julgado pelo Superior Tribunal de Justiça. O debate, desta vez, girou em torno de ação que discutia a comprovação de erro médico.[192]

---

[192] AGRAVO EM RECURSO ESPECIAL Nº 760.291 – RS (2015/0197180-2) RELATOR: MINISTRO MARCO AURÉLIO BELLIZZE. AGRAVANTE: EDUARDO VARGAS. AGRAVANTE: ROSELAINE DE ABREU SANTOS. ADVOGADOS: LINO AMBROSIO TROES. ÂNGELA BASEGGIO TROES. TIAGO BASEGGIO TROES. AGRAVADO: ROGERIO PAGANIN. ADVOGADO: BRUNO FACHINI. AGRAVADO: HOSPITAL BENEFICENTE SÃO JOÃO BOSCO. ADVOGADO AGENOR JACOB RIZZON. AGRAVO EM RECURSO ESPECIAL. INEXISTÊNCIA DE ERRO MÉDICO. INCIDÊNCIA. DA SÚMULA N. 7 DO STJ. AGRAVO DESPROVIDO. DECISÃO [...] RESPONSABILIDADE CIVIL. SERVIÇO MÉDICO. PARTO. DEFEITO. NEXO CAUSAL. ÔNUS DA PROVA. Sem motivo justificado, o parecer do assistente técnico não deve desentranhamento dos autos. A prestação de serviços relacionados à saúde possui riscos inerentes, que não podem ser integralmente atribuídos aos médicos e hospitais. A atividade médica, com referência à obrigação de meio, exige a presença de culpa do profissional para ser reconhecida a obrigação de indenizar. A ciência médica não é exata ou matemática. Pelo desenvolvimento atual da ciência, a cura não pode ser exigida. A responsabilidade médica pressupõe a existência de falha ou defeito no serviço prestado. O profissional deve proceder de acordo com o conhecimento da ciência e recursos disponíveis no momento do atendimento. A responsabilidade do hospital não depende da prova da culpa (CDC, art.14). Na espécie, a prova dos autos não indica a presença de defeito no serviço, de modo que não deve ser acolhido o pedido de indenização. APELAÇÃO NÃO PROVIDA. Os embargos de declaração foram rejeitados (e-STJ, fls. 741-747). Nas razões do recurso especial, os recorrentes alegaram violação dos arts. 535, 433, 396 e 397 do CPC; e 6º, VIII, e 14, §§ 3º e 4º, do Código de Defesa do Consumidor, bem como divergência jurisprudencial, sustentando: a) omissão no julgado; b) o laudo dos assistentes dos agravados deve ser desentranhado dos autos, pois não foi juntado no prazo de dez dias; c) a regra da inversão do ônus da prova não foi respeitada, pois houve tratamento desigual entre as partes; e d) os recorridos não se desincumbiram de provar que não agiram com culpa. Brevemente relatado, decido. Inicialmente, não reconheço a apontada violação do art. 535, inciso II, do Código de Processo Civil, pois, de um lado, não existia omissão a ser suprida; de outro, foram apropriados e legítimos os fundamentos que sustentaram a conclusão alcançada pelo acórdão local, não se podendo a ele atribuir o vício de

omisso apenas porque resolveu a celeuma em sentido contrário ao postulado pelos recorrentes. Ora, de acordo com a jurisprudência desta Casa, o magistrado não está obrigado a se manifestar acerca de todos os fundamentos assinalados pelas partes, notadamente quando já houver decidido a controvérsia com base em outras justificativas. No que diz respeito aos arts. 6°, VIII, e 14, §§ 3° e 4°, do Código de Defesa do Consumidor, verifica-se que seus conteúdos normativos não foram objeto de apreciação pelo Tribunal a quo. Com efeito, o prequestionamento, entendido como a necessidade de o tema objeto do recurso ser examinado pela decisão atacada, constitui exigência inafastável contida na própria previsão constitucional, ao tratar do recurso especial, impondo-se como um dos principais pressupostos ao seu conhecimento. Incide, por analogia, o enunciado 282 da Súmula do Supremo Tribunal Federal. Quanto ao pedido de desentranhamento do laudo do assistente técnico dos recorridos, por terem sido apresentados cinco dias depois do prazo inicialmente estabelecido, assentou o acórdão recorrido que: a) o prazo de 10 dias previsto no art. 433, parágrafo único, pode não ser suficiente em decorrência da complexidade do litígio; b) esse prazo não é peremptório nem preclusivo, portanto há possibilidade de juntada do parecer do assistente técnico após a sua fluência; e c) considerando-se a pluralidade de réus com procuradores distintos, o prazo seria em dobro. Todavia, à exceção do ponto "b", os recorrentes não impugnaram as demais razões adotadas pelo acórdão recorrido, forçoso é o reconhecimento do óbice da Súmula 283/STF, por analogia, segundo o qual "É inadmissível o recurso extraordinário, quando a decisão recorrida assenta em mais de um fundamento suficiente e o recurso não abrange todos eles". No mesmo sentido (grifo meu): AGRAVO REGIMENTAL. AGRAVO EM RECURSO ESPECIAL. BRASIL TELECOM S.A. CUMPRIMENTO DE SENTENÇA. IMPUGNAÇÃO. AUSÊNCIA DE ATAQUE AOS FUNDAMENTOS DO ACÓRDÃO RECORRIDO. SÚMULA 283/STF. AUSÊNCIA DE PREQUESTIONAMENTO. SÚMULA 211/STJ. ART. 544, § 4°, INCISO I, DO CPC. INCIDÊNCIA. AUSÊNCIA DE ATAQUE ESPECÍFICO A FUNDAMENTO DO PRIMEIRO JUÍZO DE ADMISSIBILIDADE. 1. É inadmissível o recurso especial que não impugna fundamentos do acórdão recorrido, aptos, por si sós, a manter a conclusão a que chegou a Corte estadual (Enunciado 283 da Súmula do STF). (..) 5. Agravo regimental a que se nega provimento. (AgRg no AREsp n. 298.996/RS, Rel. Ministra MARIA ISABEL GALLOTTI, QUARTA TURMA, julgado em 6/6/2013, DJe 21/6/2013) Sobre a inexistência de erro médico, a Corte estadual manteve a sentença, se pronunciando nos seguintes termos (e-STJ, fls. 711-717): Com a devida licença, merecem ser reproduzidos os fundamentos expendidos na sentença da lavra do Dr. Clóvis Moacyr Mattana Ramos, Juiz de Direito: Cuida-se de ação através da qual pretendem os autores ser indenizados material e moralmente devido à lesão sofrida por seu filho Guilherme Santos Vargas, falecido em 29/8/2009 (fl. 270), alegando ter havido demora no atendimento no Hospital Beneficiente São João Bosco e falta de maestria do médico Rogério Paganin na realização do parto pélvico. Conforme se denota dos autos, a demandante encontrava-se com gravidez regular. No entanto, o bebê estava sentado e, por isso, indicado procedimento cesáreo e marcada cirurgia para o dia 3/5/2007, embora as 40 semanas de gravidez se completassem em 12.05.2007.Todavia, em 1°/5/2007, a demandante sentiu dores e os autores se dirigiram ao Hospital réu, partindo de Campestre da Serra ao município de São Marcos. Nesse ponto, há a primeira divergência entre as partes, sendo que os requerentes alegam ter chegado ao nosocômio em trinta minutos e os réus sustentam que a travessia exige o tempo de uma hora. Em consulta ao sistema de mapas fornecido pelo site de pesquisas Google, constata-se que a distância entre Campestre da Serra e São Marcos perfaz 36,7 Km. Considerando o fato de que a estrada está localizada na serra, em trecho sabidamente sinuoso, seriam necessários aproximadamente 45 minutos para o deslocamento, desde a saída dos autores de sua residência. Por certo, dispenderam tempo até a tomada da decisão de rumar ao hospital, sem que nesse período tivesse sido registrado qualquer contato com o obstetra demandado. Também há divergências quanto ao horário no qual teria a autora adentrado no Hospital. Apesar de haver registro da chegada da paciente às 5h45min (fl. 407), na mesma hora restou constatado período expulsivo de parto. Todavia, antes de tal constatação, as técnicas em enfermagem que atenderam a autora narraram em audiência a realização de procedimentos anteriores à constatação do início do trabalho de parto. A testemunha Armelinda Elisete de Oliveira Zatti, que fez o primeiro atendimento recebendo a autora durante a madrugada, alegou que o horário de chegada estaria anotado no prontuário, mas nenhum dos registros constantes nos autos teria sido feito por ela. Aduziu que a demandante caminhou até andar superior sentindo-se bem, sem precisar de cadeira de rodas (fl. 315). Ainda, a técnica Erci Terezinha dos Santos Correia relatou que somente percebeu a expulsão do bebê e o trabalho de parto quando estava iniciando o procedimento de higienização da mãe para fim de realização do parto cesáreo, orientação do médico assistente transmitida via telefone quando o contatou para informar sobre a chegada da autora. Disse, ainda, que era visível as pontinhas dos dedos dos pés do bebê no introito vaginal. Pelo exposto, se registrada a constatação do início da expulsão da criança do útero materno às 5h45min, pressupõe-se a chegada da gestante pelo menos 5 minutos antes, às 5h40min. A falta de descrição detalhada sobre o atendimento, ressalta-se, restou evidenciada pelo perito na elaboração do laudo, quando da análise documental (fls. 392/400). O médico requerido, por sua vez, tomou conhecimento sobre o trabalho de parto por volta das 5h45min, encaminhando-se imediatamente ao hospital. (...) Conclui o parecer apontando no sentido de que, encontrando o médico o feto em período expulsivo as referências são todas no sentido de que quando o médico examinou a paciente, os pés do bebê eram visualizados no intróito vaginal a conduta no sentido de realizar o parto normal era a recomendada. A extração por via alta, cesárea, de um feto profundamente insinuado na pelve materna pode ser tão ou mais traumática do que um parto vaginal, conclui o laudo de fls. 457. O tempo, então, foi o fator primordial, que desencadeou tudo. Aliás, o médico pediatra Paulo Fernando Pessini, em audiência, afirmou que fora chamado em razão de que seria realizada cesárea de urgência, mas quando chegou ao hospital o bebê já estava nascendo (fl. 328v.). Ainda, o médico anestesista Rogério Paulo Zanol informou não ter acompanhado o parto, pois ao chegar no hospital, após ser solicitada sua presença, o nascimento já havia ocorrido. Não há nos registros médicos qual horário da ligação telefônica feita aos profissionais médicos, afora ao obstetra Rogério Paganin. Sabe-se, todavia, que o Hospital réu não possui regime de plantão e uma equipe no total de oito médicos fica de sobre-aviso sem remuneração extra, sendo chamados em casos de urgência e emergência para se dirigirem diretamente ao nosocômio. Quanto à maior demora dos profissionais pediatra e anestesista, não é possível ser feita avaliação porque não há registros sobre o horário do contato com estes, que sequer figuram entre os demandados. A questão toda está em saber-se se a opção pelo parto normal naquelas circunstâncias mostrava-se adequada ou não. Acolhe-se, nesse passo, a conclusão antes referida, não se podendo atribuir a culpa ao médico demandado porque não preencheu integralmente o relatório do parto. Naquelas circunstâncias, razoável é entender-se que a atenção toda deveria estar voltada à mãe e ao bebê, não à formalidade de ir preenchendo um documento. Constata-se que após a chegada dos médicos assistentes ao Hospital, não havia mais alternativa e a opção pelo parto pélvico devido ao adiantado trabalho de parto foi imediata. Inclusive, com a chegada do pediatra e anestesista o parto já estava ocorrendo e não mais podia ser revertido para possibilitar a realização da cesárea. Quanto às manobras adotadas para efetivação do nascimento, estão elas relatadas nos documentos de fls. 165/205, não sendo apontado o emprego de técnica incorreta por parte do médico demandado. Não há, assim, no presente caso comprovação de que tenha o médico obstetra agido de forma inadequada e atécnica diante dos fatos e da situação apresentados. O parto se realizou efetivamente em um período de 15 minutos e não se sabe em qual momento exato houve lesão ao bebê. Além da compressão que teria ocorrido na medula e que posteriormente foi constatada, sabe-se que a criança se encontrava com dificuldades respiratórias logo após o nascimento, promovendo-se o fornecimento de oxigênio por máscara e, após, por assistência ventilatória mecânica. A necessidade do estímulo à oxigenação da criança após o parto está registrada nas fls. 76 e 77, em razão de anóxia neonatal grave. Quanto aos diagnósticos proferidos durante a internação de Guilherme na UTI neonatal, é importante destacar as conclusões médicas de fls. 84/90, constatando-se que o somatório de patologias desde a compressão da medula, atrofia cerebral também consequente da anóxia neonatal e os problemas respiratórios com convulsões, restou dificultada a conclusão a respeito entre os danos apresentados pelo recém-nascido e as causas a eles diretamente relacionados. (...) Conforme visto, houve um somatório de situações que dificultaram o desenvolvimento e sobrevivência da criança de modo que não é possível afirmar que o médico obstetra requerido tenha agido incorretamente no conduzimento do parto pélvico, que não mais pôde ser evitado. Ressalta-se que a testemunha Janete Dalago, técnica em enfermagem, registrou uma média de 170 partos/ano realizados no hospital requerido e a testemunha Paulo Fernando Pessini, médico assistente do Hospital São João Bosco, afirmou que há uma média de duzentos e cinquenta a trezentos nascimentos por ano, sendo que, desses, 80% são realizados pelo réu Rogério Paganin, fato que traduz sua experiência e técnica na área da obstetrícia. Concluindo, não há como responsabilizar o médico Rogério Paganin pelas lesões sofridas pelo filho dos autores mesmo que alguma dessas lesões tenha ocorrido durante o parto, porque decorrentes da gravidade da situação com que se deparou, sem comprovação efetiva de que tivesse o profissional se portado com imperícia, imprudência ou negligência. Com a devida vênia, acolhe-se a alegação da assistente técnica no sentido de que a preocupação maior nessa hora deve se dar com o procedimento médico e não com o preenchimento de um formulário, que para a perícia seria o fundamento da culpa. De outra banda, conforme anteriormente destacou-se, conclui-se que vários foram os fatores que levaram à ocorrência dos danos:

primeiro, a posição em que se encontrava o bebê; depois, a antecipação natural do nascimento, vez que, embora marcada a cesárea para o dia 3, o trabalho de parto iniciou-se na madrugada do dia 1°; ainda, a decisão em deslocar-se a parturiente pra o Hospital que não dispunha de serviço de urgência, sem prévia comunicação do médico e dos assistentes, o que se entende absolutamente justificável em face do próprio estresse das circunstâncias desse momento; afora isso tudo, a inexistência de equipe de plantão no nosocômio; por derradeiro, a necessidade de realização do parto pélvico, em face da impossibilidade de opção pela cesárea, por conta da expulsão natural do bebê na posição em que se encontrava. Repita-se que a mãe chegou ao hospital com o bebê nascendo, podendo seus pés ser visualizados no intróito vaginal. A única circunstância que pode embasar a imputação de responsabilidade ao Hospital Beneficente São João Bosco diz respeito ao fato de que, embora o grande número de nascimentos em suas dependências, não dispunha de técnico especializado em obstetrícia, que pudesse adiantar os procedimentos necessários à realização da cesárea de urgência e que não mais pôde ser realizada devido à progressão do trabalho de parto. Houve, portanto, uma associação de circunstâncias, não debitáveis a quaisquer das partes, que acabaram por levar ao resultado fatal apontado nos autos. Não vejo como se possa, frente ao quadro desenhado nos autos, atribuir-se ao médico obstetra ou mesmo ao hospital demandados, responsabilidade pelos danos. Há eventos que não conseguimos explicar. São próprios da vida humana. O hospital demandado é uma entidade de caridade, beneficente, que segue servindo à população, atendendo na medida de suas possibilidades, sem dispor de serviço de urgência. Puni-lo por isso, responsabilizar por conta de uma fatalidade não vai em nada diminuir a dor dos suplicantes, que não tem preço e se mostra irremediável, nem irá melhorar as condições de atendimento, que são aquelas que se encontram alinhadas aos recursos de uma comunidade interiorana, sabidamente limitados, mas que faz o que está ao seu alcance, prestando serviço de relevância imensurável. Assim, na ausência de demonstração de culpa atribuída ao médico demandado, ou mesmo de relação de causalidade entre os danos e o atendimento prestado pelo nosocômio demandado, concluo pela improcedência do pedido prefacial. (...) A sentença contém razões importantes e consistentes, que devem ser mantidas, mesmo diante do recurso de apelação. Mostra-se relevante o julgamento proferido pelo magistrado que colheu a prova. A proximidade com as partes e testemunhas concede ao Juiz de Direito melhores condições de apreciar e valorar a prova coletada em audiência. Nesse sentido é o princípio da identidade física do juiz, pelo qual merece ser valorizada a solução concedida pelo julgador que teve contato direto com as partes e testemunhas. (...) Na espécie, não houve falha no serviço médico, portanto, inexistiu ato ilícito ou prejuízo que mereça ser indenizado. Note-se que a circunstância do trabalho de parto rápido e antes da data prevista não decorre dos atos do médico. A necessidade de operação casariana foi constatada pelo réu que acompanhou o pré-natal da autora, tanto que já havia data marcada para o nascimento. Ademais, a prova oral demonstra que tão-logo o obstetra tomou conhecimento da chegada da parturiente no hospital, comunicou a emergência aos demais membros da equipe (pediatra e anestesista), tanto que todos se dirigiram ao hospital. Por outro lado, não há evidências de que o médico tenha sido avisado pela paciente de que se deslocava para o hospital, o que teria abreviado o tempo entre a comunicação ao médico e sua chegada para atendimento, embora, no caso, não tenha sido comprovado de que tenha havido demora no atendimento. De qualquer sorte, restou demonstrado nos autos que o nascimento do bebê ocorreu de modo bastante rápido, circunstância que não pode ser atribuída ao profissional da saúde ou ao hospital. O perito mencionou a alta incidência de deficiência nas crianças nascidas após o parto com apresentação pélvica, fls. 343. Ainda, informou o experto que o médico demandado é especialista em ginecologia/obstetrícia. O mesmo é referido pelo Dr. Paulo F. Pessini, considerando a realização de muitos partos por ano na cidade onde trabalha. O anestesista, Dr. Rogério P. Zanol, que a complicação apresentado pela autora era séria e não havia como fazer cesariana nessa situação, fls. 327 e 328. O pediatra, Dr. Paulo F. Pessini, menciona que os riscos seriam maiores, caso fosse realizada a cesariana na situação apresentada pela autor, fl. 329. A enfermeira Erci T. dos Santos Correia indica o horário de chegada da paciente ao hospital: 5 horas e 45 minutos, fl. 331 verso. No momento em preparavam a mãe para a cesária, notou que os pés da criança já estavam aparecendo. Merece ser levada em conta a incerteza da arte médica, como referido por Carlos Roberto Gonçalves (Direito das Obrigações, volume 6, tomo II, 3ª edição, Editora Saraiva, sinopses jurídicas, p. 131). Isso porque a ciência médica, apesar de seus avanços, não desvendou todos os mistérios para a cura das moléstias sofridas pelo ser humano. Na verdade, o ser vivo está sujeito a inúmeros fatores, que são desconhecidos ainda pela ciência. Por essas razões, a responsabilidade depende da presença de falha do hospital ou da demonstração da culpa do profissional, isto é, que sua conduta foi imperita, negligente ou imprudente. Sílvio Venosa, Direito Civil, volume 4, 3 ª edição, p. 89, explica: O

> [...] Necessário, de qualquer modo, o nexo de causalidade. O Código Civil, no art. 403, ao que tudo indica, adotou a teoria dos danos diretos e imediatos. Somente o dano originado de modo direto e imediato com o fato do agente deve ser reparado.
>
> Como regra geral, o nexo de causalidade deve ser analisado no caso concreto e a demonstração da presença do vínculo entre a ação e o resultado cabe à parte autora. Não é suficiente a mera possibilidade de o evento ter origem no fato narrado pela parte autora.
>
> O local, onde o atendimento ocorreu, cidade do interior do Estado, deve ser levado em conta, sendo esta circunstância considerada pelo decisor na origem.
>
> A dor enfrentada pelos autores é imensa, verdadeira tragédia para a família.
>
> Entretanto, pelos elementos expostos acima, não é possível reconhecer a culpa do médico ou a responsabilidade do hospital.

---

médico, em sua arte, deve ser conhecedor da ciência para dar segurança ao paciente. (p. 89) ...Não pode garantir a cura, mesmo porque a vida e a morte são valores que pertencem a esferas espirituais. (p. 90) ... a responsabilidade do medido será, em regra, aferida mediante o cauteloso exame dos meios por ele empregados em cada caso. (p. 91) Em princípio, deve agir com zelo e de acordo com o procedimento testado e aprovado pelos organismos competentes. Lembra-se, ainda, da lição de Sergio Cavalieri Filho, a qual se mostra adequada ao caso: A atividade médica é essencialmente perigosa, tem o chamado risco inerente, (...), assim entendido o risco intrinsecamente atacado à própria natureza do serviço e ao seu modo de prestação. Toda cirurgia, até a mais simples, produz um risco inevitável, que não decorre de defeito do serviço. Não é possível realizar determinados tratamentos sem certos riscos, às vezes até com efeitos colaterais, como a quimioterapia e a cirurgia em paciente idoso e de saúde fragilizada, ainda que o serviço seja prestado com toda a técnica e segurança. Em princípio, o médico e o hospital não respondem pelos riscos inerentes. Transferir as conseqüências desses riscos para o prestador do serviço seria ônus insuportável; acabaria por inviabilizar a própria atividade. É nesse cenário que aparece a relevância do dever de informar. A falta de informação pode levar o médico ou hospital a ter que responder pelo risco inerente, não por ter havido defeito no serviço, mas pela ausência de informação devida, pela omissão em informar ao paciente os riscos reais do tratamento (*Programa de Responsabilidade Civil*, SP: Malheiros, 6ª ed., págs. 399-400, 2005). Necessário, de qualquer modo, o nexo de causalidade. O Código Civil, no art. 403, ao que tudo indica, adotou a teoria dos danos diretos e imediatos. Somente o dano originado de modo direto e imediato com o fato do agente deve ser reparado. Como regra geral, o nexo de causalidade deve ser analisado no caso concreto e a demonstração da presença do vínculo entre a ação e o resultado cabe à parte autora. Não é suficiente a mera possibilidade de o evento ter origem no fato narrado pela parte autora. O local, onde o atendimento ocorreu, cidade do interior do Estado, deve ser levado em conta, sendo esta circunstância considerada pelo decisor na origem. A dor enfrentada pelos autores é imensa, verdadeira tragédia para a família. Entretanto, pelos elementos expostos acima, não é possível reconhecer a culpa do médico ou a responsabilidade do hospital. Prestou-se o atendimento possível, diante das circunstâncias que se apresentavam. Mesmo assim, o resultado indesejado aflorou. A culpa do profissional deve ficar certa, afirmada nos autos, o que não ocorre no presente litígio. O defeito do serviço, a falha, não está evidenciado no caderno probatório. Neste caso, a ausência de documentação mais esmiuçada sobre o ocorrido no atendimento, por si só, não basta para fundamentar a procedência do pedido. Isso porque os documentos disponíveis foram juntados. A prova foi completada pelos depoimentos colhidos e pelos laudos técnicos juntados aos autos. Significa que os elementos colacionados propiciam o exame sobre o ocorrido, mas não se extrai a culpa do médico ou o defeito de serviço do hospital. Dessa maneira, depreende-se que o Colegiado estadual julgou a lide com base no substrato fático-probatório dos autos, cujo reexame é vedado em âmbito de recurso especial, ante o óbice do enunciado n. 7 da Súmula deste Tribunal. Ante o exposto, nego provimento ao agravo em recurso especial. Publique-se. Brasília, 24 de setembro de 2015. MINISTRO MARCO AURÉLIO BELLIZZE, Relator. Disponível em: <http://www.stj.jus.br/SCON/decisoes/toc.jsp?livre=%22danos+diretos+e+imediatos%22&&b=DTXT&thesaurus=JURIDICO>. Acesso em: 22 abr. 2016.

> Prestou-se o atendimento possível, diante das circunstâncias que se apresentavam. Mesmo assim, o resultado indesejado aflorou.
>
> A culpa do profissional deve ficar certa, afirmada nos autos, o que não ocorre no presente litígio.
>
> O defeito do serviço, a falha, não está evidenciado no caderno probatório. [...]

2.12. Dano

Dano: aqui reside um dos pilares acerca da possibilidade de o montante gasto com os honorários contratuais ser objeto da reparação integral, eis que integra, como será fundamentado, tanto o dano como as perdas e danos para, ao final, sintonizar-se ao princípio da reparação integral, com os valores a título de reparação.

As lições de Clóvis do Couto e Silva são fundamentais para que se possa compreender o conceito de dano e, por consequência, a sua devida reparação, conforme podemos perceber pelos seus ensinamentos: "Sem que se estabeleça a noção de dano, não se pode ter uma ideia exata da responsabilidade civil num determinado país".[193]

O mestre suprarreferido aduz que o dano, que a sua noção, especificamente quanto ao dano patrimonial, é a mais antiga, sendo os prejuízos de ordem moral recentes.[194]

Caio Mário da Silva Pereira, discorrendo sobre o pressuposto dano, ensina que o ordenamento, através de vários meios, impõe sanções penais, civis, e até, simultaneamente, estas duas. A primeira é consequência de condutas que ferem o os interesses da sociedade, ou seja, "atos atentatórios da ordem jurídica social", estabelecendo punições. Por outro lado, pode acontecer a hipótese de que o ato lesivo tenha interesse apenas individual, o que acarreta a Responsabilidade Civil. Ainda, pode acontecer que determinado ato venha a romper tanto o equilíbrio social como individual, fazendo com que a responsabilidade criminal venha associada à Responsabilidade Civil.[195]

O mestre suprarreferido, e considerando a norma do art. 186 do Código Civil, assevera que o dano é "a circunstância elementar da responsabilidade civil". Existe, por conseguinte, uma obrigação de reparar o dano, este que é elemento, requisito essencial, para a responsabilidade civil. Pois não há lugar para esta sem a presença, a identificação do

---

[193] SILVA, Clóvis do Couto e. O conceito de dano no direito brasileiro e comparado. In: *Revista dos Tribunais*, ano 80: maio de 1991: vol. 667. São Paulo: 1991, p. 7.

[194] Idem, p. 07.

[195] PEREIRA, Caio Mário da Silva. *Responsabilidade civil*. 10. ed. TEPEDINO, Gustavo (atual.). Rio de Janeiro: GZ Editora, 2012, p. 53.

dano.[196] Sergio Cavalieri Filho, por sua vez, acentua que: "O dano é o grande vilão da Responsabilidade Civil, encontra-se no centro da obrigação de indenizar", portanto, não se cogita de indenização, de ressarcimento, sem dano. Conclui o mestre ensinando que "[...] a obrigação de indenizar pressupõe o dano e sem ele não há indenização devida".[197] Rui Stoco, comentando os ensinamentos acima, prefere "[...] dizer que a 'chave' ou a 'senha' para surgir a obrigação de indenizar está na existência do dano".[198]

Cristiano Chaves de Farias, Felipe Peixoto Braga Netto e Cristiano Chaves, ao abordarem a temática relativa ao dano, são categóricos:[199]

> O dano é o fato jurídico desencadeador da responsabilidade civil. Não há responsabilidade civil sem dano. Aliás – ao contrário do que se verificava em passado recente –, pode mesmo se cogitar de reparação do dano sem a constatação de ato ilícito, da culpa, ou mesmo em casos extremos, do nexo causal. Todavia, o dano é elemento que dispara o mecanismo ressarcitório. Enfim, inexiste responsabilidade civil sem dano, ainda que ele possa assumir formas diferenciadas, como o dano reflexo ou a perda de uma chance.

Os autores acima referidos ainda alertam que o Código Civil não conceitua o dano, e nem também o delimita no sentido de quais seriam as lesões tuteladas pelo ordenamento jurídico. O que acontece, em verdade, é que [...] prevalece uma cláusula geral de reparação de danos.[200]

Arnaldo Rizzardo leciona sobre os pressupostos da Responsabilidade Civil, sendo estes, resumidamente, a ação ou omissão do agente que "[...] investindo contra alguém, ou deixando de atuar [...]" fere direito ou patrimônio de alguém. A culpa, na responsabilidade subjetiva, é perquirida; já para os casos envolvendo a responsabilidade objetiva, essa discussão não é relevante para a busca da indenização. O nexo causal, por sua vez, tem de revelar a violação da norma e o dano; o liame entre eles. Já o dano deve ser indenizável, deve refletir negativamente no patrimônio da vítima, na forma de um prejuízo, deve ser bem tutelado pela ordem jurídica.[201]

Carlos Roberto Gonçalves assevera que indenizar significa reparar o dano causado à vítima, integralmente. Se possível, restaurando

[196] PEREIRA, Caio Mário da Silva. *Responsabilidade civil.* 10. ed. TEPEDINO, Gustavo (atual.). Rio de Janeiro: GZ Editora, 2012, p. 54-56.

[197] CAVALIERI FILHO, Sergio. *Programa de responsabilidade civil.* 11. ed. São Paulo: Saraiva, 2014, p. 92.

[198] STOCO, Rui. *Tratado de responsabilidade civil*: doutrina e jurisprudência. 10. ed. São Paulo: Revista dos Tribunais, 2014, p. 1660.

[199] FARIAS, Cristiano Chaves de; NETTO, Felipe Peixoto Braga; ROSENVALD, Nelson. *Novo tratado de responsabilidade civil.* São Paulo: Atlas, 2015, p. 227.

[200] Idem, p. 229.

[201] RIZZARDO, Arnaldo. *Responsabilidade civil.* 6. ed. Rio de Janeiro: Forense, 2013, p. 31-32.

o *satus quo ante*, isto é, devolvendo-se ao estado em que se encontrava antes da ocorrência do ilícito.[202]

Orlando Gomes ensinava que o dano é definido como sendo:[203]

> [...] a diminuição ou subtração de um bem jurídico (Formica), a lesão de um interesse (Trabucchi). Para haver dano, é preciso, intuitivamente, que a diminuição se verifique contra a vontade do prejudicado.
>
> O dano consiste na diferença entre o estado atual do patrimônio que o sofre e o que teria se o fato danoso não se tivesse produzido (*id quod interest*).

Mas em que pese possamos cogitar da responsabilidade sem culpa, não se pode cogitar da responsabilidade sem dano, eis que uma ação de indenização sem dano "é pretensão sem objeto", mesmo que haja a violação de um dever jurídico, com ou sem culpa, com ou sem dolo do infrator: "Se, por exemplo, o motorista comete várias infrações de trânsito, mas não atropela nenhuma pessoa nem colide com outro veículo, nenhuma indenização será devida, malgrado a ilicitude de sua conduta". Ainda, não será devida qualquer indenização se o dano não for atual e certo, o que afasta, inclusive, a possibilidade de reparação de dano hipotético ou eventual.[204]

Fernando Noronha é preciso em suas lições:[205]

> O dano pode ser caracterizado simplesmente como sendo o prejuízo resultante de uma lesão antijurídica de bem alheio. Numa noção mais esclarecedora, poderá dizer-se que é o prejuízo, econômico ou não econômico, de natureza individual ou coletiva, resultante de ato ou fato antijurídico que viole qualquer valor inerente à pessoa humana, ou atinja coisa do mundo externo que seja juridicamente tutelada.

Arnoldo Wald e Brunno Pandori Giancoli ensinam que a palavra *dano* "vem etimologicamente do vocábulo latino *demere*, que significa tirar ou diminuir. O dano, assim entendido, é a pedra angular para a configuração da responsabilidade civil; de tal sorte que determinada conduta, mesmo que irregular, que não acarrete prejuízo concreto, não autoriza a responsabilidade, ocorrendo, no máximo, a invalidade do ato".[206] Todavia, os autores acima citados alertam que existe a possibilidade de Responsabilidade Civil sem dano, para os casos de cláusula

---

[202] GONÇALVES, Carlos Roberto. *Direito civil brasileiro*. Vol. 4: responsabilidade civil. 8. ed. São Paulo: Saraiva, 2013, p 363.

[203] GOMES, Orlando. *Responsabilidade civil*. BRITO, Evaldo (atual.). Rio de Janeiro: Forense, 2011, p. 75.

[204] GONÇALVES, Carlos Roberto. *Direito civil brasileiro*. Vol. 4: responsabilidade civil. 8. ed. São Paulo: Saraiva, 2013, p. 363-364.

[205] NORONHA, Fernando. *Direito das obrigações*. 4. ed. São Paulo: Saraiva, 2013, p. 579.

[206] WALD, Arnoldo; GIANCOLI, Brunno Pandori. *Direito civil*: responsabilidade civil. Vol. 7. 2. ed. São Paulo: Saraiva, 2012, p. 85.

penal[207] acertadas em contrato, pelo caso de inadimplemento, mesmo que esse não tenha ocasionado qualquer dano.[208]

O seu conceito pode ser entendido em uma perspectiva física e jurídica:[209]

> Do ponto de vista físico significa o aniquilamento ou alteração de uma situação favorável de um indivíduo ou grupo num determinado espaço-tempo. Já do ponto de vista jurídico ele se verifica em razão da inobservância de uma norma, a qual, para conceder um efeito favorável ao prejudicado, estabelece um determinado comportamento.

De forma que a conclusão a que se chega a respeito do dano como sendo "a lesão a um interesse jurídico tutelado (com efeito patrimonial ou não) causado por uma conduta de um agente imputável".[210]

Finalizando este tópico, importante é a análise de julgamento que, em que pese ter constatado falha na prestação de serviço, afastou pedido de condenação por danos extrapatrimoniais. Na fundamentação do voto e no tocante ao dano indenizável, assim posicionou-se o Relator: "Dano moral indenizável é aquele decorrente de uma experimentação fática grave, insidiosa da dignidade da criatura humana, e não consequências outras decorrentes de uma relação meramente contratual ou de percalços do cotidiano".[211]

---

[207] Art. 416. Para exigir a pena convencional, não é necessário que o credor alegue prejuízo.

[208] WALD, Arnoldo; GIANCOLI, Brunno Pandori. *Direito civil*: responsabilidade civil. Vol. 7. 2. ed. São Paulo: Saraiva, 2012, p. 85.

[209] Idem, p. 86.

[210] Idem, p. 87.

[211] APELAÇÃO CÍVEL. DIREITO PRIVADO NÃO ESPECIFICADO. SERVIÇOS DE TELEFONIA. AÇÃO DECLARATÓRIA DE INEXIGIBILIDADE DE COBRANÇA C/C REPETIÇÃO DE INDÉBITO E INDENIZAÇÃO POR DANOS MORAIS. I. Cobrança indevida. Constatada. No caso concreto a demandada não se desincumbiu do ônus de provar a contratação dos serviços para inserir a respectiva cobrança na fatura de telefone do consumidor, resta nítida a ocorrência de falha na prestação de serviços e, em consequência, o dever de indenizar (danos morais e materiais). II. Restituição em dobro. Art. 42, parágrafo único, do CDC. O CDC não exige o requisito da má-fé para acolhimento do pedido de devolução em dobro. III. Dedução do valor equivalente a tarifa mensal básica. Possibilidade, a fim de evitar enriquecimento sem causa. IV. Dano moral indenizável é aquele decorrente de uma experimentação fática grave, insidiosa da dignidade da criatura humana, e não conseqüências outras decorrentes de uma relação meramente contratual ou de percalços do cotidiano. V. Sucumbência mantida. NEGARAM PROVIMENTO AO RECURSO DO AUTOR E DERAM PARCIAL PROVIMENTO AO REURSO DA RÉ. UNÂNIME. (BRASIL. Tribunal de Justiça do Rio Grande do Sul. Décima Sexta Câmara Cível. Apelação Cível nº 70060591799 , Rel. Des: Ergio Roque Menine. Julgado em: 12/03/2015. Disponível em: <http://www.tjrs.jus.br/busca/search?q=cache:www1.tjrs.jus.br/site_php/consulta/consulta_processo.php%3Fnome_comarca%3DTribunal%2Bde%2BJusti%25E7a%26versao%3D%26versao_fonetica%3D1%26tipo%3D1%26id_comarca%3D700%26num_processo_mask%3D70060591799%26num_processo%3D70060591799%26codEmenta%3D6187456+dano+indeniz%C3%A1vel++++&proxystylesheet=tjrs_index&client=tjrs_index&ie=UTF-8&lr=lang_pt&site=ementario&access=p&oe=UTF-8&numProcesso=70060591799&comarca=Comarca%20de%20Espumoso&dtJulg=12/03/2015&relator=Ergio%20Roque%20Menine&aba=juris>. Acesso em: 16 mar. 2015).

2.13. Requisitos do dano indenizável

Bem, o dano, a sua existência, a sua prova, como visto no tópico anterior, é fundamental para surgir a obrigação de repará-lo. Todavia, não são todos os danos com os quais o ordenamento se preocupa: ele deve, portanto, ser indenizável e, assim, deve apresentar requisitos que autorizem a sua reparação.

Clóvis do Couto e Silva ressalta que nem sempre é fácil a tarefa "de estabelecer a extensão do prejuízo indenizável, vale dizer, quais são os efeitos do dano que devem ser indenizados". Portanto, continua o mestre salientando que, em termos de Direito brasileiro, somente os danos diretos e imediatos podem ser reparáveis.[212] Vamos mais abaixo, entre os requisitos do dano indenizável, estudar tal questão levantada pelo autor.

Para ser entendido como indenizável, necessária a conjugação de quatro requisitos: a) violação de um interesse jurídico protegido: ou seja, a diminuição ou destruição de um bem jurídico, patrimonial ou não; b) certeza: somente o dano certo, efetivo é indenizável, afastando-se, como consequência, obrigações de indenizar por danos abstratos ou hipotéticos. Verifica-se a sua certeza através da sua existência; c) subsistência: deve subsistir no momento em que é exigido; assim, se foi reparado pelo responsável, o prejuízo não é subsistente, mas se foi pela vítima, a lesão subsiste pela quantia reparada, mesmo que paga por um terceiro, que se sub-rogará no direito do prejudicado; por fim, d) imediatidade do dano: a regra, pelo art. 403 do Código Civil, é que somente devem ser indenizados os danos diretos e imediatos, ressalvada a hipótese de danos reflexos ou por ricochete.[213]

Vamos à jurisprudência, de forma breve, mas não menos importante, no sentido de ver a aplicação prática de alguns casos acerca da análise de alguns danos, ou seja, se são objeto ou não da tutela jurídica; portanto, indenizáveis ou não.

Neste caso apreciado pelo Tribunal de Justiça do Estado do Rio Grande do Sul, havia pedido de condenação a título de danos extrapatrimoniais em ação de declaração de inexistência de dívida, mas que não foi concedido sob o argumento de que:[214]

---

[212] SILVA, Clóvis do Couto e. O conceito de dano no direito brasileiro e comparado. In: *Revista dos Tribunais*, ano 80, maio de 1991, vol. 667, p. 7. São Paulo: 1991, p. 18.

[213] WALD, Arnoldo; GIANCOLI, Brunno Pandori. *Direito civil*: responsabilidade civil. Vol. 7. 2. ed. São Paulo: Saraiva, 2012, p. 88-87.

[214] APELAÇÃO CÍVEL. SERVIÇOS DE TELEFONIA. AÇÃO DECLARATÓRIA DE INEGIXIBILIDADE DE COBRANÇA C/C REPETIÇÃO DE INDÉBITO E INDENIZAÇÃO POR DANOS MORAIS. Prescrição. Aplicação do prazo de três anos previsto no art. 206, § 3º, IV, do Có-

Em relação ao dano moral, verifica-se que não há qualquer elemento que indique que a situação apresentada nos autos tenha gerado transtornos sérios a parte autora, ultrapassando a condição de mero aborrecimento ou dissabor.

Além disso, a parte autora não demonstrou nenhuma tentativa de dirimir a questão na esfera administrativa junto à ré, acerca das cobranças que atribuiu como indevidas.

Ademais, ausente nos autos provas de que o autor tenha passado por alguma situação vexatória ou invasiva. Nestes termos, é de rigor o indeferimento do pleito indenizatório por danos morais.

Nesta outra decisão, a parte buscou crédito em instituição financeira. Contudo, teve tal pedido negado em decorrência de protesto, mesmo que indevido. A pretensão foi no sentido de ver a parte contrária condenada em danos materiais, o que acabou não acontecendo, senão vejamos:[215]

---

digo Civil. "CO-BILING". O consumidor possui livre escolha sobre as operadoras que vai utilizar para fazer ligações de longa distância junto ao terminal telefônico disponibilizado pela ré e, até que se faça prova em contrário, as contratações se mostram legais. Restituição em dobro. Art. 42, parágrafo único, do CDC. O Código consumerista não exige o requisito da má-fé para acolhimento do pedido de devolução em dobro. Dano moral. Dano indenizável é aquele decorrente de uma experimentação fática grave, insidiosa da dignidade da criatura humana, e não conseqüências outras decorrentes de uma relação meramente contratual ou de percalços do cotidiano. Sucumbência mantida. NEGARAM PROVIMENTO AO RECURSO DO AUTOR E DERAM PARCIAL PROVIMENTO AO RECURSO DA RÉ. UNÂNIME. (BRASIL. Tribunal de Justiça do Rio Grande do Sul. Décima Sexta Câmara Cível. Apelação Cível nº 70067500520. Rel. Des: Ergio Roque Menine. Julgado em: 17/12/2015. Disponível em: <http://www.tjrs.jus.br/busca/search?q=cache:www1.tjrs.jus.br/site_php/consulta/consulta_processo.php%3Fnome_comarca%3DTribunal%2Bde%2BJusti%25E7a%26versao%3D%26versao_fonetica%3D1%26tipo%3D1%26id_comarca%3D700%26num_processo_mask%3D70067500520%26num_processo%3D70067500520%26codEmenta%3D6613532+requisitos+do+dano+indeniz%C3%A1vel++++&proxystylesheet=tjrs_index&client=tjrs_index&ie=UTF-8&lr=lang_pt&site=ementario&access=p&oe=UTF-8&numProcesso=70067500520&comarca=Comarca%20de%20Iju%C3%AD&dtJulg=17/12/2015&relator=Ergio%20Roque%20Menine&aba=juris>. Acesso em: 24 fev. 2016).

[215] APELAÇÃO CÍVEL. RESPONSABILIDADE CIVIL. DANO MORAL E MATERIAL. PROTESTO DE TÍTULO APÓS A QUITAÇÃO A DÍVIDA. ÔNUS DO CANCELAMENTO. DANOS MORAIS CONFIGURADOS. DANO *IN RE IPSA*. *QUANTUM*. 1. RECURSO INTEMPESTIVO. O recurso do banco foi interposto fora do prazo de quinze (15) dias estabelecido no art. 508 do CPC. Dessa forma, não pode ser conhecido, considerado o desatendimento a requisito de admissibilidade recursal. 2. PROTESTO INDEVIDO. O protesto de título, depois de saldado o débito em atraso, é ilícito e capaz de ensejar danos morais a quem já quitou a dívida, permanecendo com registro positivo no Cartório de Protestos, o que acarreta indevida restrição de crédito e prejuízo ao protestado. 3. ÔNUS DO CANCELAMENTO. É dever do credor, que recebeu o valor e permitiu o protesto indevido, a diligência para cancelar o registro negativo. 4. DANO MATERIAL. Improcedência do pedido de danos materiais, pois a negativa de empréstimo em razão do protesto indevido, não constitui prejuízo de ordem patrimonial, não sendo, pois, indenizável a esse titulo, mesmo porque o dinheiro que a recorrente pretendia obter ainda não integrava o seu patrimônio, que, portanto, não sofreu decréscimo por aquele motivo, constituindo circunstância a ser valorada por ocasião do dano moral. 5. DANOS MORAIS. O protesto, por si só, é causa idônea a ensejar danos morais, ante a publicidade do mesmo e porquanto a parte foi submetida a constrangimento abusivo e desnecessário em decorrência de dívida já quitada. Dano *in re ipsa*. 6. *QUANTUM* INDENIZATÓRIO. Considerando a natureza jurídica da indenização por danos morais, ou seja, a necessidade de constituir uma pena ao causador do dano e, concomitantemente, compensação ao lesado pelos danos sofridos, além de cumprir seu cunho pedagógico ao causador do dano, sem constituir enriquecimento sem causa, tenho que o valor fixado deve ser majorado, conforme precedente deste Órgão Fracionário. APELO DO BANCO NÃO CONHECIDO. APELOS DA AUTORA E DA RÉ PROVIDOS. (BRASIL. Tribu-

A autora postulou a condenação da parte ré ao pagamento de danos materiais, pois teria deixado de contrair empréstimo, em virtude dos protestos indevidos. A apelada alega, que em razão da negativa da liberação do mútuo, sofreu um prejuízo de R$ 10.448,96, referente a títulos que foram protestados por falta de capital de giro para adimplir os pagamentos (fls. 37/47).

No que tange ao pleito de indenização em virtude de dano material, não é de ser albergada a pretensão da apelada, vez que, com a não obtenção do empréstimo pretendido, a apelada não chegou a experimentar prejuízo, mas sim deixou de receber a quantia objeto do mútuo. Não se trata, pois, de prejuízo indenizável seja na forma de dano emergente, seja na forma de lucros cessantes, pelo que resta afastado o pedido neste particular.

[...]

Além disso, ressalto que tenho o entendimento que a negativa de empréstimo serve apenas como fator para a fixação do dano moral. A negativa de mútuo, em razão do protesto indevido, não constitui verdadeiro dano material, não sendo, pois, indenizável e esse título, mesmo porque o dinheiro que a recorrente pretendia obter ainda não integrava seu patrimônio, o qual, portanto, não sofreu decréscimo por aquele motivo.

Logo, tenho que os danos materiais postulados pela parte apelada, sob a motivação de não ter obtido empréstimo bancário que permitisse cobertura a eventuais títulos protestados, não tem natureza de danos materiais, mas se inserem, na verdade, no âmbito dos fatos e condições examinadas para efeito de danos morais, mostrando-se, *data venia*, indevida a condenação operada no juízo singular, pelo que merece revisão a decisão.

Portanto, somados à certeza, à subsistência e à imediatidade, os danos ainda devem ser tutelados, protegidos, sob pena de insucesso de determinada ação de Responsabilidade Civil.

2.14. *Danos in re ipsa*

Os dois tópicos anteriores analisaram o conceito de dano e os requisitos do dano indenizável. Como visto, então, devemos, além de alegarmos o dano, fazer a prova do dano objeto da tutela jurídica (seja material, seja extrapatrimonial) para, então, buscar a devida reparação.

nal de Justiça do Rio Grande do Sul. Nona Câmara Cível. Apelação Cível nº 70015725567. Rel. Des: Tasso Caubi Soares Delabary. Julgado em: 27/09/2006)Disponível em: <http://www.tjrs.jus.br/busca/search?q=cache:www1.tjrs.jus.br/site_php/consulta/consulta_processo.php%3Fnome_comarca%3DTribunal%2Bde%2BJusti%25E7a%26versao%3D%26versao_fonetica%3D1%26tipo%3D1%26id_comarca%3D700%26num_processo_mask%3D70015725567%26num_processo%3D70015725567%26codEmenta%3D1595373+dano+patrimonial+e+requisitos+do+dano+indeniz%C3%A1vel++++&proxystylesheet=tjrs_index&client=tjrs_index&ie=UTF-8&lr=lang_pt&site=ementario&access=p&oe=UTF-8&numProcesso=70015725567&comarca=Comarca%20de%20Ca%C3%A7apava%20do%20Sul&dtJulg=27/092006&relator=Tasso%20Caubi%20Soares%20Delabary&aba=juris>. Acesso em: 24 fev. 2016).

Mas há situações que levam à presunção do dano, especialmente se "[...] a ofensa é grave e de repercussão [...]", circunstância que obriga o responsável à devida reparação. Para esta hipótese, o dano surge como *in re ipsa*, ou seja:[216]

> [...] deriva inexoravelmente do próprio fato ofensivo, de tal modo que, provada a ofensa, *ipso facto*, está demonstrado o dano moral à guisa de uma presunção natural, uma presunção *hominis* ou *facti*, que decorre das regras da experiência comum. Assim, por exemplo, provada a perda de um filho, do cônjuge, ou de outro ente querido, não há que se exigir a prova do sofrimento, porque isso decorre do próprio fato de acordo com as regras de experiência comum; provado que a vítima teve seu nome aviltado, ou a sua imagem vilipendiada, nada mais ser-lhe-á exigido provar, por isso que o dano moral está in re ipsa; decorre inexoravelmente da gravidade do próprio fato ofensivo, de sorte que, provado o fato, provado está o dano moral.

O Superior Tribunal de Justiça também já pacificou a questão sobre a aplicação do dano *in re ipsa*. Entende a Corte que a inscrição indevida em cadastros restritivos de crédito se enquadra em tal espécie de dano:[217]

> [...] consoante assente na decisão agravada, a jurisprudência deste Tribunal Superior é no sentido de que, nos casos de protesto indevido de título ou inscrição irregular em cadastros de inadimplentes, o dano moral configura-se in re ipsa, ou seja, prescinde de prova [...].

Outra questão relevante destacada pela Casa, desta vez em outro julgamento, foi que tal modalidade independe de prova, cujo debate girou em torno de negativa indevida do plano de saúde de custeio de material necessário a procedimento cirúrgico.[218]

---

[216] CAVALIERI FILHO, Sergio. *Programa de responsabilidade Civil*. 11. ed. São Paulo: Atlas, 2014, p. 116.

[217] AGRAVO REGIMENTAL NO AGRAVO (ART. 544 DO CPC) – AÇÃO DECLARATÓRIA DE INEXISTÊNCIA DE DÉBITO C/C INDENIZAÇÃO POR DANOS MORAIS DECORRENTE DE INCLUSÃO INDEVIDA EM CADASTRO DE INADIMPLENTES – DECISÃO MONOCRÁTICA QUE NEGOU PROVIMENTO AO RECLAMO. INSURGÊNCIA RECURSAL DA RÉ. 1. O STJ já firmou entendimento que "nos casos de protesto indevido de título ou inscrição irregular em cadastros de inadimplentes, o dano moral se configura in re ipsa, isto é, prescinde de prova, ainda que a prejudicada seja pessoa jurídica" (REsp 1059663/MS, Rel. Min. NANCY ANDRIGHI, DJe 17/12/2008). Precedentes. 2. A indenização por danos morais, fixada em quantum em conformidade com o princípio da razoabilidade, não enseja a possibilidade de interposição do recurso especial, ante o óbice da Súmula n. 7/STJ. 3. Este Tribunal Superior tem prelecionado ser razoável a condenação no equivalente a até 50 (cinquenta) salários mínimos por indenização decorrente de inscrição indevida em órgãos de proteção ao crédito. Precedentes. 4. A incidência da Súmula 7/STJ impede o exame de dissídio jurisprudencial, na medida em que falta identidade entre os paradigmas apresentados e os fundamentos do acórdão hostilizado, tendo em vista a situação fática do caso concreto, com base na qual deu solução a causa a Corte de origem. 5. Agravo regimental desprovido. (BRASIL. Superior Tribunal de Justiça. Quarta Turma. AgRg no AREsp 777018/PR. Rel. Min: Marco Buzzi. Julgado em: 17/12/2015. Disponível em: <https://ww2.stj.jus.br/processo/revista/documento/mediado/?componente=ITA&sequencial=1478215&num_registro=201502234050&data=20160203&formato=HTML>. Acesso em: 24 fev. 2016).

[218] AGRAVO REGIMENTAL NO AGRAVO EM RECURSO ESPECIAL. DIREITO DO CONSUMIDOR E PROCESSUAL CIVIL. PLANO DE SAÚDE. INDEVIDA NEGATIVA DE COBERTURA DO

Os danos *in re ipsa* são presumidos e decorrem do próprio fato, tal e qual preconiza a doutrina anteriormente analisada.[219] Observamos que, na hipótese enfrentada pelo Superior Tribunal de Justiça, a redução da indenização não foi com base na análise do grau de culpa previsto pelo parágrafo único do art. 944 do Código Civil, já analisado, e sim por ser desproporcional e, como consequência, não refletir a extensão do dano, está prevista pelo *caput* da referida norma.

2.15. *Prova do dano material e dos honorários contratuais*

A verba que se busca ver ressarcida pela parte perdedora insere-se na categoria de danos patrimoniais, segundo o que entendemos e, como se não bastasse, integra as perdas e danos, devendo ser inserida na condenação, sintonizando-se com o princípio da reparação integral. Todavia, no caso concreto, deve ser feita a prova de que foram efetuados gastos acerca de honorários contratuais, como prova do prejuízo material que se pretende ver ressarcido.

CUSTEIO DE MATERIAL SOLICITADO PELO MÉDICO PARA A REALIZAÇÃO DE PROCEDIMENTO CIRÚRGICO. PREMISSA FÁTICA ASSENTADA PELAS INSTÂNCIAS ORDINÁRIAS. CARACTERIZAÇÃO DE DANO MORAL IN RE IPSA. INDENIZAÇÃO POR DANOS MORAIS DEVIDA. PRECEDENTES. ENUNCIADO N. 83 DA SÚMULA DO STJ. PRETENSÃO DE MINORAR INDENIZAÇÃO POR DANOS MORAIS. EXORBITÂNCIA NÃO CARACTERIZADA. IMPOSSIBILIDADE. PRECEDENTES. AGRAVO REGIMENTAL IMPROVIDO. 1. Segundo a jurisprudência pacífica do STJ, a cláusula que exclui da cobertura do plano de saúde órteses, próteses e materiais diretamente ligados ao procedimento cirúrgico a que se submete o consumidor é abusiva, razão pela qual a recusa indevida pela operadora do plano de saúde em autorizar a cobertura financeira de tratamento médico faz nascer o dever de reparar os danos morais produzidos pelo agravamento da situação de aflição psicológica e de angústia no espírito do beneficiário, que se configura como dano moral *in re ipsa* (independente de prova). Precedentes. 2. Nas hipóteses em que o valor fixado para a indenização por danos morais não se afigurar exorbitante ou irrisório, por observar o postulado da proporcionalidade, a pretensão recursal esbarra no enunciado n. 7 da Súmula do STJ. Precedentes. 3. Agravo regimental a que se nega provimento.(BRASIL. Superior Tribunal de Justiça. Terceira Turma. AgRg no AREsp 785243/ES. Rel. Min: Marco Aurélio Bellizze. Julgado em: 03/12/2015. Disponível em: <https://ww2.stj.jus.br/processo/revista/documento/mediado/?componente=ITA&sequencial=1473890&num_registro=201502360070&data=20151214&formato=HTML>. Acesso em: 24 fev. 2016).

[219] RESPONSABILIDADE CIVIL. INCLUSÃO INDEVIDA DO NOME DA CLIENTE NOS ÓRGÃOS DE PROTEÇÃO AO CRÉDITO. DANO MORAL PRESUMIDO. VALOR DA REPARAÇÃO. CRITÉRIOS PARA FIXAÇÃO. CONTROLE PELO STJ. POSSIBILIDADE. REDUÇÃO DO *QUANTUM*. I – O dano moral decorrente da inscrição indevida em cadastro de inadimplente é considerado in re ipsa, isto é, não se faz necessária a prova do prejuízo, que é presumido e decorre do próprio fato. III – Inexistindo critérios determinados e fixos para a quantificação do dano moral, recomendável que o arbitramento seja feito com moderação, atendendo às peculiaridades do caso concreto, o que, na espécie, não ocorreu, distanciando-se o *quantum* arbitrado da razoabilidade. Recurso Especial provido. (BRASIL. Superior Tribunal de Justiça. Terceira Turma. REsp 1105974/BA. Rel. Min: Sidnei Beneti. Julgado em: 23/04/2009. Disponível em: <https://ww2.stj.jus.br/processo/revista/documento/mediado/?componente=ITA&sequencial=875933&num_registro=200802604897&data=20090513&formato=HTML>. Acesso em: 24 fev. 2016).

O Tribunal de Justiça do Rio Grande do Sul considerou como prova do pagamento de honorários através da seguinte fundamentação:[220]

[220] APELAÇÃO CÍVEL. RESPONSABILIDADE CIVIL. AÇÃO DE INDENIZAÇÃO POR DANOS MATERIAIS E MORAIS. CITAÇÃO PARA CONTESTAR DEMANDA JUDICIAL APÓS A REALIZAÇÃO DE ACORDO EM OUTRO PROCESSO. MERO EQUÍVOCO. MÁ-FÉ NÃO CARACTERIZADA. HONORÁRIOS ADVOCATÍCIOS CONTRATUAIS. PRETENSÃO DE RESSARCIMENTO. CABIMENTO SOMENTE QUANDO PLEITEADOS NA PRÓPRIA AÇÃO EM QUE HOUVE A DESPESA COM A CONTRATAÇÃO DO ADVOGADO. RESGUARDO SIMULTÂNEO DO DIREITO MATERIAL SUBJETIVO DA PARTE E DE CONSIDERAÇÕES DE POLÍTICA JUDICIÁRIA. A versão esposada na inicial não encontra respaldo nos autos. O simples fato de a autora ter sido citada para contestar demanda judicial não é suficiente para causar constrangimento e/ou aborrecimento passível de indenização por danos morais. Os elementos constantes dos autos evidenciam tratar-se de mero equívoco (lapso da ré em não ter dado baixa à ação de cobrança ajuizada preteritamente no Foro de Brasília, após realizar acordo nos autos da ação revisional proposta pela autora em Porto Alegre). Sequer caberia indenização por danos morais, na peculiaridade do caso, mas não houve apelo da parte interessada, o que impede a reformatio in pejus. Quanto aos danos materiais – consubstanciado nas despesas que a autora teve para promover a sua defesa na ação de cobrança contra si ajuizada pelo réu – melhor sorte não lhe assiste. "O direito material vai além das regras de direito processual, permitindo a recomposição de tudo aquilo que a parte despendeu para fazer valer seus interesses (em juízo ou fora dele), inclusive as verbas comprometidas com a contratação de advogado. O desembolso realizado pela parte autora para a defesa de seus direitos em razão da conduta ilícita da parte ré constitui dano emergente que não pode ficar sem ressarcimento, sob pena da reparação não ser integral. Precedentes do STJ e desta Corte". (Apelação Cível nº 70052366978, Nona Câmara Cível, Tribunal de Justiça do RS, Relator: Tasso Caubi Soares Delabary, Julgado em 27/02/2013). O entendimento acima retratado, que respeita e reflete a inovação legal introduzida no novo Código Civil, através dos artigos 389, 395 e 404, deve ser adotado, porém, apenas quando a parte ajuíza demanda com base no título IV (Do Inadimplemento das Obrigações) do Livro I (Do Direito das Obrigações) da Parte Especial do CC, onde os referidos artigos estão contidos, abrangendo hipóteses de inadimplemento absoluto, inadimplemento relativo (mora), além da violação positiva do contrato. Ou seja, quando a parte ajuíza ação de indenização, com base em inadimplemento contratual, pode desde logo pleitear, como parte dos danos emergentes, o valor dos honorários contratuais, juntando cópia do contrato de honorários e fazendo a prova do efetivo pagamento. Por óbvio, também, que tal verba será submetida ao escrutínio do contraditório (quando se poderá alegar sua desproporcionalidade, desarrazoabilidade ou incompatibilidade com a tabela sugestão de honor judicial a respeito do tema, se vier a ser controvertido. Todavia, não pleiteado tal ressarcimento, no âmbito da própria ação indenizatória (ou em reconvenção, no caso da ação de cobrança que se revelou injusta), não mais poderá a questão vir a ser proposta, por razões de política judiciária. De fato, é de se levar a sério a interpretação consequencialista que a pretensão autoral acarretaria, diante da absurda irracionalidade sistêmica que representaria uma verdadeira duplicação de demandas, já que possível intuir que a cada demanda ajuizada, uma outra, ressarcitória, lhe seguiria. Tal possibilidade há de se levar em consideração na formação do precedente. O custo social de uma tal solução seria insuportável. Há limites para a criatividade dos juristas – e o primeiro deles é o bom-senso. De fato, a justiça comum, que já absorve a esmagadora maioria dos processos que tramitam na justiça brasileira, e que historicamente não tem tido condições de fazer frente à avalanche de processos que nos últimos vinte anos vem sendo despejados em suas prateleiras, simplesmente não conseguiria dar uma resposta efetiva a mais essa provável enxurrada de novos processos de massa. A esmagadora maioria de tais demandas provavelmente viria acompanhada de pedido de AJG, como já ocorreu nessa demanda. Com isso, o custo do funcionamento da máquina judiciária fatalmente seria suportado pelo contribuinte estadual – diante de eventual reforço do apare as causas que já tramitam na justiça comum teriam um maior retardo para sua solução, diante da atenção que tais novas demandas exigiria dos operadores da justiça. No caso em tela, em que se trata de nova ação ressarcitória, ajuizada separadamente da anterior ação de cobrança, onde a parte deveria ter promovido a reconvenção, não é de se dar curso à mesma, razão pela qual se nega provimento ao apelo. APELO DESPROVIDO. (BRASIL. Tribunal de Justiça do Rio Grande do Sul. Nona Câmara Cível. Apelação Cível nº 70061902029. Rel. Des: Eugênio Facchini Neto. Julgado em: 26/11/2014. Disponível em: <http://www.tjrs.jus.br/busca/search?q=cache:www1.tjrs.jus.br/site_php/consulta/consulta_processo.php%3Fnome_comarca%3DTribunal%2Bde%2BJusti%

De se ressaltar que o ressarcimento pleiteado a título de honorários não decorre da sucumbência experimentada pela parte ré nesta demanda, mas representa a recomposição patrimonial equivalente às despesas que a parte autora efetuou.

Antes do atual Estatuto da Advocacia, os honorários sucumbenciais destinavam-se à própria parte vitoriosa, para ajudá-la a custear suas despesas com o patrocínio da causa, sendo inacumuláveis com os honorários convencionais, exceto se existente cláusula expressa em contrato dispondo sobre a cessão total ou parcial do crédito decorrente da sucumbência pelo constituinte ao seu constituído. Com base nesse entendimento, talvez tivesse algum sentido dizer que a indenização pelos prejuízos incorridos com pagamento de advogados se resumiria ao valor arbitrado pelo juiz por ocasião da aplicação da regra do artigo 20 do Código de Processo Civil.

A partir da vigência da Lei nº 8.906, de 1994, no entanto, ficou definido que o destinatário dos honorários advocatícios (sucumbenciais e convencionais) é o próprio causídico, de modo que ambas as modalidades de verba honorária são cumuláveis entre si, conforme dispõe taxativamente o artigo 23 desse diploma legal.

Os honorários sucumbenciais, porém, não se confundem com os honorários convencionais. Na realidade, os honorários sucumbenciais são apenas uma parcela de toda remuneração fixada pelos serviços jurídicos prestados pelo advogado e se relacionam com o processo. Já os honorários convencionais representam dispêndio do credor e, consequentemente, perdas e danos pela necessidade de contratação de advogado para efetivar o cumprimento forçado da obrigação não satisfeita tempestivamente ou a contento, assim como para o impedimento da prática de ato ilícito ou para fins de evitar a sua continuidade.

Nessa toada, aquele que se vê obrigado a contratar advogado para pleitear uma indenização por um ato ilícito invariavelmente sofre dano em seu patrimônio, visto que terá um prejuízo se tiver que deduzir os honorários contratuais ajustados com seu advogado da quantia obtida a título de reparação, eis que haverá um deságio do valor do dano recomposto ao final da contenda pelo abatimento do valor da honorária contratada com o advogado que patrocinou a causa, e, assim, o dano não será composto de modo integral, princípio primário em matéria de reparação de dano.

Não se pode olvidar, porém, que a causa primeira do dano não é a contratação onerosa de advogado, mas o ato ilícito da parte ré que reclamou a atuação do causídico.

Cediço que o objetivo precípuo das perdas e danos é recolocar a vítima na situação em que ela se encontraria se o prejuízo não tivesse sido produzido. Assim, se a ré não tivesse cometido o ato ilícito discutido nesta demanda, a movimentação da máquina judiciária e, por conseguinte, a contratação de advogado seria desnecessária. Logo, quem deu causa à ação foi a ré, devendo ser responsabilizada pelo pagamento integral dos honorários convencionados entre a autora e seu advogado.

Observe-se, nos termos do artigo 402 do Código Civil, que as perdas e danos abrangem, além do que a parte deixou de lucrar, aquilo que ela efetivamente perdeu (danos emergentes).

25E7a%26versao%3D%26versao_fonetica%3D1%26tipo%3D1%26id_comarca%3D700%26num_processo_mask%3D70061902029%26num_processo%3D70061902029%26codEmenta%3D6060447+honor%C3%A1rios+contratuais+e+repara%C3%A7%C3%A3o+integral++++&proxystylesheet=tjrs_index&client=tjrs_index&ie=UTF-8&lr=lang_pt&site=ementario&access=p&oe=UTF-8&numProcesso=70061902029&comarca=Comarca%20de%20Porto%20Alegre&dtJulg=26/11/2014&relator=Eug%C3%AAnio%20Facchini%20Neto&aba=juris>. Acesso em: 16 mar. 2015).

> Consoante prevê o artigo 389 do Código Civil, "o devedor por perdas e danos, mais juros e atualização monetária segundo índices oficiais regularmente estabelecidos, e honorários de advogado".
>
> A par disso, o artigo 403 do Código Civil prevê que as perdas e danos incluem os prejuízos efetivos e os lucros cessantes por efeito da inexecução da obrigação, mas sem prejuízo do disposto lei processual. Logo, na reparação não podem ser considerados os ônus pecuniários imputados ao vencido com base na legislação processual.
>
> Não bastasse, o artigo 404 do Código Civil agrupou diferentes elementos das perdas e danos, incluindo em seu rol novamente os honorários advocatícios, verbis:
>
> Art. 404. As perdas e danos, nas obrigações de pagamento em dinheiro, serão pagas com atualização monetária segundo índices oficiais regularmente estabelecidos, abrangendo juros, custas e honorários de advogado, sem prejuízo da pena convencional.

Ainda, diferencia-se dos danos extrapatrimoniais, ressaltando o que já foi objeto de análise anteriormente:[221]

> Segundo entendimento generalizado na doutrina, e consagrado nas legislações, é possível distinguir, no âmbito dos danos, a categoria dos danos patrimoniais, de um lado, dos danos extrapatrimoniais, ou morais, de outro; respectivamente, o verdadeiro e próprio prejuízo econômico, o sofrimento psíquico ou moral, as dores, as angústias e as frustrações infligidas ao ofendido.

Todavia, o conceito acima deve ser contextualizado e, no caso concreto, ser feita a prova de que foram efetuados gastos acerca de honorários contratuais, como prova do prejuízo material que se pretende ver ressarcido.

2.16. *Jurisprudência e o deferimento e indeferimento dos honorários contratuais*

Passamos, neste momento, a enfrentar o posicionamento jurisprudencial acerca do tema ora proposto, seja sob a ótica do Superior Tribunal de Justiça, seja, sob a ótica dos demais Tribunais do país. Iniciamos, pois, com a jurisprudência que autoriza o deferimento da cobrança dos honorários contratuais e, em seguida, com os julgamentos que vão no sentido contrário.

O Superior Tribunal de Justiça demonstra entendimento pelo ressarcimento dos honorários contratuais. É que, segundo a Corte, a parte que deu causa ao processo fica obrigada ao pagamento de tal verba;[222]

---

[221] CAHALI, Yussef Said. *Dano moral*. 4. ed. São Paulo: Revista dos Tribunais, 2011, p. 18.

[222] AGRAVO REGIMENTAL NO RECURSO ESPECIAL. HONORÁRIOS ADVOCATÍCIOS CONTRATUAIS. VALOR DEVIDO A TÍTULO DE PERDAS E DANOS. IMPROVIMENTO. 1. Aquele que deu causa ao processo deve restituir os valores despendidos pela outra parte com os honorários contratuais, que integram o valor devido a título de perdas e danos, nos termos dos arts. 389, 395 e 404 do CC/02. (REsp 1.134.725/MG, Relatora Ministra NANCY ANDRIGHI, Terceira Turma, DJe 24/06/2011). 2. Agravo Regimental improvido. (BRASIL. Superior Tribunal de Jus-

no mesmo sentido a valorização do princípio da restituição integral.[223] Discussão interessante surge nas hipóteses de extinção do feito, sem julgamento de mérito, decorrentes "de perda de objeto superveniente ao ajuizamento da ação".[224]

No Estado de Santa Catarina também foi ressalvado o direito ao ressarcimento pelos honorários contratuais, em que pese, em sede de sentença, o juiz ter indeferido tal pleito:[225]

---

tiça. Terceira Turma. AgRg nos EDcl no REsp 1412965/RS. Rel: Min. Sidnei Beneti. Julgado em: 17/02/2013. Disponível em: <https://ww2.stj.jus.br/processo/revista/documento/mediado/?componente=ITA&sequencial=1290218&num_registro=201303543931&data=20140205&formato=HTML>. Acesso em: 15 out. 2014).

223 CIVIL E PROCESSUAL CIVIL. VALORES DESPENDIDOS A TÍTULO DE HONORÁRIOS ADVOCATÍCIOS CONTRATUAIS. PERDAS E DANOS. PRINCÍPIO DA RESTITUIÇÃO INTEGRAL. 1. Aquele que deu causa ao processo deve restituir os valores despendidos pela outra parte com os honorários contratuais, que integram o valor devido a título de perdas e danos, nos termos dos arts. 389, 395 e 404 do CC/02.2. Recurso especial a que se nega provimento. (BRASIL. Superior Tribunal de Justiça. Terceira Turma. REsp 1134725/MG. Rel: Min. Nancy Andrighi. Julgado em: 14/06/2011. Disponível em: <https://ww2.stj.jus.br/processo/revista/documento/mediado/?componente=ITA&sequencial=1069449&num_registro=200900671480&data=20110624&formato=HTML>. Acesso em: 15 out. 2014).

224 ADMINISTRATIVO. PROCESSUAL CIVIL. AÇÃO OBJETIVANDO O FORNECIMENTO DE MEDICAMENTO. MORTE DA PARTE AUTORA NO CURSO DO PROCESSO. EXTINÇÃO DO FEITO. ÔNUS DA SUCUMBÊNCIA DA PARTE QUE DEU CAUSA À INSTAURAÇÃO DO PROCESSO. SÚMULA 83 DO STJ. 1. A questão controvertida consiste em saber quem arcará com os honorários advocatícios, em ação ordinária objetivando o fornecimento de medicamentos, quando a parte autora vem a óbito no curso do processo, que é extinto sem resolução de mérito. 2. É entendimento do Superior Tribunal de Justiça que, "nas hipóteses de extinção do processo sem resolução do mérito, decorrente de perda de objeto superveniente ao ajuizamento da ação, a parte que deu causa à instauração do processo deverá suportar o pagamento dos honorários advocatícios"(AgRg no REsp 1.452.567/MG, Rel. Ministro Herman Benjamin, Segunda Turma, DJe de 09.10.2014). 3. O acórdão recorrido está em sintonia com o atual entendimento do STJ atraindo a incidência da Súmula 83 STJ. 4. Agravo regimental desprovido. (BRASIL. Superior Tribunal de Justiça. Primeira Turma. AgRg no AREsp 188363/RS. Rel. Des.: Olindo Menezes (DESEMBARGADOR CONVOCADO DO TRF 1ª REGIÃO). Julgado em: 16/06/2015. Disponível em: <https://ww2.stj.jus.br/processo/revista/documento/mediado/?componente=ITA&sequencial=1416552&num_registro=201201189799&data=20150624&formato=HTML>. Acesso em: 14 set. 2015).

225 APELAÇÃO CÍVEL. AÇÃO DECLARATÓRIA DE INEXISTÊNCIA DE DÉBITO C/C REPARAÇÃO DE DANOS MATERIAIS E MORAIS E COM PEDIDO DE ANTECIPAÇÃO DE TUTELA. INSCRIÇÃO DO NOME DO AUTOR EM ÓRGÃOS DE PROTEÇÃO AO CRÉDITO. DÉBITO INEXISTENTE. SENTENÇA DE PARCIAL PROCEDÊNCIA. REJEITADO O PEDIDO DE CONDENAÇÃO AO PAGAMENTO DOS HONORÁRIOS ADVOCATÍCIOS CONTRATUAIS. RECURSO DO REQUERIDO. Aplicabilidade do Código de Defesa do Consumidor. Vítima do evento danoso. Exegese do artigo 17 do código consumerista. Pleito de reforma da sentença ao argumento de não ter praticado qualquer ato ilícito. Ademais, alegação de ausência do dever de indenizar porquanto não teria o autor comprovado suas alegações. Insubsistência. Ausência de comprovação inequívoca da existência de débito a justificar a anotação do nome do autor no cadastro de inadimplentes. Ônus que incumbia ao demandado (art. 6º, viii, CDC). Falha na prestação de serviço por parte do requerido que não operou com a cautela necessária na concessão de crédito. Aplicação da teoria do risco da atividade-econômica. Ilicitude da inscrição evidenciada. Responsabilidade objetiva reconhecida. Inteligência do artigo 14 do Código de Defesa do Consumidor. Dano moral presumido (*in re ipsa*). Situação que extrapola o mero dissabor. Privação injustificada do uso do nome perante o mercado de consumo. Violação dos direitos de personalidade assegurados pelo artigo 5º, inciso X, da Constituição Federal. Dever de indenizar mantido. Quantum indenizatório. Pedido de ambas as partes para alteração do montante fixado na sentença em

> Ora, a partir do momento em que a parte requerida foi condenada no processo, tornou-se certo que ela deu causa a sua instauração, circunstância que permite caracterizar os honorários como dano emergente, equiparável a qualquer outra obrigação originária de um ato ilícito.
>
> Sobre a possibilidade de condenação ao ressarcimento de honorários contratuais (independentemente da condenação sucumbencial) – tendo em vista que a contratação do advogado significou estipêndio de dinheiro, e portanto prejuízo –, não é outro o entendimento do Superior Tribunal de Justiça: Os honorários contratuais decorrentes de contratação de serviços advocatícios extrajudiciais são passíveis de ressarcimento, nos termos do art. 395 do CC/02. [...]" (REsp n. 1.274.629/AP, Rel. Min. Nancy Andrighi, julgado em 16/05/2013).

O Tribunal de Justiça de São Paulo sinalizou entendimento análogo à devolução dos honorários contratuais. Contudo, ressalvou que deve ser descontado o valor a título de honorários sucumbenciais, senão vejamos:[226]

> Pois bem. Com relação à possibilidade de se incluir no ressarcimento por dano material os valores relativos aos honorários contratuais, a doutrina, em comentário ao artigo 389 do Código Civil, se coloca da seguinte forma: Também se sabe que o artigo 20 do Código de Processo Civil prevê o arbitramento de honorários advocatícios, a serem suportados pelo vencido como Forma de remuneração do trabalho prestado pelo patrono da parte vencedora. Com base neste cenário, permitir que todo o valor contratado pela apelante fosse devolvido sem descontar o valor já destinado ao advogado a título de sucumbência, faria a parte vencida ter de suportar duas vezes o custo pelo mesmo trabalho do causídico.

R$ 15.000,00 (Quinze mil reais). Apelação do requerido visando a minoração da indenização e recurso adesivo do autor pugnando pela sua majoração. Necessidade de adequação do *quantum* a extensão do dano à dignidade da parte. Inteligência do artigo 944 do Código Civil. Observância do caráter pedagógico e inibidor da reprimenda. Indenização majorada para R$ 20.000,00 (Vinte mil reais). Recurso adesivo do autor. Pleito de ressarcimento dos honorários advocatícios contratuais. Possibilidade. Princípio da reparação integral, que impõe o dever de ressarcir a integralidade dos danos comprovadamente advindos do ato ilícito (inscrição indevida). Exegese dos artigos 389, 395 e 404 do Código Civil. Recurso de apelação da instituição financeira conhecido e desprovido. Recurso adesivo do autor conhecido e provido. (BRASIL. Sexta Câmara de Direito Civil. Tribunal de Justiça de Santa Catarina. Apelação Cível nº. 2014.073769-8. Rel. Des: Denise Volpato. Julgado em: 16/12/2014. Disponível em: <http://app6.tjsc.jus.br/cposg/servlet/ServletArquivo?cdProcesso=01000T01C0000&nuSeqProcessoMv=null&tipoDocumento=D&cdAcordaoDoc=null&nuDocumento=7608571&pdf=true >. Acesso em: 16 mar. 2015).

226 PLANO DE SAÚDE RESPONSABILIDADE DA RÉ PELOS *HONORÁRIOS CONTRATUAIS* COMO FORMA DE REPARAÇÃO INTEGRAL DOS DANOS MATERIAIS SUPORTADOS PELA AUTORA VERIFICADA EXCLUSÃO DA PARCELA ARBITRADA A TÍTULO DE HONORÁRIOS SUCUMBENCIAIS DEVIDA CORREÇÃO MONETÁRIA QUE DEVERÁ INCIDIR A PARTIR DO DESEMBOLSO E JUROS DE MORA, DA CITAÇÃO PREQUESTIONAMENTO DESNECESSIDADE DE O ÓRGÃO JULGADOR ADUZIR COMENTÁRIOS SOBRE TODOS OS ARGUMENTOS LEVANTADOS PELAS PARTES PRECEDENTES JURISPRUDENCIAIS. SUCUMBÊNCIA RECÍPROCA VERIFICADA INTELIGÊNCIA DO ART. 21, PAR. ÚNICO, DO CPC SENTENÇA REFORMADA PARA O FIM DE JULGAR A DEMANDA PARCIALMENTE PROCEDENTE. RECURSO PARCIALMENTE PROVIDO. (BRASIL. Tribunal de Justiça de São Paulo. Segunda Câmara de Direito Privado. Apelação Cível nº 0072948-14.2012.8.26.0100. Rel. Des: Neves Amorim. Julgado em: 10/03/2015. Disponível em: <https://esaj.tjsp.jus.br/cjsg/getArquivo.do?cdAcordao=8282434&cdForo=0&vlCaptcha=qeyat>. Acesso em: 16 mar. 2015).

> Em que pese a diferença na destinação de cada uma das quantias os honorários contratuais são destinados à parte, para ressarci-la do pagamento, e os sucumbenciais destinam-se ao advogado não se pode duplicar o ressarcimento pelo mesmo trabalho. Aliás, não obstante a autora alegar a contratação para auxílio na fase extrajudicial, ambos os contratos trazidos aos autos mencionam exclusivamente a propositura de ações, ou seja, refere-se à fase judicial (fls.33/36).
>
> Por este motivo, merece reforma a sentença para o fim de julgar a demanda parcialmente procedente e determinar o ressarcimento, pela ré, dos honorários contratuais (fls. 33 e 35), descontando-se os honorários sucumbenciais.

No Estado de Minas Gerais, o Tribunal de Justiça entende que os honorários contratuais devem ser indenizados, sob pena de afronta ao princípio da reparação integral, exatamente como entendemos e trazemos no presente livro.[227]

Em que pese tenhamos analisado a jurisprudência que autoriza o ressarcimento dos gastos relativos aos honorários contratuais, a questão não é pacífica. A Corte gaúcha, como vimos, ora defere tais pleitos, ora não, conforme entendimento refletido nesta decisão. O fundamento, basicamente,[228] é no sentido de que tal contratação vincula apenas as

---

[227] APELAÇÃO CÍVEL – DECLARATÓRIA DE INEXISTÊNCIA DE DÉBITO, CANCELAMENTO DE PROTESTO E COMPENSAÇÃO POR DANOS MORAIS – APELAÇÃO ADESIVA – INTERPOSIÇÃO APÓS A APRESENTAÇÃO DAS CONTRARRAZÕES – PRECLUSÃO CONSUMATIVA – RECURSO NÃO CONHECIDO – ENDOSSO-MANDATO – ILEGITIMIDADE DA INSTITUIÇÃO FINANCEIRA – DUPLICATA SEM LASTRO – RESPONSABILIDADE DO SACADOR – DEVER DE COMPENSAR CONFIRMADO. – O momento processual para a interposição do recurso adesivo esvaiu-se, no momento em que a parte apresentou contrarrazões aos recursos principais, operando-se, naquela ocasião, a preclusão consumativa. – É firme o entendimento no Superior Tribunal de Justiça sentido de que, em se tratando de protesto de título pelo endossatário-mandatário, evidencia-se a sua ilegitimidade para figurar no pólo passivo em demanda decorrente do referido protesto, na medida em que age na qualidade de simples mandatário. – A sacadora do título deve ser responsabilizada pelos danos morais sofridos em virtude do indevido protesto, considerando que não logrou demonstrar sua higidez.

RESPONSABILIDADE CIVIL – INSTITUIÇÃO FINANCEIRA – ENDOSSO-MANDATO – INEXISTÊNCIA DE CONDUTA ILÍCITA – DEVER DE INDENIZAR AFASTADO – RECURSO ADESIVO – HONORÁRIOS CONTATUAIS – RESSARCIMENTO INTEGRAL – LUCROS CESSANTES – AUSÊNCIA DE COMPROVAÇÃO DO GANHO CERTO. – Não há como atribuir à instituição financeira responsabilidade pelos danos sofridos pela apelada, se não comprovado que extrapolou os poderes do mandato. – Todos os prejuízos experimentados pela apelante adesiva em razão do indevido protesto devem ser integralmente ressarcidos, dentre os quais se inclui os honorários contratuais, em atenção ao princípio da reparação integral. – Não há como reconhecer o dever de indenizar os lucros cessantes, na medida em que a autora não comprovou a efetiva privação de ganhos certos, decorrentes do evento danoso causado pela conduta do réu. (BRASIL. Tribunal de Justiça de Minas Gerais. Décima Segunda câmara Cível. AC nº 1.0261.12.010158-7/001. Rel. Desa. Juliana Campos Horta. Julgado em: 04/12/2015. Disponível em: <http://www5.tjmg.jus.br/jurisprudencia/pesquisaPalavrasEspelhoAcordao.do?&numeroRegistro=4&totalLinhas=801&paginaNumero=4&linhasPorPagina=1&palavras=honor%E1rios%20contratuais%20e%20ressarcimento&pesquisarPor=ementa&pesquisaTesauro=true&orderByData=1&referenciaLegislativa=Clique%20na%20lupa%20para%20pesquisar%20as%20refer%EAncias%20cadastradas...&pesquisaPalavras=Pesquisar&>. Acesso em: 24 dez. 2015).

[228] TJRS, AC nº 70062609904, Rel. Des. Jorge Alberto Schreiner Pestana, 16ª Câmara Cível, j. 18/12/2014, DJe 22/01/2015; AC nº 70061219333, Rel. Des: Jorge Alberto Schreiner Pestana, 16ª Câmara Cível, j. 25/09/2014, DJe 03/10/2014.

partes contratantes, ou então que a verba honorária exigida da parte é, tão somente, a título de sucumbência.[229]

No Mato Grosso do Sul há entendimento que autoriza a cobrança dos honorários contratuais, senão vejamos:[230]

> Consoante recente entendimento do Superior Tribunal de Justiça, tenho que a sentença não merece prevalecer, por não se alinhar ao disposto nos artigos 389, 395 e 404 do Código Civil, que preceituam: "Art. 389. Não cumprida a obrigação, responde o devedor por perdas e danos, mais juros e atualização monetária segundo índices oficiais regularmente estabelecidos, e honorários de advogado". "Art. 395. Responde o devedor pelos prejuízos a que sua mora der causa, mais juros, atualização dos valores monetários segundo índices oficiais regularmente estabelecidos, e honorários de advogado". "Art. 404. As perdas e danos, nas obrigações de pagamento em dinheiro, serão pagas com atualização monetária segundo índices oficiais regularmente estabelecidos, abrangendo juros, custas e honorários de advogado, sem prejuízo da pena convencional". Destes dispositivos legais dessome-se que o descumprimento de uma obrigação, no caso dos autos, contratual, implica na responsabilidade do inadimplente pelas perdas e danos verificados, que englobam os honorários de advogado, contratuais e de sucumbência. Hamid Charaf Bdine Jr., na obra Código Civil Comentado: Doutrina e Jurisprudência, coordenada pelo Ministro Cezar Peluso, sobre a inclusão dos honorários contratados pela parte com seu advogado nas perdas e danos, leciona: "Ao acrescentar a verba honorária entre os valores devidos em decorrência das perdas e danos, parece que

---

229 APELAÇÃO CÍVEL. AÇÃO DE COBRANÇA. REEMBOLSO DOS HONORÁRIOS ADVOCATÍCIOS CONTRATUAIS. IMPROCEDÊNCIA. O contrato de honorários advocatícios obriga as partes contratantes. Liberdade de contratar entre o cliente e o advogado, que não atinge a parte vencida na ação originária. Arts. 421 e 422 do CC. Precedentes do Tribunal e do STJ. APELAÇÃO DESPROVIDA. (BRASIL. Tribunal de Justiça do Rio Grande do Sul. Décima Sexta Câmara Cível. Apelação Cível nº 70058045808. Rel. Desa: Catarina Rita Krieger Martins. Julgado em: 26/02/2015. Acesso em: <http://www.tjrs.jus.br/busca/search?q=cache:www1.tjrs.jus.br/site_php/consulta/consulta_processo.php%3Fnome_comarca%3DTribunal%2Bde%2BJusti%25E7a%26versao%3D%26versao_fonetica%3D1%26tipo%3D1%26id_comarca%3D700%26num_processo_mask%3D70058045808%26num_processo%3D70058045808%26codEmenta%3D6170605+honor%C3%A1rios+contratuais+e+reembolso++++&proxystylesheet=tjrs_index&client=tjrs_index&ie=UTF-8&lr=lang_pt&site=ementario&access=p&oe=UTF-8&numProcesso=70058045808&comarca=Comarca%20de%20Veran%C3%B3polis&dtJulg=26/02/2015&relator=Catarina%20Rita%20Krieger%20Martins&aba=juris>. Acesso em: 16 mar. 2015).

230 APELAÇÃO CÍVEL – AÇÃO ANULATÓRIA DE REGISTRO PÚBLICO C/C INDENIZAÇÃO POR DANO MORAL E MATERIAL – CONSOLIDAÇÃO INDEVIDA DE IMÓVEL NA PROPRIEDADE DO CREDOR – MORA DO DEVEDOR NÃO CONFIGURADA – VALORES DEVIDOS CONSIGNADOS EM JUÍZO – CONDUTA ILÍCITA DO BANCO – DANO MORAL CAUSADO – NEXO DE CAUSALIDADE – OBRIGAÇÃO DE INDENIZAR – *QUANTUM* INDENIZATÓRIO MANTIDO – RESSARCIMENTO DANO MATERIAL MANTIDO – PRINCÍPIO DA RESTITUIÇÃO INTEGRAL – SENTENÇA MANTIDA – RECURSO IMPROVIDO. Em decorrência da consignação em pagamento das parcelas vencidas e vincendas, conforme devidamente comprovado nos autos, não há que se falar em mora do devedor/fiduciário, nem mesmo, em consolidação lícita do imóvel em nome do credor. A irregular consolidação do bem no patrimônio do Banco configura dano moral, que deve ser reparado. O descumprimento de uma obrigação, no caso dos autos, contratual, implica na responsabilidade do inadimplente pelas perdas e danos verificados, que englobam os honorários de advogado, contratuais e de sucumbência. (BRASIL. Tribunal de Justiça do Mato Grosso do Sul. Primeira Câmara Cível. Apelação Cível nº 08007189020118120026. Rel. Des: Divoncir Schreiner Maran. Julgado em: 15/12/2015. Disponível em: <http://www.tjms.jus.br/cjsg/getArquivo.do?cdAcordao=569470&cdForo=0&vlCaptcha=rquwf>. Acesso em: 21 jan. 2016).

o legislador quis permitir que a parte prejudicada pelo inadimplemento possa cobrar o que despendeu com honorários, seja antes de ajuizar a ação, seja levando em conta a diferença entre aquilo que contratou com seu cliente e aquilo que foi arbitrado a título de sucumbência. Não se pode supor que tenha feito menção a essa verba apenas para os casos de ajuizamento da ação, quando houver a sucumbência, pois, nessa hipótese, a solução já existiria no art. 20 do Código de Processo Civil e não é adequada a interpretação que conclui pela inutilidade do dispositivo".

Por outro lado, em que pese algumas decisões do Superior Tribunal de Justiça entendendo pela possibilidade de inclusão dos honorários contratuais, há, na Corte, entendimento contrário. Senão vejamos:[231]

---

[231] Decisão monocrática: Vistos, etc. Trata-se de recurso especial interposto por Vladimir Barbosa Soares, com fundamento nas alíneas "a" e "c" do permissivo constitucional, contra acórdão do Tribunal Regional Federal da 4ª Região assim ementado: INDENIZAÇÃO. DANOS MATERIAIS. RESTITUIÇÃO DE HONORÁRIOS ADVOCATÍCIOS PAGOS AO CAUSÍDICO DO LITIGANTE VENCEDOR. AUSÊNCIA DE PREVISÃO LEGAL. A vingar a tese desenvolvida pela parte autora, toda ação judicial proposta em juízo seria invariavelmente seguida de outra demanda direcionada ao litigante vencido, então destinada ao ressarcimento de honorários contratuais pagos pelo litigante vencedor ao seu advogado – e isso jamais foi previsto pela legislação processual. O recorrente aponta, além de divergência jurisprudencial, violação dos arts. 5º, V e X, e 37, § 6º, da CF/88; 186, 927 e 944 do CC. Sustenta que, em razão de conduta da recorrida, foi obrigado a despender elevada quantia, a título de honorários advocatícios contratuais, em razão do ajuizamento de ação julgada procedente. Afirma que o pagamento representou redução patrimonial. Contrarrazões às e-STJ, fls. 117/119. É o relatório. De início, impossível o exame da assertiva de violação de dispositivos constitucionais, sob pena de usurpar-se a competência atribuída ao Supremo Tribunal Federal. No restante, o Tribunal local solucionou a lide com amparo nos seguintes argumentos (e-STJ, fls. 90/92 – grifos acrescidos): Não merece prosperar a pretensão da parte autora, porquanto ausentes os pressupostos para imputação do dever de indenizar, em especial o ato ilícito e o nexo de causalidade. Quanto à ilicitude da conduta, cumpre ressaltar que a pretensão resistida do autor – e mesmo o posterior reconhecimento do direito na via judicial – não tem o condão de tornar ilícito o agir da Autarquia. Veja-se que nas ações previdenciárias o debate jurisprudencial é intenso, de modo que seria temerário afirmar que a conduta administrativa contrária ao posicionamento vigente em determinada época constituiria ato contrário ao direito (TRF4, AgAC nº 5000960-62.2010.404.7115/RS, 03-08-2011). Justamente porque cometerá ato ilícito 'Aquele que ... violar direito e causar dano a outrem ...' (art. 186, CCB). Não há como considerar, na acepção preconizada por este dispositivo, violação de direito o exercício regular de outro, pela Autarquia. Esta, ao analisar, em âmbito administrativo, a situação que lhe foi posta e, ao fim, concluir pelo seu não acolhimento, não pratica conduta ilícita, mesmo que ainda não sepultada em definitivo a questão diante da possibilidade de futura busca da via jurisdicional, que poderá ou não entender de modo distinto. Não cometerá ato ilícito o titular de um direito que, ao exercê-lo, não excede manifestamente os limites impostos pelo seu fim econômico ou social, pela boa-fé ou pelos bons costumes (art. 187, CCB). Ou seja, se exercido regularmente o direito de analisar o fato em âmbito administrativo, sem abuso, mesmo que concluído pelo indeferimento, inexistirá ilicitude e, por consequência, direito à reparação (art. 188, II, CCB). Para os fins aqui buscados, inocorrerá violação a direito quando a Autarquia exerce o seu regularmente. Somente haveria afastamento da exclusão de ilicitude quando provado cabalmente seu exercício abusivo: 'nemo damnum facit, nisi qui id facit, quod facere jus non habet' (ninguém faz dano, senão quando faz alguma coisa a que não tenha direito). Além disto, mesmo que ultrapassado o aspecto acima da ausência de conduta ilícita, de outra sorte, não haveria qualquer relação de causalidade entre o agir da Autarquia Previdenciária e o dano articulado na peça inicial. Isto porque foi a parte autora que contratou seu advogado e estipulou os respectivos honorários. Vale dizer: é ato livre seu de vontade (contrato), lícito, que se apresenta como a causa direta e imediata da alegada redução ou não acréscimo de seu patrimônio, e não o anterior e eventual indeferimento administrativo. Ao pedir que lhe seja ressarcido valor que despendeu ao cumprir obrigação contratualmente assumida, a parte autora, em verdade, volta-se contra ato próprio, violando a norma 'nemo auditur culpam suam allegans'. Prova disto é que poderia ter-se valido de outros instrumentos disponibilizados pelo Estado

(v.g. Defensoria Pública, nomeação de defensor dativo, postulação sem assistência de advogado no âmbito dos JEFs) para manejo da ação previdenciária. Não obstante alternativas equivalentes, também por exercício regular de direito, a parte autora optou, deliberadamente, pela contratação de profissional para promover demanda buscando seus interesses, e, para tanto, pactuou honorários advocatícios sem qualquer participação da parte ré. Aqui, a fonte direta da obrigação (base indicada como dano: redução ou não acréscimo de seu patrimônio) é o contrato, não eventual conduta da parte ré, que como dito, sequer jurisdiciza suporte fático indicativo de ato ilícito. Inexiste, portanto, qualquer nexo de causalidade entre o alegado dano articulado (pagamento de honorários livremente pactuados pela parte autora) e o agir da demandada (indeferimento/cessação de benefício na via administrativa). [...] Por fim, como argumento subsidiário, mas não de menor relevância a também apontar a improcedência deste pleito, é a situação da competência jurisdicional nesta Subseção Judiciária de Canoas/RS e o inevitável efeito dominó, ou seja, consequência inerente e inarredável da multiplicação sucessiva de ações para cobrança de eventuais honorários advocatícios contratuais relativos demanda anterior, caso deferido. Dessa leitura, extrai-se que, para o acórdão recorrido, inexiste o dever de ressarcimento por dano material, pois não há ato ilícito, tampouco nexo de causalidade entre a conduta e a lesão. Afinal, concluiu não ter sido abusiva a negativa do pedido na esfera administrativa, uma vez que a matéria era controvertida no âmbito jurisprudencial e, além disso, o prejuízo decorreu de escolha realizada pelo próprio autor. Para apurar-se a ilicitude do comportamento administrativo questionado seria necessário o reexame do contexto fático-probatório dos autos, providência inadmissível em sede de recurso especial, nos termos da Súmula 7/STJ. A propósito: PROCESSUAL CIVIL. AGRAVO REGIMENTAL NO AGRAVO EM RECURSO ESPECIAL. AÇÃO DE INDENIZAÇÃO POR DANOS MATERIAIS. PREQUESTIONAMENTO. SÚMULA 211/STJ. FUNDAMENTO NÃO IMPUGNADO. RESPONSABILIDADE CIVIL OBJETIVA. PRESSUPOSTOS. REEXAME DE FATOS E PROVAS. IMPOSSIBILIDADE. INCIDÊNCIA DA SÚMULA 7/STJ. AGRAVO REGIMENTAL DESPROVIDO. 1. A alteração das conclusões adotadas pela Corte de origem, acerca da presença dos elementos caracterizadores da responsabilidade civil ou de qualquer excludente capaz de afastar a ilicitude do ato implica, necessariamente, reexame do acervo fático-probatório constante dos autos, providência vedada em recurso especial, conforme o óbice disposto na Súmula 7/STJ. 2. Agravo regimental desprovido. (AgRg no AREsp 607.527/RJ, Rel. Ministro MARCO AURÉLIO BELLIZZE, TERCEIRA TURMA, DJe 26/02/2015) ADMINISTRATIVO E PROCESSUAL CIVIL. AGRAVO REGIMENTAL NO AGRAVO EM RECURSO ESPECIAL. RESPONSABILIDADE CIVIL DO ESTADO. VIOLAÇÃO DO ARTIGO 535 DO CPC INEXISTENTE. ACÓRDÃO DEVIDAMENTE FUNDAMENTADO ACERCA DA TESE DE JULGAMENTO *EXTRA PETITA*. CONFIGURAÇÃO DOS DANOS MATERIAIS E MORAIS. IMPOSSIBILIDADE. REEXAME DE PROVAS. INCIDÊNCIA DAS SÚMULAS 5 E 7 DO STJ. 1. Constatado que a Corte de origem empregou fundamentação adequada e suficiente para dirimir a controvérsia, é de se afastar a alegada violação do art. 535 do CPC. 2. O fato da recorrente requerer a aplicação da responsabilidade estatal objetiva e o Tribunal de origem entender que se aplica ao caso dos autos a responsabilidade subjetiva, não implica em julgamento extra petita, não havendo, portanto, contradição no corpo do acórdão, passível de correção. 3. O Tribunal *a quo*, soberano na análise do acervo fático-probatório dos autos, concluiu, com base em inquéritos civis e diligências investigatórias, que inexiste qualquer conduta ilícita que gere o dever de indenizar. Revisar tal entendimento demanda reavaliação de fatos provas, o que é vedado, em recurso especial, ante o óbice contido na Súmula 7/STJ. 4. Agravo regimental não provido. (AgRg no AREsp 276.213/SE, Rel. Ministro BENEDITO GONÇALVES, PRIMEIRA TURMA, DJe 18/08/2014) AGRAVO REGIMENTAL NO AGRAVO EM RECURSO ESPECIAL. PREQUESTIONAMENTO. SÚMULA Nº 211/STJ. INDENIZAÇÃO POR DANOS MATERIAIS E MORAIS. AUSÊNCIA DOS REQUISITOS NECESSÁRIOS À CARACTERIZAÇÃO DA RESPONSABILIDADE CIVIL. SÚMULA Nº 7/STJ. 1. A falta de prequestionamento da matéria suscitada no recurso especial, a despeito da oposição de embargos declaratórios, impede o conhecimento do recurso especial (Súmula nº 211/STJ). 2. O acórdão atacado, ao concluir pela improcedência do pedido indenizatório, firme no entendimento de que inexistiu conduta ilícita da recorrida no sinistro ocorrido, incursionou detalhadamente na apreciação do conjunto fático-probatório, sendo inviável, em sede de recurso especial, rever tais conclusões, nos termos da Súmula nº 7/STJ. 3. Agravo regimental não provido. (AgRg no AREsp 392.256/MS, Rel. Ministro RICARDO VILLAS BÔAS CUEVA, TERCEIRA TURMA, DJe 21/05/2014). Ante o exposto, com base no art. 557, caput, do CPC, nego seguimento ao recurso especial. Publique-se. Intimem-se. Brasília-DF, 20 de outubro de 2015. Ministro Og Fernandes Relator. (BRASIL. Superior Tribu-

Além disto, mesmo que ultrapassado o aspecto acima da ausência de conduta ilícita, de outra sorte, não haveria qualquer relação de causalidade entre o agir da Autarquia Previdenciária e o dano articulado na peça inicial. Isto porque foi a parte autora que contratou seu advogado e estipulou os respectivos honorários. Vale dizer: é ato livre seu de vontade (contrato), lícito, que se apresenta como a causa direta e imediata da alegada redução ou não acréscimo de seu patrimônio, e não o anterior e eventual indeferimento administrativo.

Ao pedir que lhe seja ressarcido valor que despendeu ao cumprir obrigação contratualmente assumida, a parte autora, em verdade, volta-se contra ato próprio, violando a norma *nemo auditur culpam suam allegans*. Prova disto é que poderia ter-se valido de outros instrumentos disponibilizados pelo Estado (v.g. Defensoria Pública, nomeação de defensor dativo, postulação sem assistência de advogado no âmbito dos JEFs) para manejo da ação previdenciária. Não obstante alternativas equivalentes, também por exercício regular de direito, a parte autora optou, deliberadamente, pela contratação de profissional para promover demanda buscando seus interesses, e, para tanto, pactuou honorários advocatícios sem qualquer participação da parte ré. Aqui, a fonte direta da obrigação (base indicada como dano: redução ou não acréscimo de seu patrimônio) é o contrato, não eventual conduta da parte ré, que como dito, sequer jurisdiciza suporte fático indicativo de ato ilícito. Inexiste, portanto, qualquer nexo de causalidade entre o alegado dano articulado (pagamento de honorários livremente pactuados pela parte autora) e o agir da demandada (indeferimento/cessação de benefício na via administrativa).

Encontramos entendimento no Tribunal de Justiça do Rio de Janeiro entendendo que os honorários contratuais não devem ser ressarcidos haja vista não englobarem as perdas e danos. Vejamos parte da fundamentação da decisão:[232]

---

nal de Justiça. Segunda Turma. Turma. Recurso Especial nº 1.499.647 – RS. Rel. Min: Og Fernandes. Julgado em: 20/10/2015. Disponível em: <https://ww2.stj.jus.br/processo/revista/documento/mediado/?componente=MON&sequencial=53721767&num_registro=201403090001&data=20151026&formato=PDF>. Acesso em: 13 nov. 2015).

232 Apelações cíveis. Relação de consumo. Ação de indenização por danos morais e materiais. Empresa de transporte aéreo. *Overbooking*. 1. Sentença de procedência parcial condenando a ré ao pagamento da quantia de R$ 5.000,00 ao primeiro autor e de R$ 12.000,00 à segunda autora, a título de indenização por danos morais, corrigidos e com juros legais a contar da intimação da sentença, além do pagamento das custas do processo e honorários de advogado, que fixou em 10% do valor da condenação. 2. Irresignação da parte autora requerendo a reforma parcial da sentença para que seja julgado procedente o pedido de dano material, bem como, a fixação de percentual a título de honorários advocatícios em 20% sobre o valor da condenação, e a fixação do termo inicial do cômputo dos juros, a ser contado da data do evento danoso, e a correção monetária, da data do ato ilícito ou da data da distribuição da ação. 3. Apelo da parte ré pugnando pela improcedência dos pedidos ou pela redução do quantum indenizatório. Alega a ré que em virtude de problemas operacionais, houve necessidade de troca da aeronave que originalmente operaria o voo de modo que a nova aeronave possuía número menor de assentos na classe executiva. Por esta razão não foi possível a acomodação de um dos autores na classe contratada, motivo pela qual a ré lhes disponibilizou a possibilidade de remarcação da passagem para outro dia ou viajar no mesmo voo, entretanto um deles em classe econômica. 4. Falha na prestação do serviço. Eventuais problemas operacionais enquadram-se dentro do fortuito interno, sendo perfeitamente previsíveis, não podendo a empresa ré repassá-los ao consumidor, parte mais frágil na relação de consumo. 5. O dano moral decorrente de atraso de voo ou, em caso de *overbooking*, opera-se *in re ipsa*. *Quantum* indenizatório fixado que atende a finalidade do instituto, com observância dos

Isso porque, o contrato de honorários é instrumento particular, pactuado entre os litigantes e seu procurador por livre arbítrio dos mesmos, sem participação da parte contrária, que, justamente por isso, não pode ser responsabilizada pelo seu pagamento.

Dessa forma, a responsabilidade pelo pagamento dos honorários convencionais é, exclusivamente, da parte que os pactua com seu advogado, por ato de vontade, não havendo que se imputar tal ônus à parte contrária.

No mesmo sentido da fundamentação acima, vem agora o Tribunal de Minas Gerais, em que pese já tenhamos trazido posição em sentido contrário, analisada anteriormente:[233]

Conforme relatado, o entendimento não se aplica à espécie. Isto, porque a pretensão aqui versada se baseia na inclusão supostamente injusta, do Autor, em Reclamação Trabalhista, e não em relação de emprego. Nestes termos, estabelecida a competência da Justiça Estadual para apreciar o pedido, passo ao mérito. Sobre o tema, tenho entendimento de que se Autor optou pela contratação de advogado, apenas a ele incumbe o pagamento de honorários contratuais. Destaco, ainda, que, de acordo com a regra do art. 470 do Código Civil "o contrato será eficaz somente entre os contratantes originários", não podendo alcançar terceiros estranhos à relação jurídica entabulada. Ademais, inexiste previsão legal ou contratual capaz de compelir uma parte a suportar

---

princípios da razoabilidade e proporcionalidade. Aplicação do Enunciado nº 116 do TJERJ. 6. Ressarcimento dos honorários contratuais pactuados entre os apelantes e seu procurador não merece guarida, uma vez que não integram os valores devidos a título de reparação por perdas e danos. No entanto, os gastos relativos à tradução dos documentos em língua estrangeira inserem-se no conceito de despesa judicial e, por consequência, devem ser suportados pela parte sucumbente. 7. Os juros legais moratórios sobre a verba indenizatória devem fluir desde a citação, na forma do artigo 405 do Código Civil e a atualização monetária a contar da publicação do julgado (súmula 97 do TJ/RJ). 8. Honorários advocatícios corretamente fixados, não merecendo nenhum reparo. Recursos conhecidos. Negativa de seguimento ao recurso da ré e provimento parcial ao apelo dos autores. (BRASIL. Tribunal de Justiça do Rio de Janeiro. Vigesima Setima Camara Civel Consumidor. AC nº 0026784-21.2014.8.19.0001. Rel. Desa: Maria Teresa Pontes Gazineu. Julgado em: 04/12/2015. Disponível em: <http://www1.tjrj.jus.br/gedcacheweb/default.aspx?UZIP=1&GEDID=0004A889FD3CCD9E1F3063A3FADA99256707C5043E395F52>. Acesso em: 24 dez. 2015).

233 APELAÇÃO CÍVEL. AÇÃO INDENIZATÓRIA POR DANOS MORAIS E MATERIAIS. DANOS MATERIAIS. REEMBOLSO DE HONORÁRIOS ADVOCATÍCIOS CONTRATUAIS. DESCABIMENTO. DANOS MORAIS. REQUERIMENTO DE INTEGRAÇÃO DE TERCEIRO AO POLO PASSIVO DE DEMANDA TRABALHISTA. EXERCÍCIO REGULAR DE DIREITO. DIREITO DE DEFESA. AUSÊNCIA DE DOLO OU MÁ-FÉ. ATO ILÍCITO. INOCORRÊNCIA. PREJUÍZO MORAL. ÔNUS PROBATÓRIO DO AUTOR. DEVER DE INDENIZAR. IMPROCEDÊNCIA. APELO PROVIDO. SENTENÇA REFORMADA. – Inexiste previsão legal ou contratual capaz de compelir uma parte a suportar os gastos com advogado da parte contrária. A redução de patrimônio da parte se deve ao exercício da faculdade de contratar advogado particular para defesa de seus interesses, cabendo a ele efetuar o pagamento de honorários pactuados. – O requerimento para que terceiro integre o polo passivo de Reclamação Trabalhista não tem o condão de, por si, configurar ato ilícito, máxime se consideradas a pertinência abstrata do pedido e a ausência de dolo ou má-fé. – Se as provas dos autos não são capazes de comprovar os pressupostos da responsabilidade civil, quais sejam, o ato ilícito, o dano efetivo e o nexo de causalidade, impõe-se a improcedência do pedido indenizatório. (BRASIL. Tribunal de Justiça de Minas Gerais. Décima Sexta Câmara Cível. AC nº 1.0024.12.149444-7/001. Rel. Des: José Marcos Vieira. Julgado em: 02/12/2015. Disponível em: <http://www5.tjmg.jus.br/jurisprudencia/pesquisaPalavrasEspelhoAcordao.do?&numeroRegistro=8&totalLinhas=801&paginaNumero=8&linhasPorPagina=1&palavras=honor%E1rios%20contratuais%20e%20ressarcimento&pesquisarPor=ementa&pesquisaTesauro=true&orderByData=1&referenciaLegislativa=Clique%20na%20lupa%20para%20pesquisar%20as%20refer%EAncias%20cadastradas...&pesquisaPalavras=Pesquisar&>. Acesso em: 24 dez. 2015).

os gastos com advogado da parte contrária. Ora, o vínculo obrigacional pelo pagamento dos honorários advocatícios está amparado na contratação realizada entre a parte e o advogado particular por ela escolhido para defender seus interesses. Assim, uma vez que o Apelante em momento algum interveio na referida pactuação, inexistem motivos para atribuir-lhe a prática de ato ilícito, afastado, por conseguinte, o dever de indenizar o Apelado pelos gastos despendidos com o advogado contratado para defendê-lo na Reclamação Trabalhista.

Já demonstramos que Santa Catarina autoriza a devolução; todavia, a mesma Casa também entende que não se mostra viável, como no seguinte julgamento:[234]

> [...] 3. Dessa feita, não se cogita de perdas e danos, nem de condenação da parte contrária ao ressarcimento dos honorários contratuais, pois a sucumbência sofrida no âmbito processual, via de regra, encontra-se regulada nos arts. 20 a 35 do CPC, não compreendendo, portanto, o ressarcimento das despesas com honorários contratuais. [...].

A Corte do Paraná perfilha de igual entendimento, senão vejamos:[235]

> Tem-se verificado a crescente tendência entre os litigantes de pleitear a condenação do vencido no pagamento dos honorários contratuais da parte vencedora, com fulcro no princípio da reparação integral do dano. No entanto, não é possível adotar tal teoria no que tange aos honorários advocatícios. Isso porque, a verba honorária, seja aquela pactuada extrajudicialmente ou aquela decorrente da sucumbência no curso do processo, presta-se a remunerar o profissional da advocacia pelo serviço prestado. Arbitrados os honorários de sucumbência, de acordo com as normas insertas no art. 20 do Código de Processo Civil, já se determinou a devida contraprestação ao advogado por sua atuação, a qual é sempre custeada pelo perdedor. Determinar-se ao vencido que custeie,

---

[234] APELAÇÃO CÍVEL. AÇÃO DE COBRANÇA DE TAXAS CONDOMINIAIS. SENTENÇA DE PARCIAL PROCEDÊNCIA. INSURGÊNCIA CONTRA A DECISÃO QUE DECLAROU PRESCRITOS OS ENCARGOS VENCIDOS EM DATAS ANTERIORES AO QUINQUÊNIO PRETÉRITO À CITAÇÃO. PLEITO DE APLICAÇÃO DO PRAZO DECENAL. IMPOSSIBILIDADE. JURISPRUDÊNCIA CONSOLIDADA DO SUPERIOR TRIBUNAL DE JUSTIÇA APLICANDO O PRAZO PRESCRICIONAL DE CINCO ANOS. EXEGESE DO ART. 206, § 5º, I, DO CÓDIGO CIVIL. RECENTES JULGADOS DESTA CORTE QUE ADOTAM O MESMO ENTENDIMENTO. HONORÁRIOS CONTRATUAIS. IMPOSSIBILIDADE DE RESSARCIMENTO PELA PARTE VENCIDA. PRECEDENTES DO STJ. SENTENÇA MANTIDA. RECURSO CONHECIDO E DESPROVIDO. (BRASIL. Tribunal de Justiça de Santa Catarina. Quinta Câmara de Direito Civil. Apelação Cível nº 2015.079382-6. Rel. Des: SÉRGIO IZIDORO HEIL. Julgado em: 03/12/2015. Disponível em: <http://app6.tjsc.jus.br/cposg/pcpoQuestConvPDFframeset.jsp?cdProcesso=01000W98C0000&nuSeqProcessoMv=20&tipoDocumento=D&nuDocumento=8740194>. Acesso em: 21 jan.2016).

[235] DECISÃO: ACORDAM os Desembargadores que integram a Nona Câmara Civel do Tribunal de Justiça do Estado do Paraná, por unanimidade de votos em dar provimento ao recurso. AGRAVO DE INSTRUMENTO – CUMPRIMENTO DE SENTENÇA – EXCEÇÃO DE PRÉ EXECUTIVIDADE – HONORÁRIOS ADVOCATÍCIOS CONTRATUAIS – DESCABIMENTO – AUSÊNCIA DE PREVISÃO LEGAL – CUMULAÇÃO COM HONORÁRIOS DE SUCUMBÊNCIA QUE CARACTERIZA BIS. Agravo de Instrumento n. 1.353.358-5. IN: IDEM – RESTITUIÇÃO INDEVIDA – EXCLUSÃO – RECURSO PROVIDO. (BRASIL. Tribunal de Justiça do Paraná. Quinta Vara da Fazenda Pública. Agravo de Instrumento nº 1353358-5. Rel. Des: Domingos José Perfetto Relator. Julgado em: 28/05/2015. Disponível em: <https://www.tjpr.jus.br/consulta-2grau>. Acesso em 21 jan. 2016).

além dos honorários de sucumbência, os honorários contratuais significa penalizá-lo com um duplo encargo sobre o exato mesmo fato, caracterizando-se o *bis in idem*, o que é vedado pelo direito pátrio.

No mesmo sentido a Justiça de São Paulo, ao indeferir a cobrança dos honorários advocatícios contratuais:[236]

> A indenização pela contratação de advogado é descabida. O acertamento prévio dos honorários contratuais entre a parte e seu advogado é ato negocial pautado em critérios personalíssimos inextensíveis à parte com quem se litiga. Se assim não for considerado, responsabilizar-se-á a parte adversa por um ato negocial da qual não participou, ao qual não aderiu e em relação ao qual defesa qualquer ingerência a não ser na análise dos requisitos de validade, tudo a desrespeitar o princípio da relatividade contratual.

A situação em Mato Grosso do Sul é idêntica no sentido de ser vedado o ressarcimento dos honorários contratuais:[237]

> Necessário se faz observar que o contrato de honorários firmado pelo autor/recorrido foi em seu próprio interesse. Daí que não há como impor ao apelante o pagamento de obrigação da qual sequer anuiu, inexistindo no caso em tela previsão legal ou contratual capaz de corroborar com o pedido formulado [...]. Ademais, a lei processual civil

---

[236] Ação de indenização por dano moral e material decorrente de abordagem e tratamento constrangedor em uma agência bancária do réu – Sentença de parcial procedência – Pretensão à majoração da indenização – Indenização arbitrada em R$ 10.000,00 – Manutenção – *Ressarcimento* de *honorários contratuais* – Descabimento – Sentença mantida – Recurso desprovido. (BRASIL. Tribunal de Justiça de São Paulo. Décima Quarta Câmara de Direito Privado. Apelação Cível nº 1003201-80.2014.8.26.0005. Rel. Des: Maurício Pessoa. Julgado em: 20/01/2016. Disponível em: <https://esaj.tjsp.jus.br/cjsg/getArquivo.do?cdAcordao=9110971&cdForo=0&vlCaptcha=xuzsk>. Acesso em: 21 jan. 2016).

[237] APELAÇÃO CÍVEL – AÇÃO DE PRESTAÇÃO DE CONTAS, C/C RESTITUIÇÃO, DANOS MORAIS E MATERIAIS E RECONVENÇÃO – ADVOGADO – AJUIZAMENTO DE AÇÃO POR EX-CLIENTE – PRELIMINARES – CARÊNCIA DA AÇÃO – NÃO CONHECIDA – JULGAMENTO *ULTRA PETITA*, AUSÊNCIA DE FUNDAMENTAÇÃO E OFENSA AO PRINCIPIO DISPOSITIVO – AFASTADAS – MÉRITO – PRESTAÇÃO DE CONTAS E RESTITUIÇÃO – DEVIDAS – DANO MORAL – NÃO CONFIGURADO – *HONORÁRIOS* CONTRATADOS PELO APELADO E SEU PATRONO – INDEVIDOS – SENTENÇA REFORMADA EM PARTE – IMPROCEDÊNCIA DA RECONVENÇÃO – MANTIDA – RECURSO PARCIALMENTE CONHECIDO E PARCIALMENTE PROVIDO. 1. A preliminar de carência de ação por falta de interesse de agir é matéria que não foi arguida anteriormente e não foi enfrentada pelo julgador ad quo, razão pela qual não será apreciada por este Relator, sob pena de julgamento per saltum. 2. A preliminar de julgamento extra petita não merece acolhimento, vez que o juízo singular julgou dentro dos pedidos iniciais. Ressalta-se que o acolhimento da pretensão extraído da interpretação lógico-sistemática da peça inicial não implica julgamento *extra petita*. Precedente STJ. 3. Também não merecem acolhimento as arguições de nulidade da sentença por ofensa ao art. 93, IX, da Constituição, e ao princípio dispositivo, a decisão está devidamente fundamentada e juízo *ad quo* pormenorizou no julgado todas as matérias que foram objetos de sua decisão. 4. No mérito, o apelante não se incumbiu do ônus de demonstrar que prestou contas ao autor/apelado no sentido de informá-lo do término do processo e disponibilidade de seu crédito, bem como não fez jus ao demonstrar que após autor ter ciência através da Justiça do Trabalho do término do processo e do levantamento do alvará pelo patrono informou-lhe qual era o real valor do seu crédito existente no alvará após os devidos descontos. Inobservância do dever de cuidado inerente à profissão. Assim, tendo as contas sido prestadas somente após o ajuizamento da ação o pedido nesse sentido deve ser julgado. (BRASIL. Tribunal de Justiça do Mato Grosso do Sul. Quinta Câmara Cível. Apelação Cível nº 0802288-63.2014.8.12.0008. Rel. Des: Sideni Soncini Pimentel. Julgado em: 17/12/2015. Disponível em: <http://www.tjms.jus.br/cjsg/getArquivo.do?cdAcordao=570181&cdForo=0&vlCaptcha=vybtv>. Acesso em: 21 jan. 2016).

(art. 20) já prevê os ônus de sucumbência com a finalidade de remunerar o trabalho desempenhado pelo causídico. Incabível, portanto, a pretensão de repassar à parte contrária despesas pessoais, com a contratação de advogado, adquiridas exclusiva e livremente pelo autor da lide, além de redundar em dupla condenação. Frise-se que a previsão contida nos arts. 389, 395 e 404 do Código Civil somente se aplica quando não houver condenação em sucumbência.

A Justiça de Mato Grosso também não permite o ressarcimento dos honorários contratuais, entendendo pela ausência de previsão legal para tanto:[238]

> O contrato bilateral de prestação de serviços advocatícios não se confunde com os honorários sucumbenciais. Ademais, o § 2º do art. 20 é taxativo ao explicitar que as despesas a serem ressarcidas pela parte vencida, são, além das custas dos atos processuais, a indenização de viagem, diária de testemunha e remuneração de assistente técnico.

Neste outro julgamento, a Corte acima referida ressaltou que os gastos com os honorários contratuais não se inserem nas perdas e danos.[239]

O Tribunal de Justiça do Rio Grande do Norte também afasta a pretensão de ressarcimento dos honorários, sob o fundamento de que a sucumbência trata de repor o dito ressarcimento.[240]

---

[238] EMBARGOS DE DECLARAÇÃO – EMBARGOS DE TERCEIRO – PENHORA DE IMÓVEL – CERCEAMENTO DE DEFESA – NÃO VERIFICAÇÃO – JULGAMENTO ANTECIPADO DA LIDE – DISCRICIONARIEDADE DO JUÍZO – EXEGESE DO ART. 330, I, DO CPC – *RESSARCIMENTO* DOS *HONORÁRIOS* ADVOCATÍCIOS *CONTRATUAIS* – REJEIÇÃO – AUSÊNCIA DE PREVISÃO LEGAL – DANOS MORAIS – NÃO CONFIGURAÇÃO – MERO ABORRECIMENTO – ÔNUS DE SUCUMBÊNCIA – RECIPROCIDADE – MANUTENÇÃO – INTELIGÊNCIA DO ART. 21, *CAPUT*, DO CPC – OMISSÃO NO ACÓRDÃO – VÍCIO INEXISTENTE – EMBARGOS DESPROVIDOS. Consoante o disposto no artigo 535 do Código de Processo Civil, os embargos de declaração destinam-se a expungir do julgado eventual omissão, obscuridade ou contradição. Não se constatando o vício apontado, o desprovimento do recurso é a medida que se impõe. (BRASIL. Tribunal de Justiça do Mato Grosso. Quinta Câmara Cível. Embargos de Declaração nº. 103888/2015. Rel. Des: Dirceu dos Santos. Julgado em 19/08/2015. Disponível em: <http://www.tjmt.jus.br/jurisprudencia/home/RetornaDocumentoAcordao?tipoProcesso=Acordao&id=289044&colegiado=Segunda>. Acesso em 22 jan. 2016).

[239] APELAÇÃO CÍVEL – AÇÃO DE INDENIZAÇÃO POR DANOS MATERIAIS – *RESSARCIMENTO* DECORRENTE DO PAGAMENTO DE *HONORÁRIOS* ADVOCATÍCIOS *CONTRATUAIS* – IMPOSSIBILIDADE – DANOS NÃO CARACTERIZADOS – VERBA SUCUMBENCIAL MANTIDA – RECURSO CONHECIDO E DESPROVIDO. Não se inserem nas perdas e danos os *honorários* advocatícios desembolsados pelo constituinte aos advogados que livremente contratou para patrocinar reclamatória trabalhista. A concessão da assistência judiciária é causa de suspensão do pagamento, por determinado lapso temporal, e não de exclusão da condenação decorrente da sucumbência, a teor do que preleciona o art. 12 da Lei nº 1.060/50. (BRASIL. Tribunal de Justiça do Mato Grosso. Quinta Câmara Cível. Apelação Cível nº. 22244/2014. Rel. Des: Dirceu dos Santos. Julgado em 30/07/2014. Disponível em: <http://www.tjmt.jus.br/jurisprudencia/home/RetornaDocumentoAcordao?tipoProcesso=Acordao&id=250127&colegiado=Segunda>. Acesso em 22 jan. 2016).

[240] CIVIL. RESPONSABILIDADE CIVIL. APELAÇÕES CÍVEIS. TRANSTORNOS CAUSADOS POR OBRA VIZINHA AO IMÓVEL DA AUTORA. DANO MORAL INCONTROVERSO. DIVERGÊNCIA QUANTO AO VALOR DEVIDO. *QUANTUM* INDENIZATÓRIO FIXADO DE ACORDO COM OS CRITÉRIOS DA RAZOABILIDADE E PROPORCIONALIDADE. MANUTENÇÃO. INSURGÊNCIA QUANTO À AUSÊNCIA DE CONDENAÇÃO AO RESSARCIMENTO DOS

Em Minas Gerais a situação não é diferente: a obrigação quanto aos honorários contratuais é inerente à parte e ao seu advogado.[241]

Em que pese não concordarmos com tais posições, as fundamentações trazidas pelos Relatores devem ser respeitadas. Todavia, o montante gasto, a título de honorários, se não for ressarcido, fere o princípio da reparação integral, este de fundamental importância, como será analisado no tópico a seguir.

HONORÁRIOS CONTRATUAIS. GASTO COM ADVOGADO DA PARTE VENCEDORA QUE NÃO INDUZ, POR SI SÓ, A EXISTÊNCIA DE ILÍCITO. PRECEDENTES DO STJ. SENTENÇA MANTIDA. CONHECIMENTO E DESPROVIMENTO DOS RECURSOS. (BRASIL. Tribunal de Justiça do Rio Grande do Norte. Terceira Câmara Cível. Apelação Cível n° 2014.024279-7. Rel. Juíza Convocada: Berenice Capuxú. Julgado em: 29/09/2015. Disponível em: <http://esaj.tjrn.jus.br/cjosg/pcjoDecisao.jsp?OrdemCodigo=3&tpClasse=J>. Acesso em: 22 jan. 2016).

[241] APELAÇÃO CÍVEL - RESPONSABILIDADE CIVIL - AÇÃO DE REPARAÇÃO DE PERDAS E DANOS - RESSARCIMENTO DE HONORÁRIOS ADVOCATÍCIOS CONTRATUAIS - IMPOSSIBILIDADE. Se a parte contrata advogado particular, deve suportar os gastos advindos dessa relação contratual, pois o contrato firmado entre o cliente e o advogado não cria obrigações para terceiro.

Terceira Parte

Código Civil: princípio da reparação integral e a previsão dos honorários

A partir deste ponto, passaremos a enfrentar e analisar os dispositivos do Código Civil que fazem previsão expressa ao princípio da reparação integral e aos honorários advocatícios, no sentido de contextualizar a sua importância e aplicação prática, nos termos que aqui estamos defendendo.

Em se tratando do princípio da reparação integral, Cristiano Chaves de Farias, Felipe Peixoto Braga Netto e Nelson Rosenvald alertam que, em que pese a finalidade do mencionado princípio ter por finalidade a reposição da vítima ao estado anterior à ocorrência do dano, colocando a vítima, assim, em situação semelhante a que detinha antes, "[...] há uma pretensão idílica em se alcançar uma plena reparação, pois raramente a condenação será capaz de preencher a totalidade dos danos sofridos".[242]

3. Conteúdo do princípio da reparação integral

Este é o ponto central de nossa defesa: o princípio da reparação integral, e que vem insculpido na norma do art. 944 do Código Civil.[243]

---

[242] FARIAS, Cristiano Chaves de; NETTO, Felipe Peixoto Braga; ROSENVALD, Nelson. *Novo tratado de responsabilidade civil.* São Paulo: Atlas, 2015, p. 29.

[243] Art. 944. A indenização mede-se pela extensão do dano. (BRASIL. Tribunal de Justiça de Minas Gerais. Décima Quinta Câmara Cível. Apelação Cível nº. 1.0145.11.061632-6/001. Rel. Desa.: Mônica Libânio. Julgado em: 10/12/2015. Disponível em: <http://www5.tjmg.jus.br/jurisprudencia/pesquisaPalavrasEspelhoAcordao.do?&numeroRegistro=2&totalLinhas=806&paginaNumero=2&linhasPorPagina=1&palavras=honor%E1rios%20contratuais%20e%20ressarcimento&pesquisarPor=ementa&pesquisaTesauro=true&orderByData=1&referenciaLegislativa=Clique%20na%20lupa%20para%20pesquisar%20as%20refer%EAncias%20cadastradas...&pesquisaPalavras=Pesquisar&>. Acesso em: 21 jan. 2016). Parágrafo único. Se houver excessiva desproporção entre a gravidade da culpa e o dano, poderá o juiz reduzir, eqüitativamente, a indenização.

Álvaro Villaça Azevedo, ao abordar o estudo da indenização, assim nos ensina sobre o significado desta palavra:[244]

> A palavra *indenização* descende do adjetivo latino indemnis, e, formado da partícula negativa *in* mais o substantivo *damnum*, i (dano, perda, detrimento, prejuízo, lesão).
>
> *Indemnis*, assim, significa que não teve dano, prejuízo; que está livre de perda, de dano; que está indene.
>
> Formou-se, então, em nosso vocabulário, o verbo indenizar (reparar, retribuir, reembolsar, recompensar).
>
> Indenização, portanto, guarda o sentido etimológico de tornar indene, de reparação.

Portanto, conclui o mestre que "se a responsabilidade é a necessidade de reparar um dano, como já analisado, a indenização é o ressarcimento do prejuízo, recompondo o patrimônio do lesado, tornando-o indene da situação lesiva por ele experimentada".[245]

A base de nossos estudos relativos ao princípio da reparação integral é de suma importância para a continuidade deste livro. Sustentamos, desde o início, que os gastos com os honorários advocatícios devem ser incluídos no montante, a título de reparação civil. Paulo de Tarso Vieira Sanseverino discorre brilhantemente sobre o referido princípio: "O princípio da reparação integral ou plena constitui a principal diretriz do operador do direito para orientar a quantificação da indenização pecuniária".[246]

Portanto, incluímos os honorários dentro do que deve ser ressarcido pela parte que causou danos à vítima. Se esta teve de gastar com profissional para a defesa de seus interesses, e ela mesma não deu causa a tal situação, entendemos que há relação de causa e efeito entre tais gastos e o causador do dano.

3.1. Fundamento do princípio da reparação integral

Estamos observando a relevância ímpar que o princípio da reparação integral tem para com a Responsabilidade Civil. Mas qual o seu fundamento? Paulo de Tarso Vieira Sanseverino ensina, com maestria, sobre tal indagação.

O autor, em referência a Aristóteles, leciona sobre a noção de justiça corretiva e que, posteriormente, aperfeiçoada por Tomás de Aquino com a denominação de justiça comutativa. Portanto, ante a profundidade da

[244] AZEVEDO, Álvaro Villaça. *Teoria geral das obrigações e responsabilidade civil.* 12. ed. São Paulo: Atlas, 2011, p. 277.

[245] Idem, p. 277.

[246] SANSEVERINO, Paulo de Tarso Vieira. *Princípio da reparação integral*: indenização no código civil. São Paulo: Atlas, 2010, p. 48.

abordagem e da relação direta com o princípio da reparação integral, merece o estudo a seguinte transcrição:[247]

> Na Ética a Nicômaco, Aristóteles desenvolve um estudo sobre as virtudes, dando um especial destaque à justiça [...] e considerando-a como "a virtude que nos leva a desejar o que é justo [...]". Disse que "a justiça é a forma mais perfeita de excelência moral" por ser a sua prática efetiva, pois "as pessoas que possuem sentimento de justiça podem praticá-lo não somente em relação a si mesmas como em relação ao próximo". Partindo do duplo significado da expressão [...] (justo), que significava tanto o legal (*nominon*) como o igual (*ison*), Aristóteles distingue dois tipos de justiça (geral e particular), relacionando-os à lei e a igualdade.
>
> Na justiça geral, o ato é considerado justo por ter sido praticado em conformidade com a lei, que estabelece os deveres de cada um em relação à comunidade, ou seja, as ações necessárias para que se alcance o bem comum.
>
> A justiça particular, por sua vez, orienta-se pela noção de igualdade, distinguindo-se esta em justiça distributiva e corretiva. A primeira espécie, chamada de justiça distributiva, "é a que se manifesta na distribuição de funções elevadas de governo, ou de dinheiro, ou das outras coisas que devem ser divididas ente os cidadãos que compartilham dos benefícios outorgados pela constituição da cidade", ou seja, é a modalidade de justiça referente às relações do cidadão com a polis (ou com e Estado) em que a distribuição é feita conforme os méritos de cada um de acordo com uma proporção geométrica, sendo que "o justo é o proporcional".
>
> A segunda espécie, denominada justiça corretiva, "é a que desemprenha uma função corretiva nas relações entre as pessoas", buscando-se nestas uma igualdade absoluta subdividindo-se em relações voluntárias e involuntárias. As relações voluntárias abrangem os nossos atuais contratos, como "a venda, a compra, o empréstimo a juros, o penhor, o empréstimo sem juros, o depósito e a locação", sendo assim chamadas porque sua origem é voluntária. As relações involuntárias abrangem os atuais atos ilícitos em geral, dividindo-se em sub-reptícias ("o furto, o adultério, o envenenamento, o lenocínio, o desvio do escravo, o assassínio traiçoeiro, o falso testemunho") e violentas ("o assalto, a prisão, o homicídio, o roubo, a mutilação, a injúria e o ultraje").

A justiça corretiva, segundo Aristóteles, "é um meio termo entre perda e ganho". Em relação aos atos ilícitos, Paulo de Tarso Sanseverino assevera que se aplica à Responsabilidade Civil e, especificamente, ao princípio da reparação integral do dano, e segue o mestre:[248]

> A teoria da justiça sistematizada com primazia por Aristóteles e, em particular, a sua noção de justiça corretiva amoldam-se à concepção moderna do instituto da responsabilidade civil [...].
>
> Não se pode apenas perder a perspectiva histórica de que, na época de Aristóteles (século IV a.C.), ainda não se estabelecia uma distinção clara entre responsabilidade penal e responsabilidade civil, mesclando-se, na lição do filósofo, as idéias de pena e reparação. De todo o modo, as passagens referidas deixam patente a sua preocupação com as noções de "dano" e de "reparação", quando referem que esta deve corresponder

[247] SANSEVERINO, Paulo de Tarso Vieira. *Princípio da reparação integral*: indenização no código civil. São Paulo: Atlas, 2010, p. 51-52.

[248] Idem, p. 53.

ao restabelecimento da "perda" sofrida pela vítima ("em ter um quinhão igual antes e depois da ação").

Nessa concepção aristotélica de justiça corretiva encontra-se o embrião da noção moderna de responsabilidade civil, bem como do próprio princípio da reparação integral.

O autor ainda esclarece que Tomás de Aquino, em relação à justiça corretiva, a designava como justiça comutativa, afirmando Tomás de Aquino que:[249]

> [...] restituir não é senão estabelecer outra vez alguém na posse ou no domínio de sua coisa; por onde, na restituição, considera-se a igualdade da justiça fundada na compensação de uma coisa com outra, o que pertence à justiça comutativa. E conclui que a restituição é um ato de justiça mesmo quando a coisa é possuída do seu dono [...].

3.2. Funções do princípio da reparação integral

Este subcapítulo é também de extrema importância para o nosso estudo, eis que, segundo a doutrina de Paulo de Tarso Sanseverino: "A indenização deve guardar equivalência com a totalidade do dano causado, mas não pode ultrapassá-lo para que também não sirva de causa para o seu enriquecimento injustificado". Devem, assim, refletir, de forma efetiva, os prejuízos sofridos pela vítima, no sentido de se apurar concretamente o montante da reparação.[250] Neste estudo, veremos a sua relevância ímpar, pois aqui também se enquadra a hipótese de ressarcimento dos honorários contratuais gastos na ação de indenização.

Segundo as lições do mestre acima, identificam-se, no princípio da reparação integral, três funções fundamentais, quais sejam: "a) reparação da totalidade do dano (função compensatória); b) vedação ao enriquecimento injustificado do lesado (função indenitária); c) avaliação concreta dos prejuízos efetivamente sofridos", esta última denominada de função concretizadora. E segue elogiando a doutrina francesa:[251]

> A extensão do princípio da reparação integral foi magnificamente sintetizada pela doutrina francesa, como abrangendo *tout le dommage, mais rien que le dommage* ("todo o dano, mas não mais do que o dano"), complementando que a afirmação de que "a soma devida a título de danos deve corresponder rigorosamente à perda causada pelo fato danoso".

---

[249] SANSEVERINO, Paulo de Tarso Vieira. *Princípio da reparação integral*: indenização no código civil. São Paulo: Atlas, 2010, p. 54.

[250] Idem, p. 57.

[251] Idem, p. 57.

Buscamos a posição do Superior Tribunal de Justiça para vermos a aplicação prática dos conceitos acima. Encontramos voto do próprio Ministro suprarreferido, senão vejamos:[252]

> A previsão normativa de uma indenização suplementar, novidade do CC/2002, tem inspiração no princípio da reparação integral, que orientou a elaboração do Código Reale, conforme aponta Judith Martins-Costa (Comentários ao novo Código Civil, volume V, tomo I: do direito das obrigações, do adimplemento e da extinção das obrigações. Rio de Janeiro: Forense, 2003, p. 445).
>
> A origem desse princípio é o Direito francês, tendo sido sintetizado por Geneviève Viney no adágio: *tout le dommage, mais rien que le dommage* (todo o dano, mas nada mais do que o dano).
>
> O princípio da reparação integral possui duas funções no âmbito da responsabilidade civil: estabelecer um piso indenizatório (todo o dano) e, ao mesmo tempo, um teto indenizatório (não mais que o dano).

Ora, se "Os prejuízos efetivamente sofridos pelo lesado constituem não apenas o piso mínimo da indenização (função compensatória) [...]",[253] o que impediria de ser incluída a verba gasta com os honorários contratuais? A resposta não é simples, mas é o objeto deste estudo, guardando, diretamente, relação com o princípio da reparação integral e também com o conceito de dano, este, um dos pressupostos da responsabilidade civil, já analisado anteriormente.

Por último, podemos observar decisão do Superior Tribunal de Justiça que determinou a redução do valor de indenização, por entender que extrapolava a extensão dos danos sofridos:[254]

---

[252] RECURSO ESPECIAL. CIVIL E PROCESSUAL CIVIL. NEGATIVA DE PRESTAÇÃO JURISDICIONAL. PROMESSA DE COMPRA E VENDA DE IMÓVEL. RESOLUÇÃO POR INADIMPLEMENTO DO PROMITENTE-COMPRADOR. INDENIZAÇÃO PELA FRUIÇÃO DO IMÓVEL. CABIMENTO. INAPLICABILIDADE DA LIMITAÇÃO PREVISTA NO ART. 53 DO CDC. PRINCÍPIO DA REPARAÇÃO INTEGRAL. 1. Controvérsia acerca da possibilidade de se limitar a indenização devida ao promitente-vendedor em razão da fruição do imóvel pelo promitente-comprador que se tornou inadimplente, dando causa à resolução do contrato. 2. "Não cumprida a obrigação, responde o devedor por perdas e danos, mais juros e atualização monetária segundo índices oficiais regularmente estabelecidos, e honorários de advogado" (art. 389 do CC/2002). 3. Possibilidade de estimativa prévia da indenização por perdas e danos, na forma de cláusula penal, ou de apuração posterior, como nos presentes autos. 4. Indenização que deve abranger todo o dano, mas não mais do que o dano, em face do princípio da reparação integral, positivado no art. 944 do CC/2002. 5. Descabimento de limitação *a priori* da indenização para não estimular a resistência indevida do promitente-comprador na desocupação do imóvel em face da resolução provocada por seu inadimplemento contratual. 6. Inaplicabilidade do art. 53, caput, do CDC à indenização por perdas e danos apuradas posteriormente à resolução do contrato. 7. Revisão da jurisprudência desta Turma. 8. RECURSO ESPECIAL DESPROVIDO. (BRASIL. Superior Tribunal de Justiça. Terceira Turma. REsp 1258998/MG. Rel. Min: Paulo de Tarso Sanseverino. Julgado em: 18/02/2014. Disponível em: <https://ww2.stj.jus.br/processo/revista/documento/mediado/?componente=ITA&sequencial=1298673&num_registro=201100952111&data=20140306&formato=HTML>. Acesso em: 23 fev. 2016).

[253] SANSEVERINO, Paulo de Tarso Vieira. *Princípio da reparação integral*: indenização no código civil. São Paulo: Atlas, 2010, p. 57.

[254] AGRAVO REGIMENTAL EM AGRAVO DE INSTRUMENTO. AÇÃO RESCISÓRIA. INCLUSÃO INDEVIDA EM CADASTRO DE INADIMPLENTES. INDENIZAÇÃO POR DANOS MO-

Na espécie, houve a condenação em danos morais por indevida inscrição da ora agravante em cadastros de devedores inadimplentes em valor que alcança R$ 575.400,06, sem que tenha sido apontada qualquer excepcionalidade que justifique uma quantia tão elevada e desproporcional.

No próximo tópico, vamos analisar as funções anteriormente mencionadas, ou seja: função compensatória, função indenitária e a função concretizadora.

3.3. *Função compensatória*

Paulo de Tarso Vieira Sanseverino esclarece que a função compensatória, dentro do princípio da reparação integral, é a mais característica. É que à indenização, em sentido amplo, deve corresponder uma relação de equivalência, mesmo que de forma aproximativa, aos danos experimentados e sofridos pela vítima. Assim: "Busca assegurar ao lesado uma reparação que compense os prejuízos por ele suportados com o ato danoso". O mestre reforça, ainda, o *caput* do art. 944 do Código Civil, ora objeto de estudo.[255] Em caso envolvendo acidente de trânsito, a função compensatória aqui estudada foi ressaltada nestes termos:[256]

RAIS EM 100 VEZES O VALOR DO APONTAMENTO INDEVIDO, QUE ALCANÇA A CIFRA DE MAIS DE MEIO MILHÃO DE REAIS. VALOR DESPROPORCIONAL COM A EXTENSÃO DO DANO. ACÓRDÃO RESCINDIDO. FIXAÇÃO DE VALOR INDENIZATÓRIO CONSONANTE COM A JURISPRUDÊNCIA DESTA CORTE SUPERIOR. MANUTENÇÃO DA DECISÃO AGRAVADA. 1. A ação rescisória é o instrumento processual hábil à desconstituição da coisa julgada quando a decisão rescindenda violar literal disposição de lei. 2. Na espécie, houve a condenação em danos morais por indevida inscrição da ora agravante em cadastros de devedores inadimplentes em valor que alcança R$ 575.400,06, sem que tenha sido apontada qualquer excepcionalidade que justifique uma quantia tão elevada e desproporcional. 3. Assim, rescindido o julgado, a fixação da indenização por danos morais em R$ 25.500,00, à luz dos contornos fáticos da lide, guarda consonância com a jurisprudência desta Corte Superior em hipóteses semelhantes. 4. Agravo regimental não provido. (BRASIL. Superior Tribunal de Justiça. Quarta Turma. AgRg no Ag 1240404/SP. Rel. Min: Luis Felipe Salomão. Julgado em: 14/05/2013. Disponível em: <https://ww2.stj.jus.br/processo/revista/documento/mediado/?componente=ITA&sequencial=1232927&num_registro=200901971602&data=20130522&formato=HTML>. Acesso em: 24 fev. 2016).

[255] SANSEVERINO, Paulo de Tarso Vieira. *Princípio da reparação integral*: indenização no código civil. São Paulo: Atlas, 2010, p. 58-59.

[256] AGRAVO EM RECURSO ESPECIAL. RESPONSABILIDADE CIVIL. ACIDENTE AUTOMOBILÍSTICO. QUANTUM INDENIZATÓRIO DENTRO DOS PADRÕES DE RAZOABILIDADE E PROPORCIONALIDADE. IMPOSSIBILIDADE DE REVISÃO DO VALOR DA CONDENAÇÃO. INCIDÊNCIA DA SÚMULA 7/STJ. AGRAVO IMPROVIDO. DECISÃO Trata-se de agravo interposto contra decisão que não admitiu o recurso especial apresentado por Geraldo Francisco da Silva e outra, com base no art. 105, III, *a*, da CF, desafiando acórdão assim ementado (e-STJ, fl. 514): APELAÇÃO CÍVEL – AÇÃO DE INDENIZAÇÃO – DANOS MORAIS E ESTÉTICOS CONFIGURADOS – INDENIZAÇÃO DEVIDA – *QUANTUM* INDENIZATÓRIO – RECURSO NÃO PROVIDO. A condução de veículos em via pública exige do motorista atenção e cautela, sobretudo quanto às regras do trânsito. Constatada a culpa no acidente, do qual decorreu uma deformidade permanente e visível na vítima, deve o motorista indenizá-la por danos morais e estéticos, não

podendo a quantia indenizatória a ser fixada implicar em enriquecimento ilícito, mas, tampouco, ser irrisória, de forma a perder sua função compensatória e punitiva. Consta dos autos que o autor ajuizou ação indenizatória, fundada em acidente de trânsito, em face de Geraldo Francisco da Silva e Simone Dionísia da Silva. Afirmou que no dia 20/01/2006, quando trafegava em regular mão de direção foi surpreendido pelo veículo Gol, de placa 6233, conduzido pelo primeiro réu e de propriedade da segunda ré, resultando em colisão e causando-lhe ferimentos graves em seu fêmur direito. Aduziu que em virtude de tal infortúnio, deveriam ser indenizados os danos materiais, morais e estéticos suportados. O Juízo singular julgou procedentes em parte os pedidos, condenando os réus ao pagamento de R$ 5.000,00 (cinco mil reais) a título de danos morais e mais R$ 5.000,00 (cinco mil reais) pelos danos estéticos (e-STJ, fls. 447-456). Inconformados, os réus interpuseram apelação, contudo o Tribunal de Justiça manteve a sentença de 1º grau em sua integralidade (e-STJ, fls. 508-523). Os embargos de declaração opostos foram rejeitados (e-STJ, fls. 534-542). Os recorrentes alegaram, no especial, que houve violação dos arts. 944 do Código Civil e 4º da Lei de Introdução às Normas do Direito Brasileiro. A decisão do 3º Vice-Presidente do Tribunal de Justiça do Estado de Minas Gerais deixou de admitir o recurso especial, por considerar indispensável o reexame fático-probatório dos autos, providência vedada pela Súmula 7/STJ (e-STJ, fls. 565-566). Interposto agravo em recurso especial às fls. 569/577 (e-STJ) e contraminuta apresentada às fls. 580/583 (e-STJ). Brevemente relatado, decido. O recurso não merece prosperar. O mérito do recurso se concentra em discutir, basicamente, o quantum indenizatório arbitrado em razão dos danos morais e estéticos sofridos pelo recorrido no referido acidente automobilístico. O Tribunal de Justiça, mediante criteriosa análise do conjunto probatório dos autos, deixou claro que o recorrente Geraldo, condutor do veículo Gol de placa 6233, foi o responsável pela colisão dos veículos, mantendo a quantia indenizatória em R$ 10.000, 00 (dez mil reais) a título dos danos morais e estéticos, "em consonância com a extensão do dano causado, assegurando ao autor satisfação adequada ao seu sofrimento, de acordo com os critérios de razoabilidade e proporcionalidade" (e-STJ, fl. 523). Em vista dessa circunstância, ressalte-se o entendimento pacificado no âmbito desta Corte, segundo o qual o valor da indenização por danos morais só pode ser alterado na instância especial quando manifestamente ínfimo ou exagerado, em desacordo com os princípios da razoabilidade e da proporcionalidade, o que não se verifica na hipótese dos autos. Portanto, a manutenção da condenação em R$ 10.000,00 (dez mil reais) a título de danos morais e estéticos não se mostra desproporcional, e sua revisão também implicaria reexame de provas, procedimento vedado em recurso especial. Nesse sentido: AGRAVO REGIMENTAL NO AGRAVO EM RECURSO ESPECIAL. AUSÊNCIA DE AFRONTA AO ART. 535 DO CPC. ACIDENTE DE TRÂNSITO. LESÃO. DANO MORAL. *QUANTUM* INDENIZATÓRIO. PRETENSÃO DE REDUÇÃO. RAZOABILIDADE. AGRAVO NÃO PROVIDO. 1. Não se constata a alegada violação ao art. 535 do CPC, na medida em que a eg. Corte de origem dirimiu, fundamentadamente, as questões que lhe foram submetidas. De fato, inexiste omissão, contradição ou obscuridade no aresto recorrido, porquanto o Tribunal local, malgrado não ter acolhido os argumentos suscitados pela parte recorrente, manifestou-se expressamente acerca dos temas necessários à integral solução da lide. 2. O valor estabelecido a título de dano moral pelas instâncias ordinárias pode ser revisto nas hipóteses em que a condenação se revelar irrisória ou exorbitante, distanciando-se dos padrões de razoabilidade, o que não se evidencia no presente caso, em que a indenização fixada em R$ 12.000,00 (doze mil reais) revela-se consentânea com o grau das lesões sofridas no acidente de trânsito (fratura de tíbia direita com perda real de uso do membro inferior direito em 10%). 3. Agravo regimental improvido. (AgRg no AREsp 682.219/MS, Relator o Ministro Raul Araújo, DJe 19/05/2015) CIVIL. AGRAVO REGIMENTAL NO AGRAVO EM RECURSO ESPECIAL. ACIDENTE DE TRÂNSITO. CONFIGURADO O DANO MORAL E ESTÉTICO. REVISÃO DO VALOR DA CONDENAÇÃO. IMPOSSIBILIDADE. *QUANTUM* RAZOÁVEL. INCIDÊNCIA DA SÚMULA Nº 83 DO STJ. PRECEDENTES 1. Mostra-se razoável a fixação em R$ 30.000,00 (trinta mil reais) para o dano moral e R$ 10.000,00 (dez mil reais) para o dano estético como reparação do evento danoso (colisão de veículos) que provocou lesões graves na vítima (fratura no ombro direito), consideradas as circunstâncias do caso e as condições econômicas das partes. 2. Este Sodalício Superior altera o valor indenizatório por dano moral e estético apenas nos casos em que a monta arbitrada pelo acórdão recorrido for irrisória ou exorbitante, situação que não se faz presente. 3. A condutora responsabilizada não apresentou argumento novo capaz de modificar a conclusão alvitrada, que se apoiou em entendimento consolidado no Superior Tribunal de Justiça. Incidência da Súmula nº 83 do STJ. 4. Agravo regimental não provido. (AgRg no AREsp 607.118/DF, Relator o Ministro Moura Ribeiro, DJe 10/03/2015). Complemente-se, ainda, que é inviável o conhecimento do recurso por violação do art. 4º da Lei de Introdução às Normas do Direito Brasileiro, uma vez que a jurispru-

> [...] A condução de veículos em via pública exige do motorista atenção e cautela, sobretudo quanto às regras do trânsito. Constatada a culpa no acidente, do qual decorreu uma deformidade permanente e visível na vítima, deve o motorista indenizá-la por danos morais e estéticos, não podendo a quantia indenizatória a ser fixada implicar em enriquecimento ilícito, mas, tampouco, ser irrisória, de forma a perder sua função compensatória e punitiva. [...]

3.4. *Função indenitária*

Outra função importantíssima relativa ao princípio da reparação integral é denominada de função indenitária, "[...] pois estabelece que a extensão dos danos constitui o limite máximo da indenização". Assim, os prejuízos sofridos constituem, além disso, teto para a reparação. Inclusive no sentido de se evitar o enriquecimento sem causa.[257]

Novamente, a jurisprudência destaca a função indenitária em caso que discutia pedido de pensão por morte, por filha maior de idade:[258]

---

dência desta Corte é pacífica no sentido de que os princípios nela contidos – direito adquirido, ato jurídico perfeito e coisa julgada –, apesar de previstos em norma infraconstitucional, não podem ser analisados em recurso especial, pois tratam de mera repetição do texto do art. 5°, XXXVI, da Constituição Federal, sendo, portanto, institutos de natureza eminentemente constitucional. Diante do exposto, nego provimento ao agravo em recurso especial. Publique-se. Brasília (DF), 29 de maio de 2015. MINISTRO MARCO AURÉLIO BELLIZZE, Relator. (BRASIL. Superior Tribunal de Justiça. AREsp 658028. Rel. Min: Marco Aurélio Bellizze. Julgado em: 29/05/2015. Disponível em: <http://www.stj.jus.br/SCON/decisoes/toc.jsp?livre=repara%E7%E3o+integral+e+fun%E7%E3o+compensat%F3ria&&b=DTXT&thesaurus=JURIDICO>. Acesso em: 03 mar. 2016).

[257] SANSEVERINO, Paulo de Tarso Vieira. *Princípio da reparação integral: indenização no código civil.* 1. ed. São Paulo: Atlas, 2010, p. 59.

[258] RECURSO ESPECIAL. CIVIL E PROCESSUAL CIVIL. RESPONSABILIDADE CIVIL. ACIDENTE DE TRÂNSITO. MORTE DA VÍTIMA. DANOS MATERIAIS E MORAIS. 1 – Pensão por morte postulada por filha maior. Necessidade de demonstração de dependência econômica em relação a vítima na época do evento danoso. Precedente específico do STJ. 2 – Danos morais. *Quantum* indenizatório arbitrado com razoabilidade e proporcionalidade. Súmula 07/STJ. 3 – RECURSO ESPECIAL PARCIALMENTE PROVIDO.

DECISÃO. Vistos etc. Trata-se de recurso especial interposto por TRANSFORTE ALAGOAS VIGILÂNCIA E TRANSPORTES DE VALORES LTDA contra acórdão do Tribunal de Justiça do Estado de Alagoas, ementado nos seguintes termos: APELAÇÃO CÍVEL. REPARAÇÃO DE DANOS MORAIS E MATERIAIS POR ACIDENTE DE TRÂNSITO. HOMICÍDIO CULPOSO. PRELIMINAR DE NÃO CABIMENTO DE "RECURSO INOMINADO" REJEITADA, ANTE O PRINCÍPIO DA FUNGIBILIDADE RECURSAL. PRESCRITIBILIDADE DA *REPARAÇÃO* CIVIL POR DANOS MORAIS, A BEM DO PRINCÍPIO DA DIGNIDADE DA PESSOAL HUMANA (ART. 1°, III, DA CF DE 1988). QUANTUM INDENIZATÓRIO FIXADO NOS PARÂMETROS PRATICADOS PELA JURISPRUDÊNCIA EM CASOS ANÁLOGOS. RECURSO CONHECIDO E PARCIALMENTE PROVIDO, À UNANIMIDADE. Em suas razões, recursais a parte recorrente sustentou que o acórdão recorrido violou o disposto no artigo 944 do Código Civil, bem como apontou dissídio jurisprudencial. Postulou conhecimento e provimento do recurso. Presentes as contrarrazões, o recurso especial foi admitido. É o relatório. Decido.

O Tribunal de origem, reformando a sentença que decretara a prescrição da pretensão indenizatória, deu parcial provimento ao recurso de apelação da parte autora, reconhecendo a ela, filha de vítima de acidente de trânsito, direito a indenização pelos prejuízos materiais e morais sofridos, fixando como condenação da parte ré o pagamento de R$ 150.000,00 (cento e cinquenta mil reais) pelos danos extrapatrimoniais sofridos, bem como pensão de 2/3 (dois terços) do salário mínimo vigente à época do sinistro, perdurando assim até o período em que a vítima completaria 70 anos. Irresignada, a parte recorrente postula o afastamento da condenação pelos danos materiais sofridos, pois ausente a demonstração da dependência econômica da filha maior da vítima (pai), ou, subsidiariamente, reduzir o montante para 1/3 do salário mínimo vigente à época do acidente. Ainda, requereu a redução do quantum indenizatório arbitrado pelos danos morais sofridos (R$ 150.000,00). Merece parcial provimento o presente recurso especial. a) Pensão por morte de pai a filho maior de idade e a necessidade de demonstração da dependência econômica. O pensionamento é devido, na dicção do art. 948, II, do Código Civil/2002, às pessoas a quem o morto devia alimentos, devendo-se, a partir dessa regra, estabelecer quem são as vítimas por ricochete, credoras da obrigação de indenizar. O reconhecimento de uma pessoa como pensionista é o resultado de uma equação jurídico-econômica, que conduza à conclusão de que ela era efetivamente dependente da vítima direta falecida. Verifica-se, inicialmente, a vinculação jurídica com o enquadramento do postulante nas regras acerca da obrigação de alimentos, que estão elencadas nos arts. 1.694 e s. do Código Civil/02. Há necessidade de vínculo de parentesco entre o pretendente a pensionista e o falecido, englobando, assim, em tese, os cônjuges, os companheiros, os ascendentes, os descendentes e os irmãos (art. 1.697 do Código Civil/02). Em segundo momento, identifica-se a efetiva dependência econômica do pretendente em relação ao falecido na época do óbito. Ou seja, o pretendente à condição de pensionista devia viver efetivamente sob a dependência económico-financeira da vítima do ato ilícito. Na doutrina clássica de Clóvis Beviláqua, localiza-se a seguinte anotação no sentido de que "aos filhos menores e à viúva serão devidos alimentos (art. 233, V), qualquer que seja a sua situação econômica; ao marido caberá também igual direito, porque a mulher é sua consorte e auxiliar nos encargos da família" (BEVILÁQUA, Clóvis. Código Civil dos Estados Unidos do Brasil comentado. 1952. v.5. Rio de Janeiro: Francisco Alves. p. 302-303). Contrario sensu, em relação aos demais familiares, há necessidade de comprovação da dependência econômica efetiva. Se o familiar não poderia pedir alimentos contra a vítima, quando esta ainda era viva, por deles não necessitar na época do óbito, não se mostra razoável que venha postulá-los, após sua morte, do responsável pelo evento danoso, pois a pensão não se confunde com a indenização por dano extrapatrimonial. A concessão irrestrita de pensão a quem não necessita efetivamente de alimentos representa uma quebra injustificável ao princípio da reparação integral do dano (art. 944 do CC/2002), bastando relembrar a sua função indenitária, que não permite o ressarcimento além dos prejuízos efetivamente causados pelo evento danoso para evitar o enriquecimento sem causa. Enfim, o elemento mais importante para a concessão da pensão por morte, mais do que a vinculação jurídica, que pode ser superada é a dependência econômica. Na prática, os pensionistas mais frequentes, que aparecem como autores de ações indenizatórias, são a viúva (esposa ou companheira) e os filhos menores do falecido, dispensando-se a comprovação da necessidade da pensão por morte por ser ela presumida. Diversamente, os demais parentes ou os filhos maiores necessitam demonstrar a dependência econômica. No caso dos autos, a autora MARIA LÚCIA DA SILVA, filha da vítima HORÁCIO LINO DA SILVA, contava com 39 anos (e-STJ Fl. 15) na data do acidente (09.01.1999), ou seja, já era maior de idade, exigindo-se, assim, a necessidade de efetiva demonstração da sua dependência econômica da vítima na época do óbito. O Tribunal de origem, expressamente, no acórdão recorrido, reconheceu não estar demonstrada a dependência da filha pelos préstimos do pai, *verbis* (e-STJ Fl. 491): No mais, quanto à indenização por danos materiais, apesar de não existir prova de que a autora dependia economicamente de seu pai, a indenização por dano material será devida, eis que a sua dependência econômica é presumida (...)". Essa conclusão destoa da orientação jurisprudencial desta Terceira Turma desta Corte Superior, no julgamento do Recurso Especial 1.320.715/SP, da minha relatoria, quando se assentou entendimento no sentido de que somente é possível presumir a dependência para efeito de pensão por ato ilícito aos filhos menores e à viúva da vítima. Nesse sentido: RECURSO ESPECIAL. RESPONSABILIDADE CIVIL. ACIDENTE FERROVIÁRIO. ATROPELAMENTO. VÍTIMA FATAL. PENSÃO POR MORTE DE FILHO COM 19 ANOS AOS PAIS. NECESSIDADE DA DEMONSTRAÇÃO DA DEPENDÊNCIA ECONÔMICA DOS GENITORES. SÚMULA 07/STJ. DANO MORAL. *QUANTUM* INDENIZATÓRIO. DISSÍDIO JURISPRUDENCIAL. VALOR IRRISÓRIO. MAJORAÇÃO. PRECEDENTES. 1. Ação de indenização por danos materiais e morais movida pelos genitores de vítima fatal, que contava com dezenove anos de idade na data do evento danoso, morto em razão de atropelamento em via férrrea. 2. A concessão de pensão por morte de filho que já atingira a idade adulta exige a demonstração da efetiva dependência econômica dos pais em relação à vítima na época do óbito (art. 948, II, do CC). 3. Distinção da situação dos filhos menores, em relação aos quais a dependência é presumida (Súmula

491/STF). 4. Majoração do valor da indenização por dano moral na linha dos precedentes desta Corte Superior, restabelecendo o montante arbitrado pelo juiz de primeira instância em razão da falta de elementos nesta instância especial e de seu maior contato com o conjunto fático-probatório. 5. RECURSO ESPECIAL PARCIALMENTE PROVIDO. (REsp 1320715/SP, Rel. Ministro PAULO DE TARSO SANSEVERINO, TERCEIRA TURMA, julgado em 07/11/2013, DJe 27/02/2014). Destarte, a interpretação conferida pelo Tribunal de origem aos artigos 944 e 948, II, do Código Civil diverge da orientação preconizada por esta Corte Superior, merecendo, assim, no ponto, reforma o aresto fustigado. b) Quantum indenizatório arbitrado pelos danos morais decorrentes da morte do pai em acidente de trânsito. Está pacificado o entendimento desta Corte Superior no sentido de que o valor da indenização por dano moral somente pode ser alterado na instância especial quando ínfimo ou exagerado, o que não ocorre no caso em tela, em que consideradas as suas peculiaridades, se arbitrou valor razoável e proporcional em relação à extensão do dano sofrido. Na origem, o acórdão recorrido arbitrou a indenização por danos morais em R$ 150.000,00 (cento e cinquenta mil reais). Como critério de comparação para a aferição desta razoabilidade, ressalto que a indenização por danos morais pelo dano morte vem sendo fixada entre 300 e 500 salários mínimos, com o que se deve reputar como razoável o montante fixado (R$ 150.000,00), que alcançou cerca de 275 salários mínimos vigentes à época do arbitramento. A esse respeito, já tive a oportunidade de me manifestar em sede doutrinária (Princípio da reparação integral: indenização no Código Civil. São Paulo: Saraiva, 2010): A análise de mais de cento e cinquenta acórdãos da Corte Especial relativos a julgamentos realizados nos últimos dez anos, em que houve a apreciação da indenização por prejuízos extrapatrimoniais ligados ao dano-morte, denota que ainda existem divergências no STJ acerca do que se pode considerar como um valor razoável para essas indenizações. (...) Pode-se tentar identificar a noção de razoabilidade desenvolvida pelos integrantes da Corte Especial na média dos julgamentos atinentes ao dano-morte. Os julgados que, na sua maior parte, oscilam na faixa entre duzentos salários mínimos e seiscentos salários mínimos, com um grande número de acórdãos na faixa de trezentos salários mínimos e quinhentos salários mínimos, podem ser divididos em dois grandes grupos: recursos providos e recursos desprovidos. (...) Os recursos especiais providos, para alteração do montante da indenização por dano extrapatrimonial, são aqueles que permitem observar, com maior precisão, o valor que o STJ entende como razoável para essa parcela indenizatória. Ainda assim, observa-se a existência de divergência entre as turmas, pois a 4ª Turma tem arbitrado no valor correspondente a quinhentos salários mínimos, enquanto a 3ª Turma tem fixado em torno de trezentos salários mínimos. (...) Pode-se estimar que um montante razoável para o STJ situa-se na faixa entre trezentos e quinhentos salários mínimos, embora o arbitramento pela própria Corte Especial no valor médio de quatrocentos salários mínimos seja raro. Depreende-se das decisões que o STJ tem-se utilizado do princípio da razoabilidade para tentar alcançar um arbitramento eqüitativo das indenizações por prejuízos extrapatrimoniais ligados ao dano-morte. Pode-se estimar que um montante razoável para esta Corte Superior situa-se na faixa entre 300 e 500 salários mínimos, o que demonstra não haver fugido os 275 arbitrado pelo Tribunal de origem. Saliente-se, mais uma vez que, embora seja importante que se tenha um montante referencial em torno de quinhentos salários mínimos para a indenização dos prejuízos extrapatrimoniais ligados ao dano-morte, isso não deve representar um tarifamento judicial rígido, o que entraria em rota de colisão com o próprio princípio da reparação integral. Cada caso apresenta particularidades próprias e variáveis importantes como a gravidade do fato em si, a culpabilidade do autor do dano, a intensidade do sofrimento das vítimas por ricochete, o número de autores, a situação socioeconômica do responsável, que são elementos de concreção que devem ser sopesados no momento do arbitramento eqüitativo da indenização pelo juiz. Portanto, para modificar o montante arbitrado com razoabilidade pelo Tribunal de origem, faz-se necessária a revaloração das peculiaridades do caso concreto, o que é vedado a esta Corte Superior, nos termos da Súmula 07/STJ. Assim, vai obstaculizada a pretensão de redução do *quantum* indenizatório. Em síntese, voto no sentido do parcial provimento do recurso especial do réu para a) desacolher o pedido de fixação de pensão por morte; b) manter o quantum indenizatório arbitrado a título de dano moral; c) redimensionar os honorários de sucumbência. Ante exposto, dou parcial provimento ao recurso especial. Em razão do decaimento recíproco, condeno as partes ao pagamento das custas processuais e dos honorários advocatícios (fixados na origem em 20% sobre o valor da condenação), a serem suportados na proporção de 40% (quarenta por cento) pela parte autora, ora recorrida, e 60% (sessenta por cento) pela parte demandada, ora recorrente, devidamente compensados (Súmula nº 306/STJ), observando-se, se for o caso, o disposto na Lei nº 1.060/50. Intimem-se. Brasília (DF), 12 de setembro de 2014. MINISTRO PAULO DE TARSO SANSEVERINO Relator. (BRASIL. Superior Tribunal de Jus-

> [...] A concessão irrestrita de pensão a quem não necessita efetivamente de alimentos representa uma quebra injustificável ao princípio da reparação integral do dano (art. 944 do CC/2002), bastando relembrar a sua função indenitária, que não permite o ressarcimento além dos prejuízos efetivamente causados pelo evento danoso para evitar o enriquecimento sem causa. [...].

3.5. *Função concretizadora*

Diz-se que em relação à função concretizadora do princípio da reparação integral, aquela deve corresponder, sempre que possível, "[...] aos prejuízos reais e efetivos sofridos pela vítima, o que deve ser objeto de avaliação concreta pelo juiz".[259]

As lições trazidas acerca da função concretizadora, portanto, são fundamentais para a defesa da possibilidade quanto ao ressarcimento dos gastos com os honorários advocatícios. Afinal, entendemos que, para a hipótese de não inclusão de tal verba, não haverá a relação de equivalência ensinada pelo Min. Paulo de Tarso Vieira Sanseverino, relativa à indenização e aos prejuízos sofridos.

3.6. *Princípio da reparação integral e a redução equitativa da indenização*

Diante do estudo e analisado no tópico anterior, pudemos perceber a importância ímpar do princípio da reparação integral dos danos, para a Responsabilidade Civil, prevista no art. 944 do Código Civil. Contudo, há de se perguntar: Mesmo com a força de tal princípio, é possível cogitar-se da hipótese de redução da indenização? A referida norma, em seu parágrafo único, dispõe que: "Se houver excessiva desproporção entre a gravidade da culpa e o dano, poderá o juiz reduzir, equitativamente, a indenização". É sobre tal hipótese que vamos tratar neste momento.

Sérgio Savi ensina que a Responsabilidade Civil tem como função a reparação do dano, do prejuízo causado à vítima, e não a punição do ofensor em decorrência do ilícito que praticou, asseverando que, nos

---

tiça. REsp 1304684/AL. Rel. Min: PAULO DE TARSO SANSEVERINO. Julgado em: 12/09/2014. Disponível em: <http://www.stj.jus.br/SCON/decisoes/toc.jsp?livre=repara%E7%E3o+integral+e+fun%E7%E3o+indenit%E1ria&&b=DTXT&thesaurus=JURIDICO>. Acesso em: 03 mar. 2016).

[259] SANSEVERINO, Paulo de Tarso Vieira. *Princípio da reparação integral*: indenização no código civil. São Paulo: Atlas, 2010, p. 76.

termos do art. 944 do Código Civil, como acima mencionado, a indenização mede-se pela extensão do dano.[260]

Carlos Roberto Gonçalves afirma que é autorizado ao juiz o julgamento por equidade, apenas para as hipóteses previstas no ordenamento. Portanto, se a lei, de forma expressa, dispõe que tanto a culpa como o dolo podem influenciar no montante a título de perdas e danos, "o juiz está adstrito à regra que manda apurar todo o prejuízo sofrido pela vítima, em toda a sua extensão, independentemente do grau de culpa do agente". E, ainda que o resultado pareça de forma injusta, ao magistrado é vedado julgar por equidade. É o que consta, inclusive, do *caput* do art. 944 do Código Civil,[261] anteriormente analisado.

Gustavo Tepedino, Heloisa Helena Barboza e Maria Celina Bodin de Moraes, ao lecionarem sobre a possibilidade de redução equitativa da indenização, tecem, inicialmente, os seguintes comentários, e trazendo os seguintes exemplos:[262]

> Não é raro que uma negligência ou leve imprudência acabe por produzir dano de extensão desproporcional à atuação do agente. Pense-se na hipótese de um incêndio provocado por uma guimba de cigarro ainda acesa, deixada inadvertidamente próxima a uma cortina, ou na morte causada pela aplicação de determinado medicamento a paciente que sofria de síndrome alérgica raríssima. São situações em que a conduta do agente é insignificante se comparada à extensão do dano. O CC permite, em casos semelhantes, que o juiz reduza equitativamente o montante da indenização.

Os autores supracitados explicam que a norma em comentário traz uma exceção ao princípio da reparação integral do dano: autoriza a sua redução do ônus excessivo que viria sobre o agente. Mas há, por outro lado, consequência negativa para a vítima, qual seja: "não se pode deixar de notar que tal ônus é transferido para a vítima, que passa a arcar com a parcela do dano correspondente à redução procedida pelo juiz". Continuam os mestres asseverando que, sob essa perspectiva, o parágrafo único do art. 944 do Código Civil, "perde um pouco o seu sentido, já que, se não é justo onerar excessivamente o agente que agiu de modo desproporcional ao resultado, menos justo ainda seria onerar a vítima, que não agiu com culpa alguma".[263]

---

260 SAVI, Sérgio. *Responsabilidade civil e enriquecimento sem causa*: o lucro da intervenção. São Paulo: Atlas, 2012, p. 67.

261 GONÇALVES, Carlos Roberto. *Comentários ao código civil*: parte especial: direito das obrigações: volume 11: arts. 927 a 965. AZEVEDO, Antônio Junqueira de (coord.). São Paulo: Saraiva, 2003, p. 521.

262 TEPEDINO, Gustavo; BARBOZA, Heloisa Helena; MORAES, Maria Celina Bodin de. *Código civil interpretado conforme a constituição da república*. Vol. II: teoria geral dos contratos: contratos em espécie: atos unilaterais: títulos de crédito: responsabilidade civil: preferências e privilégios creditórios: arts. 421 a 965. 2. ed. Rio de Janeiro: Renovar, 2012, p. 862.

263 Idem, p. 862.

Sérgio Savi também afirma que a redução prevista na norma ora comentada se traduz em uma exceção, eis que o que ocorre é uma flexibilização da regra, no sentido de se indenizar a vítima de maneira inferior ao dano efetivamente sofrido. Tal dispositivo vem sendo alvo de crítica da doutrina, eis que, segundo o mestre, "[...] foi de encontro à evolução histórica da responsabilidade civil, que há tempos deixou de lado o grau de culpa do agente e passou a focar a vítima de um dano injusto".[264]

Carlos Roberto Gonçalves ressalta que a norma pode causar polêmica, "por contrariar o princípio da indenizabilidade irrestrita consagrada no art. 5º, *c* e *x*, da Constituição Federal". Reforça o argumento no sentido de que tais artigos da Carta não estabelecem qualquer limitação, a título de arbitramento da indenização por danos materiais ou extrapatrimoniais.[265]

Mas o que inspirou o preceito, a sua concepção, considera, releva, que a vida em sociedade acarreta certos riscos em relação aos danos, a sua ocorrência. De tal sorte que se releva a contribuição da vítima para o seu próprio prejuízo. Tal circunstância leva a se admitir, de forma excepcional, que "o ônus de prejuízos causados por culpa leve do ofensor seja, em parte, deixado ao encargo da própria vítima". Mas há o alerta de que a norma em análise deve ser interpretada e aplicada com cautela, e "em estrita conformidade com a sua inspiração", com a recomendação de restrição quanto a sua aplicação "àqueles casos em que a própria situação da vítima gera um risco de dano superior ao risco médio que vem embutido no convívio social".[266] Até porque, em atenção aos que entendem que a regra, em muitos casos, pode levar à injustiça, o magistrado, nos termos do parágrafo único do art. 944, pode considerar o grau de culpa do ofensor, no sentido de chegar ao valor que melhor considere, na solução do caso concreto.[267]

Bruno Miragem ensina que, como exceção ao princípio da reparação integral, "o Código Civil prevê duas causas de redução da indenização, de modo que a vítima possa ser indenizada aquém do dano

---

[264] SAVI, Sérgio. *Responsabilidade civil e enriquecimento sem causa*: o lucro da intervenção. São Paulo: Atlas, 2012, p. 68.

[265] GONÇALVES, Carlos Roberto. *Comentários ao código civil*: parte especial: direito das obrigações. Vol. 11: arts. 927 a 965. AZEVEDO, Antônio Junqueira de (coord.). São Paulo: Saraiva, 2003, p. 521.

[266] TEPEDINO, Gustavo; BARBOZA, Heloisa Helena; MORAES, Maria Celina Bodin de. *Código civil interpretado conforme a constituição da república*. Vol. II: teoria geral dos contratos: contratos em espécie: atos unilaterais: títulos de crédito: responsabilidade civil: preferências e privilégios creditórios: arts. 421 a 965. 2. ed. Rio de Janeiro: Renovar, 2012, p. 862.

[267] Carlos Roberto. *Direito civil brasileiro*. Vol. 4: responsabilidade civil. 8. ed. São Paulo: Saraiva, 2013, p. 432.

sofrido". As hipóteses são a culpa concorrente e a "desproporção entre a culpa do ofensor e o dano sofrido pela vítima – prevista no art. 944, parágrafo único, do Código Civil".[268] A segunda é a que interessa para o presente estudo.

Em caso prático, podemos observar a aplicação do princípio da reparação integral e sua redução, de forma equitativa, através de julgamento do Tribunal de Justiça do Rio Grande do Sul. Da narrativa dos fatos, objetivamente, o embate travado entre as partes girou em uma colisão de veículo, dos autores da demanda, em um trator que, segundo aqueles, além de estacionado na contramão, também estava sem a devida sinalização. Restou decidida a culpa concorrente:[269]

> Por outro lado, como referido na sentença, há relevante parcela de culpa do autor, na medida em que foi imperito na condução da sua caminhonete, o que se constata a partir da aferição das larguras da via pública, do veículo do demandante e da fração da pista de rolamento que era ocupada pelo trator dos réus.
>
> Transcrevo, porquanto pertinentes, as razões da sentença, no ponto, as quais não merecem qualquer ressalva:
>
> O croqui da folha 118, trazido aos autos pela autoridade policial e não impugnado pelas partes, aponta que a estrada onde ocorreu o acidente tem 6,40 metros de largura.

---

[268] MIRAGEM, Bruno Nubens Barbosa. *Direito civil:* responsabilidade civil. São Paulo: Saraiva, 2015, p. 359.

[269] APELAÇÃO CÍVEL. RESPONSABILIDADE CIVIL EM ACIDENTE DE TRÂNSITO. COLISÃO. TRATOR INDEVIDAMENTE ESTACIONADO. CONTRAMÃO. CONDUTOR DO AUTOMÓVEL. EMBRIAGUEZ. IMPERÍCIA NA CONDUÇÃO. CULPA CONCORRENTE. LESÃO CORPORAL. RAZÕES DISSOCIADAS. DANO MATERIAL. REPARAÇÃO INTEGRAL DO DANO. TABELA FIPE. 1. Culpa concorrente: da ré, por estacionar o trator de propriedade de seu marido, em local indevido (na contramão, na margem da estrada contrária àquela em que deveria trafegar, ocupando, ainda, parte da pista de rolamento). Violação ao princípio da proteção da confiança. Do autor, por conduzir seu veículo confessadamente alcoolizado, obrando com imperícia ao não lograr desviar do trator, pois este, embora estacionado de maneira indevida, deixava espaço para que o demandante passasse, sem risco de colidir contra veículo que estivesse na semipista oposta. 2. Lesões corporais: os pedidos referentes às alegadas lesões corporais foram indeferidos, de modo que as razões do réu, quanto à ausência de liame com o acidente, carecem de interesse recursal, por estarem dissociadas dos fundamentos da sentença. 3. Danos materiais: a indenização por danos materiais visa a repor o prejuízo sofrido pela parte ("in casu", a perda do seu veículo), não se prestando a acrescer ao patrimônio da vítima. "Quantum" que deve ter, como parâmetro, pela perda total, o valor apontado pela Tabela FIPE, para veículo semelhante ao da parte, e não o montante necessário para a aquisição de "um veículo bom". Redução equitativa, pela constatação da culpa concorrente (art. 945 do CC) e abatimento do valor percebido com a venda da carcaça, a fim de evitar indesejável enriquecimento sem causa. Apelos desprovidos. (BRASIL. Tribunal de Justiça do Rio Grande do Sul. Décima Segunda Câmara Cível Apelação Cível nº 70048121586. Rel. Des: Umberto Guaspari Sudbrack., Julgado em: 27/02/2014. Disponível em: <http://www.tjrs.jus.br/busca/search?q=cache:www1.tjrs.jus.br/site_php/consulta/consulta_processo.php%3Fnome_comarca%3DTribunal%2Bde%2BJusti%25E7a%26versao%3D%26versao_fonetica%3D1%26tipo%3D1%26id_comarca%3D700%26num_processo_mask%3D70048121586%26num_processo%3D70048121586%26codEmenta%3D5672534+repara%C3%A7%C3%A3o+integral+e+redu%C3%A7%C3%A3o+equitativa++++&proxystylesheet=tjrs_index&client=tjrs_index&ie=UTF-8&lr=lang_pt&site=ementario&access=p&oe=UTF-8&numProcesso=70048121586&comarca=Comarca%20de%20S%C3%A3o%20Sebasti%C3%A3o%20do%20Ca%C3%AD&dtJulg=27/02/2014&relator=Umberto%20Guaspari%20Sudbrack&aba=juris>. Acesso em: 16 jan. 2016).

O trator da parte ré estava estacionado na margem direita da via (sentido Roncador/Feliz), remanescendo 4,10 metros de pista livre (calculadas da margem esquerda até o carretão).

Ora, considerando que o veículo do autor tem 1,70 metros de largura (vide *croqui*), poderia o autor ter desviado com tranqüilidade do trator da parte ré que para isso atingisse eventual veículo que viesse na direção oposta. Ademais, insta consignar que a testemunha Euclides Hinckman – folhas 146/147 – apontou que outros veículos passaram no local antes do acidente.

Ademais, há prova nos autos a indicar que o demandante havia ingerido bebida alcoólica antes do sinistro, o que, a toda a evidência, acarreta a redução dos reflexos e da atenção do condutor de veículo automotor, não se tratando de mera presunção, como pretende fazer crer o demandante, em suas razões de apelo.

Há, em realidade, verdadeira presunção legal em sentido oposto, o que se denota a partir da evidente atenção que o legislador dedica à conduta em questão.

O ônus da prova, em casos como o presente, recai sobre o condutor de veículo que declaradamente ingeriu bebida alcoólica (fl. 88), diante do que caberia a ele provar, não só sua aptidão para dirigir, mas, para efeitos de deslinde da demanda, a ausência de nexo causal entre sua conduta (ingestão de bebida alcoólica) e a participação em acidente de trânsito.

Nesse contexto, vai mantida a culpa concorrente das partes, devendo cada uma delas responder por 50% dos danos comprovados nos autos, nos termos do art. 945 do Código Civil.

Mas a redução do valor também tem outra exceção: a hipótese do art. 928, também do Código Civil,[270] segundo alertam Cristiano Chaves de Farias, Felipe Peixoto Braga Netto e Nelson Rosenvald.[271]

Marco Aurélio Bezerra de Melo, também comentando o art. 942 e seu parágrafo único do Código Civil, afirma que: "A tradição do direito da responsabilidade civil é a de que o dano seja paradigma da indenização e o não o grau de culpa", inclusive, quanto a esta, há relevo em relação a aspecto moral. Em continuidade, aduz o mestre que existe entendimento que vai no sentido da autorização da redução equitativa, mas somente para as hipóteses de danos extrapatrimoniais:[272]

Há posicionamento no sentido de que a redução equitativa somente pode ser utilizada como parâmetro para o arbitramento do dano moral, pois quando a hipótese for de dano material, a minoração do valor indenizatório padecerá de inconstitucionalidade (ainda que sem redução de texto em razão da validade para o caso de dano moral) por violar o direito de propriedade (arts. 5º, XXII, e 170, II, da CF).

---

[270] Art. 928. O incapaz responde pelos prejuízos que causar, se as pessoas por ele responsáveis não tiverem obrigação de fazê-lo ou não dispuserem de meios suficientes. Parágrafo único. A indenização prevista neste artigo, que deverá ser eqüitativa, não terá lugar se privar do necessário o incapaz ou as pessoas que dele dependem.

[271] FARIAS, Cristiano Chaves de; NETTO, Felipe Peixoto Braga; ROSENVALD, Nelson. *Novo tratado de responsabilidade civil.* São Paulo: Atlas, 2015, p. 31.

[272] MELO, Marco Aurélio Bezerra de. *Curso de direito civil.* Vol. IV: responsabilidade civil. São Paulo: Atlas, 2015, p. 89.

3.7. *Tratados internacionais, relação de consumo e o princípio da reparação integral*

Vimos o princípio da reparação integral sob a perspectiva do Código Civil, mais especificamente, a previsão contida no art. 944 e seu parágrafo único. Contudo, em relação ao princípio da reparação integral e as relações de consumo, a situação relativa à redução da indenização apresenta-se de forma diferente e, dada a importância que a lei protetiva dos consumidores tem, inclusive de hierarquia e origem constitucional (arts. 5º,[273] 170[274] e 48 ADCT[275]), deve ser também alvo de análise.

O Código de Defesa do Consumidor, em seu art. 6º, inciso VI, faz a previsão relativa ao princípio da reparação integral,[276] ou seja, percebe-se, ainda, que tal princípio vem na condição de direito básico do consumidor.

A jurisprudência do Superior Tribunal de Justiça é pacífica no sentido de vedar qualquer limitação ao princípio da reparação integral, quando se cogita de relações envolvendo o Código de Defesa do Consumidor. É que alguns tratados, como por exemplo a Convenção de Varsóvia, buscam limitar eventuais reparações, todavia, a Corte é taxativa:[277]

---

[273] Art. 5º Todos são iguais perante a lei, sem distinção de qualquer natureza, garantindo-se aos brasileiros e aos estrangeiros residentes no País a inviolabilidade do direito à vida, à liberdade, à igualdade, à segurança e à propriedade, nos termos seguintes: [...] XXXII – o Estado promoverá, na forma da lei, a defesa do consumidor; [...].

[274] Art. 170. A ordem econômica, fundada na valorização do trabalho humano e na livre iniciativa, tem por fim assegurar a todos existência digna, conforme os ditames da justiça social, observados os seguintes princípios: [...] V – defesa do consumidor; [...].

[275] Art. 48. O Congresso Nacional, dentro de cento e vinte dias da promulgação da Constituição, elaborará código de defesa do consumidor.

[276] Art. 6º São direitos básicos do consumidor: [...] VI – a efetiva prevenção e reparação de danos patrimoniais e morais, individuais, coletivos e difusos; [...].

[277] RESPONSABILIDADE CIVIL - RECURSO ESPECIAL - TRANSPORTE AÉREO - INDENIZAÇÃO POR ATRASO DE VÔO - CONVENÇÃO DE VARSÓVIA E CDC - INDENIZAÇÃO INTEGRAL - RESPONSABILIDADE OBJETIVA - "DIREITOS ESPECIAIS DE SAQUE" - PROTOCOLO ADICIONAL Nº 03. I – Em que pese a existência de precedentes desta Corte com posicionamento diverso, concluí que mais correta seria a adoção dos princípios insculpidos na Lei nº 8.078/90, bem como da reparação efetiva e integral dos danos causados durante o contrato de transporte aéreo. II – Os limites indenizatórios constantes da Convenção de Varsóvia não se aplicam à relações jurídicas de consumo, uma vez que, nas hipóteses como a dos autos, deverá haver, necessariamente, a reparação integral dos prejuízos sofridos pelo consumidor. III – Nada obstante, os Autores formularam pedido com base somente na Convenção de Varsóvia, não havendo, em momento algum, menção à aplicação, in casu, das normas do Código de Defesa do Consumidor. Diante disso, ressalvado o entendimento esposado, inviável a incidência à espécie da Lei 8.078/90, sob pena de ofensa ao princípio da correlação entre pedido, causa de pedir e decisão e, consequentemente, ao artigo 460 do CPC, eis que haveria condenação em quantidade superior ao demandado, já que a reparação seria integral e não tarifada. IV – O Protocolo Adicional nº 03 à Convenção de Varsóvia, que altera o limite da indenização relativamente ao atraso de vôos, ins-

[...] I – Em que pese a existência de precedentes desta Corte com posicionamento diverso, concluí que mais correta seria a adoção dos princípios insculpidos na Lei nº 8.078/90, bem como da reparação efetiva e integral dos danos causados durante o contrato de transporte aéreo.

II – Os limites indenizatórios constantes da Convenção de Varsóvia não se aplicam à relações jurídicas de consumo, uma vez que, nas hipóteses como a dos autos, deverá haver, necessariamente, a reparação integral dos prejuízos sofridos pelo consumidor. [...].

No mesmo sentido, a seguinte fundamentação, também debatendo o Código de Defesa do Consumidor e a Convenção de Varsóvia, no sentido da aplicação da legislação protetiva dos consumidores:[278]

[...]. No entanto, após refletir sobre o assunto, concluí que mais correta seria a adoção da reparação efetiva e integral dos danos causados durante o contrato de transporte aéreo, com base nos princípios insculpidos pela Lei n° 8.078/90.

Isso porque, este tipo de avença encontra-se sob o império da mencionada lei, eis que a empresa transportadora enquadra-se na definição de fornecedor do artigo 3º, bem como o serviço por ela prestado ajusta-se à noção de serviço constante do § 2º.

"Com a edição do Código de Defesa do Consumidor, o objetivo visado foi submeter as relações de consumo à disciplina por ele instituída, excluindo a aplicabilidade das normas que não atendam, de maneira ampla, os interesses dos consumidores. É evidente o prejuízo que advém aos consumidores quando previamente se estabelece um teto para a reparação dos danos. Por esse motivo, o art. 6º, VI, do CDC consagrou o princípio da reparação efetiva, único capaz de tutelar adequadamente as expectativas de todos os lesados". (Adalberto do Amaral Júnior, "O Código de Defesa do Consumidor e as Cláusulas de Limitação da Responsabilidade dos Contratos de Transporte Aéreo Nacional e Internacional" in *Revista dos Tribunais,* vol. 759/67-75).

Os limites indenizatórios constantes da Convenção de Varsóvia não se aplicam à relações jurídicas de consumo, uma vez que, nas hipóteses como a dos autos, deverá haver, necessariamente, a reparação integral dos prejuízos sofridos. [...].

tituindo o "Direito Especial de Saque" (DES) em lugar do "franco poincaré", não tem aplicação, ainda, por não ter entrado em vigor internacional. V – Recurso Especial conhecido parcialmente e, nesta parte, provido, para cassar o acórdão dos Embargos Infringentes, restabelecendo-se a decisão monocrática, com a ressalva da conversão do montante fixado a título de indenização de DES para "francos poincaré". (BRASIL. Superior Tribunal de Justiça. Terceira Turma. REsp 240078/SP. Rel. Min: Waldemar Zveiter. Julgado em: 13/03/2001. Disponível em: <https://ww2.stj.jus.br/processo/revista/documento/mediado/?componente=IMG&sequencial=46639&num_registro=199901077109&data=20010827&formato=HTML>. Acesso em: 04 nov. 2015).

278 RESPONSABILIDADE CIVIL – EXTRAVIO DE MERCADORIA – TRANSPORTE AÉREO – APLICAÇÃO DOS PRINCÍPIOS INSCULPIDOS PELO CDC – REPARAÇÃO INTEGRAL DOS DANOS CAUSADOS – MULTA DE 1% SOBRE O VALOR DA CAUSA AFASTADA – SÚMULA 98/STJ. I – Os limites indenizatórios constantes da Convenção de Varsóvia não se aplicam à relações jurídicas de consumo, uma vez que, nas hipóteses como a dos autos, deverá haver, necessariamente, a reparação integral dos prejuízos sofridos. II – Afastamento da multa aplicada de 1% sobre o valor da causa, com base na Súmula 98/STJ, que assim dispõe: "embargos de declaração manifestados com notório propósito de prequestionamento não têm caráter protelatório". III – Recurso Especial conhecido e provido. (BRASIL. Superior Tribunal de Justiça. REsp 218288/SP. Rel. Min: Waldemar Zveiter. Julgado em: 19/02/2001. Disponível em: <https://ww2.stj.jus.br/processo/revista/documento/mediado/?componente=IMG&sequencial=58528&num_registro=199900501462&data=20010416&formato=HTML>. Acesso em: 04 nov. 2015).

Portanto, se estamos defendendo a hipótese de ressarcimento, cobrança, dos honorários contratuais, em termos de relações de consumo, mais ainda encontramos amparo para tanto, como visto, nos termos do art. 6º, inciso VI, ou seja: para a reparação ser a mais ampla possível, tal numerário que foi gasto pelo vulnerável deve englobar os prejuízos a título de reparação civil.

3.8. Artigos 389 e 395 do Código Civil

Os arts. 389 e 395 do Código Civil mencionam os honorários advocatícios. Então, devemos buscar, com base nestes dispositivos e em uma interpretação favorável no sentido do deferimento de seu ressarcimento, somado ao princípio reparação integral e às perdas e danos.

Vejamos a importância ímpar dos ensinamentos iniciais que trazemos neste campo, para fortalecer o nosso entendimento sobre a incidência dos honorários contratuais e o seu devido ressarcimento. A analogia à doutrina abaixo trazida mostra-se imprescindível a tanto.

Já dissemos anteriormente, com base nos estudos de Nelson Nery Junior e Rosa Maria de Andrade Nery, nos comentários sobre o então art. 159 do Código Civil de 1916 (atual art. 186), que os danos extrapatrimoniais, em que pese aquela norma não excluir sua possibilidade de deferimento, não eram bem recebidos tanto pela doutrina quanto pela jurisprudência da época, e em um primeiro momento, até chegar às condenações atuais. Portanto, importante relembrarmos Clóvis Beviláqua: "Onde a lei não distingue, não cabe ao intérprete fazê-lo".[279]

A frase trazida acima, mais uma vez, do festejado jurista, serve de alicerce para justificar a inclusão dos honorários contratuais nas perdas e danos previstas no art. 389 do Código Civil. Somam-se a tais argumentos os ensinamentos de Sergio Cavalieri Filho. Ao comentar a norma em questão,[280] ensina o mestre que se trata de dever de indenização quando não cumprida determinada obrigação, seja a relação contratual ou extracontratual.[281]

---

[279] NERY JUNIOR, Nelson; NERY, Rosa Maria de Andrade. *Código Civil comentado*. 10. ed. São Paulo: Revista dos Tribunais, 2013, p. 454-455.

[280] Art. 389. Não cumprida a obrigação, responde o devedor por perdas e danos, mais juros e atualização monetária segundo índices oficiais regularmente estabelecidos, e honorários de advogado.

[281] CAVALIERI FILHO, Sergio. *Programa de responsabilidade civil*. 8. ed. São Paulo: Atlas, 2009, p. 2-3.

Nelson Nery Junior e Rosa Maria de Andrade Nery, ao comentarem o art. 389 do Código Civil, apontam as Jornadas de Direito Civil relativas à norma em questão:[282]

> Jornada VDirCivSTJ426: "Os honorários advocatícios previstos no CC 389 não se confundem com as verbas de sucumbência, que, por força do EOAB23, pertencem ao advogado".
>
> Jornada IIIDirCivSTJ161: "Os honorários advocatícios previstos no CC 389 e 404 apenas têm cabimento quando ocorre a efetiva atuação profissional do advogado".

A norma do estudado art. 389 estampa: "[...] a regra geral das consequências da inexecução das obrigações", e que também vem repetida no art. 395 da mesma codificação, para a hipótese da ocorrência da mora. Conclusão, portanto, é a de que aquele que descumpre com a obrigação irá, como decorrência lógica, arcar com o seu patrimônio, tal e qual disposto no art. 391 da legislação civil.[283]

Mário Luiz Delgado Régis faz menção histórica ao atual art. 389, nos seguintes termos:

> O dispositivo, tal como se apresenta originariamente no anteprojeto, só se referia a perdas e danos. No texto remetido ao Senado pela Câmara fora acrescido: "juros, correção monetária e honorários de advogado". Na revisão da Câmara Alta houve tão somente a substituição da expressão "correção monetária" por "atualização monetária".[284]

Silvio Venosa bem comenta o art. 389 do Código Civil, e alerta sobre os juros, a correção monetária e os honorários de advogado. Em que pese serem consectários do inadimplemento, pondera que nem sempre será possível a incidência daqueles três elementos:

> Não serão devidos honorários de advogado em um pagamento amistoso, sem intervenção profissional. A correção monetária poderá não ser devida se obstada pela norma legal, como um decurso de prazo mínimo de inadimplemento.[285]

Parte da doutrina vem em auxílio a nossa defesa de que os honorários advocatícios contratuais devem sim integrar o montante devido. Vamos, neste sentido, às lições de Luiz Scanove Jr. acerca do art. 389 do Código Civil:[286]

---

282 NERY JUNIOR, Nelson; NERY, Rosa Maria de Andrade. *Código Civil comentado.* 10. ed. São Paulo: Revista dos Tribunais, 2013, p. 588.

283 SCAVONE JR., Luiz Antonio. In: *Comentários ao Código civil: artigo por artigo.* FUGITA, Jorge Shiguemitzu; SCAVONE JR., Luiz Antonio; CAMILLO, Carlos Eduardo Nicoletti; TALAVERA; Glauber Moreno (coords.). 3. ed. São Paulo: Revista dos Tribunais, 2014, p. 462.

284 RÉGIS, Mário Luiz Delgado; In: *Código civil comentado.* 7. ed. SILVA, Regina Beatriz Tavares da. São Paulo: Saraiva, 2010, p. 318.

285 VENOSA, Sílvio de Salvo. *Código civil interpretado.* São Paulo: Atlas, 2010, p. 394.

286 SCAVONE JR., Luiz Antonio. In: *Comentários ao Código civil: artigo por artigo.* FUGITA, Jorge Shiguemitzu; SCAVONE JR., Luiz Antonio; CAMILLO, Carlos Eduardo Nicoletti; TALAVERA; Glauber Moreno (coords.). 3. ed. São Paulo: Revista dos Tribunais, 2014, p. 463.

> Nesse ponto surge uma constatação: os honorários advocatícios incluídos em condenação, segundo determina o art. 23 da Lei 8.906/1994 (Estatuto da Advocacia), pertencem ao advogado. Se assim determina a lei especial, os honorários de que tratam os arts. 389, 395 e 404 do CC, evidentemente, não são aqueles decorrentes da Lei 8.906/1994, arts. 22 e 23, mas os honorários pagos diretamente pelo credor ao advogado, que constituem um prejuízo (dano emergente) decorrente da mora e do inadimplemento.

E aqui reside ponto crucial, nos exatos termos em que entendemos correta a interpretação do dispositivo sob comentários: "Sempre foi evidente que se o pagamento tivesse sido feito na data convencionada, o credor não seria obrigado a contratar um advogado para tal tarefa". Nova conclusão é a de que o pagamento de honorários, pelo credor, que teve de contratar advogado com base no inadimplemento do devedor caracteriza-se como dano emergente, sendo devido, portanto, o ressarcimento.[287]

Considerando a doutrina aqui trazida, e em um paralelo ao Código Civil de 1916, mostra-se a codificação de 2002 inovando em relação aos honorários:[288]

> Essa conclusão, agora, resta cristalina em razão da redação dos mencionados dispositivos do Código Civil, mormente porque não havia previsão semelhante no correspondente art. 1.056 do CC/1916. Não haveria razão para incluir essas verbas como consequência do descumprimento das obrigações se o vencedor não pudesse cobrar do devedor o que gastou com seu advogado, independentemente daquilo que o advogado recebe em razão de lei especial.

De tal forma que os honorários de advogado têm *status* relativo ao inadimplemento das obrigações, sendo, portanto, consequência lógica do não cumprimento do ajuste.[289]

Humberto Theodoro Júnior também entende pela possibilidade do ressarcimento relativo aos gatos com os honorários contratuais. O mestre entende que tais despesas, pela parte, "[...] correspondem a um desfalque patrimonial que teve de ser suportado pelo demandante para alcançar a tutela jurisdicional de seu direito".[290]

José Miguel Garcia Medina e Fábio Caldas de Araújo também defendem a possibilidade de cobrança dos honorários contratuais. De início, os autores referem que a norma ora em estudo, assim, como a doutrina já trazida, trata das consequências relativas ao inadimplemento das obrigações. Como se não bastasse, também fazem menção

---

[287] SCAVONE JR., Luiz Antonio. In: *Comentários ao Código civil: artigo por artigo.* FUGITA, Jorge Shiguemitzu; SCAVONE JR., Luiz Antonio; CAMILLO, Carlos Eduardo Nicoletti; TALAVERA; Glauber Moreno (coords.). 3. ed. São Paulo: Revista dos Tribunais, 2014, p. 463.

[288] Idem, p. 463.

[289] Idem, p. 463.

[290] THEODORO JÚNIOR, Humberto. *Curso de direito processual civil.* Vol. I. 56. ed. Rio de Janeiro: Forense, 2015, p. 303.

à necessidade de inclusão dos gastos com honorários contratuais, em estrita observância ao princípio da reparação integral,[291] assim como estamos aqui defendendo.

Embora os mestres acima citados digam que seja rara a inclusão do pedido de ressarcimento dos honorários, o importante é se ter a noção de que o art. 389 do Código Civil não trata dos honorários sucumbenciais previstos na legislação processual civil, eis que esta lei trata dos honorários de sucumbência; e assim destacam:[292]

> No entanto, a reparação integral exige que os honorários contratados também sejam satisfeitos. Do contrário, nunca existirá reparação integral, pois a busca da tutela jurisdicional implicará em custo necessário para a satisfação do direito. A indenização integral é reafirmada pelo art. 404.

Por último, o art. 395 trata da mora, ou seja, de uma espécie de descumprimento da obrigação.[293] O importante, para este livro e em relação ao dispositivo, é que sua redação também aborda os honorários advocatícios[294] e que, igualmente. Devem ser aplicadas as disposições atinentes ao anterior art. 389, também do Código Civil, já analisado.

Finalmente, vale a referência de Mário Luiz Delgado Régis acerca do Enunciado nº 161, aprovado na III Jornada de Direito Civil de 2004, neste teor: "Os honorários advocatícios, previstos nos arts. 389 e 404 do Código Civil, apenas têm cabimento quando ocorre a efetiva atuação profissional do advogado".[295] Nelson Nery Junior e Rosa Maria de Andrade Nery também aludem às Jornadas de Direito Civil e os honorários, senão vejamos: "Honorários Advocatícios. Jornada V DirCiv STJ 426: Os honorários advocatícios previstos no CC 389 não se confundem com as verbas de sucumbência, que, por força do EOAB23, pertencem ao advogado".[296]

---

[291] MEDINA, José Miguel Garcia; ARAÚJO, Fábio Caldas de. *Código civil comentado*: com súmulas, julgados selecionados e enunciados das jornadas do CJF. São Paulo: Revista dos Tribunais, 2014, p. 367.

[292] Idem, p. 364-368.

[293] SCAVONE JR., Luiz Antonio. In: *Comentários ao Código civil*: artigo por artigo. FUGITA, Jorge Shiguemitzu; SCAVONE JR., Luiz Antonio; CAMILLO, Carlos Eduardo Nicoletti; TALAVERA; Glauber Moreno (coords.). 3. ed. São Paulo: Revista dos Tribunais, 2014, p. 497.

[294] Art. 395. Responde o devedor pelos prejuízos a que sua mora der causa, mais juros, atualização dos valores monetários segundo índices oficiais regularmente estabelecidos, e honorários de advogado. Parágrafo único. Se a prestação, devido à mora, se tornar inútil ao credor, este poderá enjeitá-la, e exigir a satisfação das perdas e danos.

[295] RÉGIS, Mário Luiz Delgado. In: *Código civil comentado*. 7. ed. SILVA, Regina Beatriz Tavares da. São Paulo: Saraiva, 2010, p. 319.

[296] NERY JUNIOR, Nelson; NERY, Rosa Maria de Andrade. *Código civil comentado*. 10. ed. São Paulo: Revista dos Tribunais, 2013, p. 737.

3.9. *Perdas e danos*

Neste tópico vamos fazer uma análise dos honorários advocatícios contratuais e sua relação com as perdas e danos, no sentido de reforçar a sua incidência, ou seja, que devem ser incluídos no montante da ação de reparação civil.

Arnaldo Rizzardo leciona sobre as perdas e danos e a decorrência do inadimplemento. Aduz o mestre que o "[...] inadimplemento das obrigações, com realces nas decorrências que advêm e os caminhos que são assegurados ao credor" é objeto de longo estudo. Ressalta o autor que a obrigação é ajustada para durar por um certo período de tempo, sendo a normalidade que tudo transcorra de forma normal, até que a finalidade seja atingida, ou seja, que a prestação seja realizada e, através da devida execução, ocorra a extinção eficaz da obrigação.[297]

Contudo, a situação acima narrada pode não se desenhar, ou seja, várias obrigações não são cumpridas na forma pactuada; e várias podem ser as causas, podendo a culpa ser imputada, ou não, ao obrigado: "Do não cumprimento surgem consequências, e assim a indenização, a resolução, ou a extinção pura e simples da obrigação". [298]

Sobre o dano, Nelson Nery Junior e Rosa Maria de Andrade Nery assim ensinam:[299]

> O direito brasileiro adota a teoria do dano direto. Agostinho Alvim entende que a melhor escolha que explica essa teoria é a que se reporta à causa. Considera-se causa do dano a que lhe é próxima, ou a remota, desde que esta última ligue-se ao dano diretamente. A causa do dano deve ser necessária, ou seja, é a exclusiva, porque opera por si só, dispensadas as outras causas.

Complementam os mestres supra referidos que a expressão perdas e danos apresenta-se abrangente.[300] Álvaro Villaça Azevedo pondera que as perdas e danos, ou seja, tal expressão "[...] não se apresenta com a felicidade de exprimir seu exato conceito, nada mais significa que os prejuízos, os danos, causados ante o descumprimento obrigacional". Portanto, sempre que alguém vir a sofrer diminuição do patrimônio, sofre na modalidade de dano ou de prejuízo material. Consequência: tem "[...] uma redução no acerco dos bens materiais".[301]

---

[297] RIZZARDO, Arnaldo. *Direito das obrigações*. 8. ed. Rio de Janeiro: Forense, 2015, p. 483.

[298] Idem, p. 483.

[299] NERY JUNIOR, Nelson; NERY, Rosa Maria de Andrade. *Instituições de direito civil*: vol. II: direito das obrigações. São Paulo: Revista dos Tribunais, 2015, p. 368.

[300] Idem, p. 369.

[301] AZEVEDO, Álvaro Villaça. *Teoria geral das obrigações e responsabilidade civil*. 12. ed. São Paulo: Atlas, 2011, p. 193.

Arnoldo Wald conceitua as perdas e danos como sendo "[...] o valor do prejuízo sofrido e do lucro cessante, em virtude da inexecução da obrigação". Portanto, a consequência do inadimplemento é a imposição àquele que não cumpriu com sua parte a indenizar o lesado, "[...] repondo-o na situação econômica em que se encontraria se a prestação tivesse sido tempestivamente cumprida".[302] Arnaldo Rizzardo, por sua vez, ensina que a expressão *perdas e danos* "[...] é extensa e abrangente, envolvendo os prejuízos sofridos [...]", também fazendo menção aos danos emergentes e lucros cessantes, além dos danos extrapatrimoniais.[303]

Arnaldo Marmitt define a expressão perdas e danos como "[...] a soma dos prejuízos a serem satisfeitos por quem os causou a outrem, ou seja, o responsável pelo ato ou fato ensejador dos danos". Concluindo, então, as perdas e danos representam, juridicamente, os prejuízos sofridos pela vítima. Indo mais além, assim ensina o mestre:[304]

> O conceito de perdas e danos é dinâmico, já não se contendo mais preso à concepção que lhe dera o nosso Código Civil. Abrange os danos emergentes, os lucros cessantes, a correção monetária, os juros de mora, os honorários de advogado e de perito, o fundo de comércio etc. A reposição deve ser a mais ampla possível.

Carlos Roberto Gonçalves aduz que tem por finalidade a satisfação das perdas e danos "recompor a situação patrimonial da parte lesada pelo inadimplemento contratual".[305]

Então, reiteramos: se a reparação, a título de perdas e danos, deve colocar o prejudicado na situação anterior ao inadimplemento, nos termos da doutrina ora trazida e analisada, privar o lesado de buscar o ressarcimento do responsável pela obrigação seria obrigar a vítima a arcar com parte do seu patrimônio, com os prejuízos que não deu causa, situação esta que contraria todo o sistema da Responsabilidade Civil, como estamos tratando neste livro.

3.10. Artigos 402, 403 e 404 do Código Civil

A doutrina salienta e ressalta a importância da prova do dano no sentido de sucesso da pretensão e do dever de indenizar; já analisamos em momentos anteriores, e não deveria ser diferente. Em regra, deve,

---

302 WALD, Arnoldo; *Direito civil*: direito das obrigações e teoria geral dos contratos. Vol. 2. 19. ed. São Paulo: Saraiva, 2010, p. 155.

303 RIZZARDO, Arnaldo. *Direito das obrigações*. 8. ed. Rio de Janeiro: Forense, 2015, p. 485.

304 MARMITT, Arnaldo. *Perdas e danos*. 4. ed. Porto Alegre: Livraria do Advogado, 2005, p. 13.

305 GONÇALVES, Carlos Roberto. *Direito civil brasileiro*. Vol. 2: teoria geral das obrigações. 7. ed. São Paulo: Saraiva, 2010, p. 371.

ainda, ser feita por quem alega o prejuízo: "A efetiva comprovação dos prejuízos é tão importante que mesmo que se comprove a violação de um dever jurídico a culpa ou dolo do infrator, nenhuma indenização será devida se não houvesse o prejuízo".[306]

Sergio Cavalieri Filho, ensinando sobre o dano emergente, também denominado de dano positivo, explica que "importa efetiva imediata diminuição do patrimônio da vítima em razão do ato ilícito". Portanto, o art. 402 do Código do Civil "caracteriza o dano emergente como sendo aquilo que a vítima efetivamente perdeu".[307] Podemos exemplificar a questão através de julgamento proferido pelo Tribunal de Justiça do Rio Grande do Sul que, ao analisar acidente de trânsito e os danos imputados ao culpado, pelo fato, assim se posicionou quanto aos danos emergentes: "No que pertine aos danos emergentes relativos às avarias sofridas pela motocicleta (fls. 50 e 57), impõe-se acolher o valor de R$ 3.121,55 constante no menor orçamento apresentado às fls. 29/30".[308]

Também há o lucro cessante. É que o ato ilícito "pode produzir não apenas efeitos diretos e imediatos no patrimônio da vítima (dano emergente), mas também mediatos ou futuros, reduzindo consequência futura de um fato já ocorrido". É, portanto, a perda do ganho esperável, a frustração de lucro.[309] Sobre os lucros cessantes novamente a posição do

---

306 TEPEDINO, Gustavo; BARBOZA, Heloisa Helena; MORAES, Maria Celina Bodin de. *Código civil interpretado conforme a constituição da república*. Vol. I: parte geral das obrigações: arts. 1º a 420. 3. ed. Rio de Janeiro: Renovar, 2014, p. 732.

307 CAVALIERI FILHO, Sergio. *Programa de responsabilidade Civil*. 11. ed. São Paulo: Atlas, 2014, p. 94.

308 APELAÇÃO CÍVEL. RESPONSABILIDADE CIVIL EEM ACIDENTE DE TRÂNSITO. Hipótese em que evidenciada a responsabilidade do condutor do veículo do réu no evento danoso, porquanto realizou manobra de conversão à esquerda sem sinalização, obstruindo a passagem da motocicleta que tentava a ultrapassagem. Dever de indenizar pelos danos morais e danos emergentes relativos ao conserto da motocicleta caracterizado. Ausente prova do desempenho de atividade laboral, improcede o pleito relativo a lucros cessantes. Pedido de pensão vitalícia afastado diante da inexistência de prova da redução laboral. Pretensão ao pagamento de despesas com tratamento e custeio médico rejeitada, pois sem mínimo lastro na prova dos autos. APELO PARCIALMENTE PROVIDO. UNÂNIME. (BRASIL. Tribunal de Justiça do Rio Grande do Sul. Décima Primeira Câmara Cível. Apelação Cível nº 70062820162. Rel. Des: Antônio Maria Rodrigues de Freitas Iserhard. Julgado em: 13/04/2016. Disponível em: http://www.tjrs.jus.br/busca/search?q=cache:www1.tjrs.jus.br/site_php/consulta/consulta_processo.php%3Fnome_comarca%3DTribunal%2Bde%2BJusti%25E7a%26versao%3D%26versao_fonetica%3D1%26tipo%3D1%26id_comarca%3D700%26num_processo_mask%3D70062820162%26num_processo%3D70062820162%26codEmenta%3D6722379+acidente+de+tr%C3%A2nsito+e+danos+emergentes++++&proxystylesheet=tjrs_index&ie=UTF-8&lr=lang_pt&client=tjrs_index&site=ementario&access=p&oe=UTF-8&numProcesso=70062820162&comarca=Comarca%20de%20Canoas&dtJulg=13/04/2016&relator=Ant%C3%B4nio%20Maria%20Rodrigues%20de%20Freitas%20Iserhard&aba=juris>. Acesso em: 19 abr. 2016).

309 CAVALIERI FILHO, Sergio. *Programa de responsabilidade Civil*. 11. ed. São Paulo: Atlas, 2014, p. 95.

Tribunal de Justiça do Rio Grande do Sul, desta vez envolvendo também debate em acidente de trânsito, mas envolvendo taxista.[310]

Vimos anteriormente, ao analisar o nexo de causalidade e as teorias que o embasam, dentre elas, a teoria dos danos diretos e imediatos. Neste tópico, vamos buscar relacioná-la com o prejuízo da parte ao ter de gastar com honorários advocatícios contratuais e, como consequência, ter o seu devido ressarcimento. É que, lembrando o que foi estudado no art. 389 do Código Civil e segundo as lições doutrinárias lá trazidas, defendemos que o ressarcimento, daqueles honorários, é consequência lógica e imediata pelo inadimplemento da obrigação.

Continuamos este tópico, então, reproduzindo as seguintes indagações de Sergio Cavalieri, a respeito da temática: "Em que consiste a

---

[310] RECURSO INOMINADO. RESPONSABILIDADE CIVIL. ACIDENTE DE TRÂNSITO. INDENIZATÓRIA C/C LUCROS CESSANTES. PEDIDO PRINCIPAL E CONTRAPOSTO. AUTOR TAXISTA. ABALROAMENTO LATERAL. DANOS NA LATERAL DIREITA DO VEÍCULO DO AUTOR. DANOS NA DIANTEIRA ESQUERDA DO VEÍCULO DA RÉ. AFASTADA PRELIMINAR DE CERCEAMENTO DE DEFESA. DINÂMICA DO ACIDENTE QUE CORROBORA VERSÃO AUTORAL. APLICAÇÃO DO PRINCIPIO DA IMEDIATIDADE. RÉ QUE INOBSERVOU O DISPOSTO NO ART.34, DO CTB. LUCROS CESSANTES DEVIDOS. DEVER DE INDENIZAR DA RÉ. IMPROCEDÊNCIA DO CONTRAPEDIDO. 1. A parte ré postula a reforma da sentença que a condenou ao pagamento de indenização a título de danos materiais (danos emergentes e lucros cessantes) decorrentes de acidente de trânsito envolvendo as partes. 2. Afastada a preliminar de cerceamento de defesa, haja vista o resultado do julgamento, bem como a impressão adotada pelo magistrado *a quo*, que note-se, atuou diante de ambos os condutores envolvidos, competindo a este decidir sobre a necessidade da oitiva de testemunhas ou informantes, conforme a legislação processual. 3. Primeiramente, cumpre esclarecer que a dinâmica do acidente, a verificação dos danos nos veículos e as fotografias acostadas aos autos, corroboram a versão autoral. Isto porque os danos na lateral direita do veículo do autor, apresentam-se na parte da porta traseira, o que denota que o veículo já havia ultrapassado paralelamente o veículo da ré, quando foi abalroado. 4. Portanto, evidenciada a culpa exclusiva da ré, que não observou o disposto no art. 34 do CTB, ao executar manobra de deslocamento lateral para a esquerda, sem a adoção da cautela necessária. Caberia ao condutor do veículo da ré, certificar-se inequivocamente de que poderia efetuar a manobra, apesar da aduzida obstrução de visão, o que não ocorreu.. 5. Dessa forma, diante das provas testemunhais e tomando por base o princípio da imediatidade que prestigia a impressão obtida pelo Juiz que atuou diretamente na instrução do feito, é de ser mantida a decisão de origem. 6. Quanto aos lucros cessantes, estes restam configurados. O autor é taxista e ficou privado da utilização do veículo por 10 dias. O documento de fl.42, emitido pelo Sindicato dos Taxistas de Porto Alegre mostra o valor médio diário bruto que fatura o permissionário de táxi com auxiliar. Tal documento serve de parâmetro para a fixação dos lucros cessantes ao autor com a consideração dos descontos já mencionados na inicial. 7. Comprovado o dano nas fotografias de fl.49, bem como orçamento de fls.51/52, merece ser mantida a decisão de origem, para o efeito de condenar a ré ao pagamento de R$3.310,00 (três mil trezentos e dez reais) a título de indenização pelos danos materiais sofridos pelo autor. SENTENÇA MANTIDA. RECURSO IMPROVIDO. (BRASIL. Turmas Recursais. Primeira Turma Recursal Cível. Recurso Cível nº 71005810056. Rel. Mara Lúcia Coccaro Martins Facchini. Julgado em :31/03/2016. Disponível em: <http://www.tjrs.jus.br/busca/search?q=cache:www1.tjrs.jus.br/site_php/consulta/consulta_processo.php%3Fnome_comarca%3DTribunal%2Bde%2BJusti%25E7a%26versao%3D%26versao_fonetica%3D1%26tipo%3D1%26id_comarca%3D700%26num_processo_mask%3D71005810056%26num_processo%3D71005810056%26codEmenta%3D6708509+acidente+de+tr%C3%A2nsito+e+lucros+cessantes++++&proxystylesheet=tjrs_index&ie=UTF-8&lr=lang_pt&client=tjrs_index&site=ementario&access=p&oe=UTF-8&numProcesso=71005810056&comarca=Comarca%20de%20Porto%20Alegre&dtJulg=31/03/2016&relator=Mara%20L%C3%BAcia%20Coccaro%20Martins%20Facchini&aba=juris>. Acesso em: 19 abr. 2016).

teoria da causalidade direta e imediata? Qual o sentido das expressões *direta* e *imediata*? São sinônimas ou têm sentido próprio?"[311]

O Superior Tribunal de Justiça ilustra muito bem a questão dos danos diretos e imediatos, tal e qual trazido acima o entendimento doutrinário:[312]

> A imputação de responsabilidade civil, portanto, como bem destacado pela Corte de origem, supõe a presença de dois elementos de fato, quais: a conduta do agente e o resultado danoso; e de um elemento lógico-normativo, o nexo causal (que é lógico, porque consiste num elo referencial, numa relação de pertencialidade, entre os elementos de fato; e é normativo, porque tem contornos e limites impostos pelo sistema de direito, segundo o qual a responsabilidade civil só se estabelece em relação aos efeitos diretos e imediatos causados pela conduta do agente).

Como estamos tratando, para a hipótese de não cumprida determinada obrigação, o dever de reparação dos danos surge, emerge. Assim, ocorre o surgimento de nova obrigação, ou seja, a de "indenizar os prejuízos causados ao credor".[313] E, no sentido da devida observância desta premissa, os honorários contratuais devem sim ser ressarcidos.

---

[311] CAVALIERI FILHO, Sergio. *Programa de responsabilidade Civil*. 11. ed. São Paulo: Atlas, 2014, p. 67-68.

[312] CIVIL. RECURSO ESPECIAL. RESPONSABILIDADE CIVIL. ACIDENTE DE TRÂNSITO. DANOS MATERIAIS E MORAIS. EMPRESA DE ESTACIONAMENTO QUE PERMITE A RETIRADA DE VEÍCULO PELO FILHO DA PROPRIETÁRIA DO MESMO, SEM A APRESENTAÇÃO DO COMPROVANTE DE ESTACIONAMENTO. ACIDENTE DE TRÂNSITO OCORRIDO HORAS MAIS TARDE EM CIDADE DIVERSA. NEXO DE CAUSALIDADE. INEXISTÊNCIA. 1. À luz do comando normativo inserto no art. 1.060 do Código Civil de 1916, reproduzido no art. 403 do vigente códex, sobre nexo causal em matéria de responsabilidade civil – contratual ou extracontratual, objetiva ou subjetiva – vigora, no direito brasileiro, o princípio da causalidade adequada, também denominado princípio do dano direto e imediato. 2. Segundo referido princípio ninguém pode ser responsabilizado por aquilo a que não tiver dado causa (art. 159 do CC/1916 e art 927 do CC/2002) e somente se considera causa o evento que produziu direta e concretamente o resultado danoso (art. 1060 do CC/1916 e 403 do CC/2002). 3. A imputação de responsabilidade civil, portanto, supõe a presença de dois elementos de fato, quais: a conduta do agente e o resultado danoso; e de um elemento lógico-normativo, o nexo causal (que é lógico, porque consiste num elo referencial, numa relação de pertencialidade, entre os elementos de fato; e é normativo, porque tem contornos e limites impostos pelo sistema de direito, segundo o qual a responsabilidade civil só se estabelece em relação aos efeitos diretos e imediatos causados pela conduta do agente. 4. *In casu*, revela-se inequívoca a ausência de nexo causal entre o ato praticado pela ora recorrida (entrega do veículo ao filho da autora e seus acompanhantes sem a apresentação do respectivo comprovante de estacionamento) e o dano ocorrido (decorrente do acidente envolvendo o referido veículo horas mais tarde), razão pela qual, não há de se falar em responsabilidade daquela pelos danos materiais e morais advindos do evento danoso. 5. Recurso especial a que se nega provimento. (BRASIL. Superior Tribunal de Justiça. Quarta Turma. REsp 325622/RJ. Rel. Min: Carlos Fernando Mathias (Juiz Federal Convocado do TRF 1ª Região. Julgado em: 28/10/2008. Disponível em: <https://ww2.stj.jus.br/processo/revista/documento/mediado/?componente=ITA&sequencial=832679&num_registro=200100558249&data=20081110&formato=HTML>. Acesso em: 17 fev. 2016).

[313] TEPEDINO, Gustavo; BARBOZA, Heloisa Helena; MORAES, Maria Celina Bodin de. *Código civil interpretado conforme a constituição da república*. Vol. I: parte geral das obrigações: arts. 1º a 420. 3. ed. Rio de Janeiro: Renovar, 2014, p. 731.

Silvio Venosa esclarece que os honorários de advogado, previstos pelo art. 404 do Código Civil, só serão devidos quando houver a efetiva participação do profissional, mesmo que na esfera extrajudicial, tendo como parâmetro o art. 20 do Código de Processo Civil de 1973.[314] E faz a seguinte crítica: "A menção aos honorários de advogado em um Código Civil é deslocada e imprópria".[315]

3.11. *Aquele que deu causa à demanda e da necessidade da atuação do advogado*

O NCPC é expresso em seu art. 2º: "O processo começa por iniciativa da parte e se desenvolve por impulso oficial, salvo as exceções previstas em lei". Humberto Theodoro Júnior, lecionando sobre a demanda, diz que "[...] é o ato pelo qual alguém pede ao Estado a prestação jurisdicional".[316] Artur Torres, a seu turno, assinala que o processo civil inicia "[...] como regra, que uma das partes abandone seu estado de inércia, requerendo ao Poder Judiciário, pois, providência de cunho jurisdicional".[317]

As lições da doutrina seguem no seguinte sentido: "É direito do advogado receber honorários que lhe são devidos, pela parte vencida. Assim, nos procedimentos contenciosos, a parte que não obteve êxito será condenada ao pagamento dos honorários advocatícios, em razão da sucumbência". Todavia, paras as hipóteses de jurisdição voluntária e de inventário não se cogita de fixação de honorários, eis que não se verifica a litigiosidade.[318] Portanto, em se cogitando de vencido e vencedor é porque, necessariamente, a parte necessitou de buscar o Poder Judiciário e, como consequência, utilizou-se dos serviços de advogado, sendo cobrada por isso.[319]

---

[314] CPC de 1973: Art. 20. A sentença condenará o vencido a pagar ao vencedor as despesas que antecipou e os honorários advocatícios. Esta verba honorária será devida, também, nos casos em que o advogado funcionar em causa própria. Tal previsão, no Código de Processo Civil de 2015 corresponde ao art. 85: A sentença condenará o vencido a pagar honorários ao advogado do vencedor.

[315] VENOSA, Sílvio de Salvo. *Código civil interpretado*. São Paulo: Atlas, 2010, p. 411.

[316] THEODORO JÚNIOR, Humberto. *Curso de direito processual civil*. Vol. I. 56. ed. Rio de Janeiro: Forense, 2015, p. 751.

[317] TORRES, Artur. Anotações aos artigos 1º a 12. In: *Novo código de processo civil anotado*. Porto Alegre: OAB RS, p. 24.

[318] WAMBIER, Teresa Arruda Alvim; CONCEIÇÃO, Maria Lúcia Lins; RIBEIRO, Leonardo Ferres da Silva; MELLO, Rogério Licastro Torres de. *Primeiros comentários ao novo código de processo civil*: artigo por artigo. São Paulo: Revista dos Tribunais, 2015, p. 165.

[319] Evidentemente, quando se trata de contratação de advogado, e o devido pagamento, a título de honorários.

A jurisprudência do Superior Tribunal de Justiça também reflete o princípio da causalidade. Nesta decisão ficou nítido o posicionamento de que os honorários têm cabimento e são arcados por quem deu causa à demanda.[320] A posição é reiterada no julgamento do REsp nº 1536555/RS.[321]

Outra situação que merece destaque, e muito bem enfrentada, também pelo Superior Tribunal de Justiça, revela-se na aplicação do princípio da sucumbência e do princípio da causalidade:[322]

---

320 ADMINISTRATIVO. PROCESSUAL CIVIL. EXTINÇÃO DA EXECUÇÃO. SUCUMBÊNCIA. PRINCÍPIO DA CAUSALIDADE. HONORÁRIOS ADVOCATÍCIOS. REDUÇÃO. REEXAME DE FATOS E PROVAS. IMPOSSIBILIDADE. INCIDÊNCIA DA SÚMULA 7/STJ. 1. A condenação em honorários advocatícios pauta-se pelo princípio da causalidade, ou seja, somente aquele que deu causa à demanda ou ao incidente processual é quem deve arcar com as despesas deles decorrentes. 2. Nos termos da jurisprudência pacífica do STJ, a fixação da verba honorária pelo critério da equidade, na instância ordinária, é matéria de ordem fática insuscetível de reexame na via especial, ante o óbice da Súmula 7/STJ. Por outro lado, a jurisprudência desta Corte adotou o entendimento no sentido de que os honorários advocatícios são passíveis de modificação na instância especial tão somente quando se mostrarem irrisórios ou exorbitantes, o não que ocorreu *in casu*. Agravo regimental improvido. (BRASIL. Superior Tribunal de Justiça. Segunda Turma. AgRg no REsp 1539463/RS. Rel. Min: Humberto Martins. Julgado em: 25/08/2015. Disponível em: <https://ww2.stj.jus.br/processo/revista/documento/mediado/?componente=ITA&sequencial=1434599&num_registro=201501209091&data=20150902&formato=HTML>. Acesso em: 14 set. 2015).

321 PROCESSUAL CIVIL. RECURSO ESPECIAL. SUPOSTA OFENSA AO ARTIGO 535 DO CPC. INEXISTÊNCIA DE VÍCIO NO ACÓRDÃO RECORRIDO. "EXECUÇÃO INVERTIDA". IMPOSSIBILIDADE DE FIXAÇÃO DE HONORÁRIOS ADVOCATÍCIOS. 1. Não havendo no acórdão recorrido omissão, obscuridade ou contradição, não fica caracterizada ofensa ao art. 535 do CPC. 2. O Supremo Tribunal Federal, no julgamento do Recurso Extraordinário 420.816/PR, fixou compreensão no sentido de serem devidos honorários advocatícios na hipótese de execução sujeita a Requisição de Pequeno Valor (RPV). 3. Todavia o caso dos autos, possui peculiaridades, que afastam a aplicação desse precedente à hipótese. 4. Na "execução invertida" a Fazenda Pública condenada em obrigação de pagar quantia certa, mediante RPV, ao invés de aguardar a fase executiva do débito já reconhecido, antecipa-se ao credor cumprindo espontaneamente a obrigação apresentado os cálculos da quantia devida. 5. A jurisprudência do STJ firmou-se no sentido de que a condenação em honorários advocatícios pauta-se pelo princípio da causalidade, ou seja, somente aquele que deu causa à demanda ou ao incidente processual é quem deve arcar com as despesas deles decorrentes. 6. Dessa forma, a Fazenda Pública cumprindo espontaneamente a obrigação de pagar quantia certa, com a concordância do credor acerca do valor apresentado, não há que se falar em fixação de honorários advocatícios, na medida que não houve novo esforço laboral. 7. O direito aos honorários advocatícios na execução decorre da necessidade de remuneração do causídico que atua de forma diligente no sentido de propor a execução com a finalidade de obrigar o ente público a cumprir a obrigação firmada no processo de conhecimento. Assim sendo, somente no caso de o credor der início a execução (com o pedido de citação da Fazenda Pública para opor embargos à execução) é que será cabível a condenação em honorários, hipótese na qual aplica-se o entendimento firmado pelo STF no RE 420.816/PR. 8. Recurso especial parcialmente provido. (BRASIL. Superior Tribunal de Justiça. Segunda Turma. REsp 1536555/RS. Rel. Min: Mauro Campbell Marques. Julgado em: 23/06/2015. Disponível em: <https://ww2.stj.jus.br/processo/revista/documento/mediado/?componente=ITA&sequencial=1420546&num_registro=201500967520&data=20150630&formato=HTML>. Acesso em: 14 set. 2015).

322 PROCESSUAL CIVIL. HONORÁRIOS. PRINCÍPIO DA CAUSALIDADE. AUSÊNCIA DE DOCUMENTO ESSENCIAL AO CÁLCULO. JUNTADA POSTERIOR. CULPA DO EXEQUENTE. TESE NÃO ANALISADA. OMISSÃO EXISTENTE. RETORNO DOS AUTOS. NECESSIDADE. RECURSO ESPECIAL PROVIDO. 1. Há omissão no julgado quanto à alegação de inobservância ao princípio da causalidade, pois a Fazenda Nacional alegou que os equívocos nos cálcu-

> Em regra, os ônus sucumbenciais devem ser aplicados em conformidade com o princípio da sucumbência. Entende-se, assim, que o sucumbente é considerado responsável pelo ajuizamento da ação, de maneira que deve ser condenado nas despesas processuais.
>
> Todavia, há casos em que, embora sucumbente, a parte não deu causa ao ajuizamento da ação, não devendo, por conseguinte, sobre ela recair os ônus da sucumbência. Nessas hipóteses, então, o princípio da sucumbência deve ser aplicado em consonância com o princípio da causalidade, segundo o qual as despesas processuais e honorários advocatícios devem ser suportados por quem deu causa à instauração do processo". (REsp 724.341/MG, Rel. Ministra DENISE ARRUDA, Primeira Turma, julgado em 02/10/2007, DJ 12/11/2007, p. 158.)

Em sede de embargos de terceiro, considerando o caso de constrição indevida, surge a necessidade de arcar com os honorários advocatícios, nos termos da Súmula nº 303 do Superior Tribunal de Justiça.[323]

Importante referir que a nova legislação processual, em seu art. 85, § 10, faz menção à perda do objeto e o princípio da causalidade:[324]

> [...] se o autor tinha interesse processual quando da propositura da demanda, mas houve carência superveniente de ação, pela perda do objeto, o juiz deve analisar se o réu deu causa ao ajuizamento da demanda. Em caso positivo, deve condená-lo ao pagamento dos honorários advocatícios [...].

---

los da execução foram causados exclusivamente pelo exequente, que somente juntou documento essencial a efetiva aferição dos valores devidos após o ajuizamento dos embargos à execução. 2. "Em regra, os ônus sucumbenciais devem ser aplicados em conformidade com o princípio da sucumbência. Entende-se, assim, que o sucumbente é considerado responsável pelo ajuizamento da ação, de maneira que deve ser condenado nas despesas processuais. Todavia, há casos em que, embora sucumbente, a parte não deu causa ao ajuizamento da ação, não devendo, por conseguinte, sobre ela recair os ônus da sucumbência. Nessas hipóteses, então, o princípio da sucumbência deve ser aplicado em consonância com o princípio da causalidade, segundo o qual as despesas processuais e honorários advocatícios devem ser suportados por quem deu causa à instauração do processo". (REsp 724.341/MG, Rel. Ministra DENISE ARRUDA, PRIMEIRA TURMA, julgado em 02/10/2007, DJ 12/11/2007, p. 158.) 3. Desde a apelação, a Fazenda Nacional vem alegando que os embargos foram opostos porque havia excesso na execução e que os valores devidos só puderam ser devidamente aferidos quando o exequente juntou o documento que comprovava os valores recolhidos a título de despesas de honorários, documento este que inviabilizou a feitura dos cálculos de forma correta pelos órgãos do Fisco. 4. Tendo a recorrente interposto o presente recurso por ofensa ao art. 535, II do CPC, e em face da relevância da questão suscitada, torna-se necessário o debate acerca da verba honorária à luz do princípio da causalidade. Recurso especial provido a fim de que os autos retornem ao Tribunal a quo para o julgamento completo dos embargos de declaração opostos. (BRASIL. Superior Tribunal de Justiça. Segunda Turma. REsp 1515615/RS. Rel. Min: Humberto Martins. Julgado em: 24/03/2015. Disponível em: <https://ww2.stj.jus.br/processo/revista/documento/mediado/?componente=ITA&sequencial=1394319&num_registro=201500339437&data=20150330&formato=HTML>. Acesso em: 14 set. 2015).

[323] Súmula nº 303: Em embargos de terceiro, quem deu causa à constrição indevida deve arcar com os honorários advocatícios. Disponível em: <http://www.stj.jus.br/SCON/sumulas/toc.jsp?livre=honor%E1rios+e+quem+deu+causa&&b=SUMU&thesaurus=JURIDICO&p=true>. Acesso em: 14 set. 2015.

[324] BUENO, Cássio Scarpinella. *Novo código de processo civil anotado*. São Paulo: Saraiva, 2015, p. 79.

Podemos observar a aplicação prática das lições acima referidas em decisão do Superior Tribunal de Justiça que discutia matéria de natureza tributária:[325]

> [...] Registre-se que, quando intentada a medida cautelar (14/07/2010), as condições da ação estavam todas presentes, sendo que foi o posterior ajuizamento da execução fiscal, ocorrido em 23/12/2009, conforme consulta processual por meio site do TRF4a. Região, que gerou a perda do objeto da presente demanda.
>
> No caso concreto, a imputação do pagamento da verba honorária há de obedecer ao princípio da causalidade, importando averiguar o responsável pela propositura da ação.
>
> [...].
>
> Entendo, assim, que a União tenha dado causa ao ajuizamento da demanda em razão da demora na cobrança judicial do débito, oportunidade em que o contribuinte poderia garantir a dívida e, assim, obter a certidão, devendo, portanto, arcar com o pagamento dos honorários de sucumbência.
>
> [...].
>
> Destarte, demonstrada a necessidade e adequação da demanda ajuizada, cabe à União arcar com as verbas sucumbenciais, à luz do Princípio da Causalidade.
>
> [...] 10. No caso dos autos, o processo cautelar foi extinto sem resolução do mérito em razão da perda superveniente do interesse de agir, uma vez proposta a execução fiscal cujo débito perquirido pretendia-se garantir em antecipação, possibilitando-se, assim, a expedição de certidão positiva com efeito de negativa, documento indispensável ao exercício da atividade empresarial da recorrida. Sendo assim, ajuizada a ação cautelar e sendo extinto o processo, por perda de objeto, em decorrência de fato superveniente, responderá pelos ônus da sucumbência aquele que deu causa à demanda (AgRg no AREsp 449.806/SP, Rel. Min. HERMAN BENJAMIN, DJe 30.10.2014). Nesse sentido:
>
> PROCESSUAL CIVIL. ICMS SOBRE DEMANDA CONTRATADA DE ENERGIA ELÉTRICA. INTERESSE DE AGIR CONFIGURADO QUANDO AJUIZADA A AÇÃO CAUTELAR. SUPERVENIENTE PERDA DO INTERESSE PROCESSUAL EM RAZÃO DO PARCIAL PROVIMENTO DO RECURSO ESPECIAL INTERPOSTO NA AÇÃO PRINCIPAL. HONORÁRIOS ADVOCATÍCIOS. CABIMENTO. PRINCÍPIO DA CAUSALIDADE. EXCLUSÃO, DE OFÍCIO, DA CONCESSIONÁRIA DE ENERGIA ELÉTRICA POR ILEGITIMIDADE PASSIVA *AD CAUSAM*. [...]

Concluímos, das lições e jurisprudência aqui trazidas e analisadas que aquele que deu causa para determinada demanda terá, como

---

[325] TRIBUTÁRIO. AGRAVO REGIMENTAL NO RECURSO ESPECIAL. FATO SUPERVENIENTE. PERDA DO OBJETO. EXTINÇÃO DO FEITO. HONORÁRIOS ADVOCATÍCIOS DEVIDOS. PRINCÍPIO DA CAUSALIDADE. AGRAVO REGIMENTAL A QUE SE NEGA PROVIMENTO. 1. São devidos os honorários advocatícios quando extinto o processo sem resolução de mérito, devendo as custas e a verba honorária ser suportadas pela parte que deu causa à instauração do processo, ante o princípio da causalidade (AgRg no REsp. 1.388.399/MA, Rel. Min. HUMBERTO MARTINS, DJe 28.5.2014). 2. Agravo Regimental da FAZENDA NACIONAL a que se nega provimento. (BRASIL. Superior Tribunal de Justiça. Primeira Turma. AgRg no REsp 1441488/RS. Rel. Min: Napoleão Nunes Maia Filho. Julgado em: 10/11/2015. Disponível em: <https://ww2.stj.jus.br/processo/revista/documento/mediado/?componente=ITA&sequencial=1462283&num_registro=201400542436&data=20151119&formato=HTML>. Acesso em: 13 mai. 2016).

consequência processual, o dever de pagar, além das custas e despesas processuais, os honorários da parte contrária, ou seja, incide à espécie a sucumbência. No plano do direito material a situação, entendemos assim, revela-se análoga, para a hipótese de a parte ter de vir a juízo sem dar causa para tanto, e desde que, comprovadamente, tenha gastos com os honorários contratuais, estes que se se traduzem na extensão do que também deve ser alvo de indenização.

Quarta Parte

Ressarcimento

Vimos, até o presente momento, importância única relativa à atuação dos advogados no patrocínio da causa, envolvendo a defesa dos interesses e direitos de seus clientes, especialmente quando à cobrança de honorários contratuais por aqueles em face destes. Portanto, chega o momento de sintonizarmos o ordenamento no tocante a honorários, com o objetivo de reforçar ainda mais a necessidade do devido ressarcimento.

4. Diálogo entre os arts. 389, 402 e 944 do Código Civil: os honorários contratuais em sintonia com a reparação integral dos danos

Entendemos que deve haver uma sintonia, ou melhor, um diálogo, entre os arts. 389, 402 e 944 do Código Civil, no sentido de sua melhor interpretação, para bem assim extrairmos o sentido de suas normas, autorizando os gastos com os honorários contratuais, ou seja, o seu devido ressarcimento.

Clóvis do Couto e Silva, ao lecionar sobre o conceito de dano, há muito dizia, com brilhantismo e propriedade ímpares: "Observe-se que o conceito de utilidade da reparação domina a responsabilidade civil de uma maneira muito ampla. O fato é que a indenização tem por finalidade a composição de interesses lesados".[326]

Como vimos até este momento, estamos buscando a possibilidade de cobrança, de ressarcimento dos valores, a título de honorários contratuais, quando se cogita de reparação de danos. Vários dispositivos do Código Civil, acerca do dano, das perdas e danos, da reparação integral e que fazem referência aos honorários advocatícios, foram

[326] SILVA, Clóvis do Couto e. O conceito de dano no direito brasileiro e comparado. In: *Revista dos Tribunais*, ano 80: maio de 1991: vol. 667, p. 7. São Paulo: 1991, p. 08.

trazidos. Estamos, também, tentando sintonizá-los, afiná-los, com a Responsabilidade Civil e com o Direito das Obrigações.

Neste ponto quase final deste livro fundamentamos nossa posição, também, com a denominada Teoria do Diálogo das Fontes. A Teoria foi trazida somente neste momento para dar o devido, necessário e adequado toque de harmonia na legislação ora estudada, no sentido de fazer conviver o Código Civil em sintonia com a Constituição Federal, bem como todos os princípios analisados.

Vamos à Teoria: Erik Jayme, mestre de Heidelberg, através de brilhante exposição, ensina que, em razão de atualmente existir o denominado pluralismo pós-moderno, consubstanciado em um direito com fontes legislativas plúrimas, importante e necessária faz-se a coordenação entre as leis de um mesmo ordenamento jurídico, com o objetivo de um sistema eficiente e justo. Cada vez mais, segundo a doutrina referida, legisla-se, seja nacional, seja internacionalmente, sobre temas convergentes, de tal sorte que a doutrina atualizada vem procurando harmonizar e coordenar a existência entre as normas de determinado sistema jurídico, do que pura e simplesmente excluir alguma delas (ab-rogação, derrogação, revogação). Busca-se, além de uma eficiência hierárquica, mas também funcional, o objetivo de se evitar a antinomia, a incompatibilidade ou a não coerência.[327]

Entendemos que os ensinamentos acima, no tocante aos artigos do Código Civil e da própria Constituição Federal, junto com o Código de Defesa do Consumidor (quando presente a relação de consumo), quando se cogita de Responsabilidade Civil e a suas consequências em termos de reparação, aplicam-se integralmente ao que estamos aqui defendendo. Insistimos, portanto, que o ordenamento jurídico sequer veda qualquer tipo de ressarcimento, cobrança, dos honorários contratuais. Muito pelo contrário: deve privilegiar tal hipótese, sob pena de afronta a institutos caríssimos da Responsabilidade, como já referimentos diversas vezes, a reparação integral, e também com relação ao Direito das Obrigações.

Continuando, Claudia Lima Marques, apresentando e ensinando sobre a mencionada Teoria, e em referência a Erik Jayme, aduz que a solução sistemática pós-moderna precisa ser mais flexível, a permitir maior mobilidade e fineza das distinções. A pluralidade e a complexidade, a distinção impositiva dos direitos humanos e do "direito a ser diferente e a ser tratado diferentemente, sem a necessidade mais de ser igual aos outros" não permite mais a monossolução. Por isso a

[327] MARQUES, Claudia Lima; BENJAMIN, Antônio Herman V.; MIRAGEM, Bruno. *Comentários ao Código de Defesa do Consumidor*. 3. ed. São Paulo: Revista dos Tribunais, 2010, p. 30-31.

superação de paradigmas é substituída pela convivência de paradigmas. De modo que a convivência de leis em diversos campos, às vezes convergentes e, em geral diferentes, mas em um mesmo sistema jurídico, parecendo um sistema fluído, mutável e complexo, circunstância esta que leva, que se propõe, por uma coordenação das fontes envolvidas, mostra-se relevante e aplicável.[328] Tais ensinamentos são certeiros ao estudo aqui trazido, como facilmente podemos perceber.

Continuando, na aplicação coordenada de duas leis, uma pode complementar a aplicação da outra, dependendo do campo de aplicação no caso concreto, denominando de diálogo sistemático de complementaridade e subsidiariedade em antinomias aparentes ou reais, que indicam a aplicação complementar tanto das normas quanto dos princípios, no que couber, no que for necessário, ou de maneira subsidiária.[329]

Bruno Miragem, ao ensinar sobre a teoria em questão, explica que "o diálogo das fontes é um método de interpretação e aplicação das leis que se associa a esforços de superação de uma crise de confiança no direito como instrumento de pacificação e solução de conflitos".[330]

Bebendo na fonte de tais ensinamentos é que procuramos resolver a questão da do ressarcimento dos honorários advocatícios, de sua inclusão no montante que se busca, em termos de reparação civil. Ainda, entendemos que a interpretação nos termos em que defendida neste livro, além de valorizar o lesado, valoriza também o trabalho do legislador quanto aos mencionados dispositivos legais e constitucionais.

Jacob Dolinger, ao tratar sobre o Direito Internacional e a sua aplicação pelo Direito brasileiro, é extremamente preciso quando refere que "a legislação de cada estado deve constituir o reflexo exato das necessidades especiais de cada povo, de acordo com o estado atual de sua cultura e nível de civilização".[331]

Fernando Noronha auxilia-nos, e muito, no necessário diálogo entre as normas aqui trazidas. O autor, ao lecionar sobre as fontes das obrigações, afirma que a lei não as faz nascer, eis que inerte. Assim, a simples existência da norma não autoriza o nascimento da obrigação: "A lei simplesmente rege negócios jurídicos, atos jurídicos não nego-

---

[328] MARQUES, Cláudia Lima; BENJAMIN, Antônio Herman V.; MIRAGEM, Bruno. *Comentários ao Código de Defesa do Consumidor*. 3. ed. São Paulo: Revista dos Tribunais, 2010, p. 32.

[329] Idem, p. 32.

[330] MIRAGEM, Bruno. *Eppur si muove*: diálogo das fontes como método de interpretação sistemática no direito brasileiro. In: *Diálogo das fontes*: do conflito à coordenação de normas no direito brasileiro. MARQUES, Claudia Lima (coord.). São Paulo: Revista dos Tribunais, 2012, p. 86.

[331] DOLINGER, Jacob. O direito internacional e a sua aplicação pelo direito brasileiro: atualidades e perspectivas – perspectivas do direito internacional privado. In: MENEZES, Wagner (Org.). *O direito internacional e o direito brasileiro:* homenagem a José Francisco Rezek. Ijuí: Editora Unijuí, 2004, p. 873.

ciais, atos ilícitos e demais fatos juridicamente relevantes". Contudo, entre a norma e a obrigação há sempre determinado acontecimento (como por exemplo, um acordo entre duas pessoas; uma lesão a direitos alheios). Tais acontecimentos, aí sim, revelam-se verdadeiras fontes das obrigações.[332] Portanto, em não dando causa à ação e gastando com os honorários contratuais, surge a causa do seu ressarcimento.

Concluindo, o Código Civil, em seus arts. 389, 402 e 944, sem qualquer sombra de dúvidas, autoriza o ressarcimento dos honorários contratuais.

4.1. A problemática dos honorários contratuais elevados

Mas há questão que deve ser abordada e que pode causar verdadeiros transtornos quando, especialmente, os honorários contratuais revelarem-se elevados. Portanto, necessária a devida atenção a esta circunstância.

Humberto Theodoro Júnior ressalta, como vimos anteriormente, a necessidade de os gastos com os honorários (convencionais) integrarem as perdas e danos. É que são gastos reais efetuados pela parte. Todavia, o mestre pondera que não pode haver abusividade: "Se, portanto, o valor contratado se revelar exorbitante, em comparação aos honorários habitualmente cobrados, o juiz poderá, analisando as peculiaridades do caso, arbitrar outro valor", nos termos da jurisprudência do Superior Tribunal de Justiça, inclusive, servindo de parâmetro, a própria tabela de honorários da Ordem dos Advogados do Brasil.[333]

Dada a relevância do julgamento noticiado por Humberto Theodoro Júnior, acerca do ponto relativo à eventual abusividade em sede de honorários contratuais e a sua cobrança, no sentido de integrar o princípio da reparação integral e as perdas e danos, transcrevemos, no ponto, as razões de decidir, pelo Superior Tribunal de Justiça acerca do debate:[334]

---

[332] NORONHA, Fernando. *Direito das obrigações*. 4. ed. São Paulo: Saraiva, 2013, p. 366.

[333] THEODORO JÚNIOR, Humberto. *Curso de direito processual civil*. Vol. I. 56. ed. Rio de Janeiro: Forense, 2015, p. 303.

[334] CIVIL E PROCESSUAL CIVIL. VALORES DESPENDIDOS A TÍTULO DE HONORÁRIOS ADVOCATÍCIOS CONTRATUAIS. PERDAS E DANOS. PRINCÍPIO DA RESTITUIÇÃO INTEGRAL. 1. Aquele que deu causa ao processo deve restituir os valores despendidos pela outra parte com os honorários contratuais, que integram o valor devido a título de perdas e danos, nos termos dos arts. 389, 395 e 404 do CC/02. 2. Recurso especial a que se nega provimento. (BRASIL. Superior Tribunal de Justiça. Terceira Turma. REsp. 1.134.725/ MG. Rel. Min: Nancy Andrighi. Julgado em: 14/06/2011. Disponível em: <https://ww2.stj.jus.br/processo/revista/documento/mediado/?componente=ITA&sequencial=1069449&num_registro=200900671480&data=20110624&formato=PDF>. Acesso em: 28 abr. 2016).

Por fim, para evitar interpretações equivocadas da presente decisão, cumpre esclarecer que, embora os honorários convencionais componham os valores devidos pelas perdas e danos, o valor cobrado pela atuação do advogado não pode ser abusivo. Dessarte, se o valor dos honorários contratuais for exorbitante, o juiz poderá, analisando as peculiaridades do caso concreto, arbitrar outro valor, podendo utilizar como parâmetro a tabela de honorários da OAB. Tendo em vista que não houve pedido do recorrente quanto ao reconhecimento da abusividade das verbas honorárias, a referida questão não será analisada no presente recurso especial, pois, nos termos do princípio da congruência, a decisão não pode ultrapassar os limites do pedido.

4.2. Princípios, interpretação e hermenêutica

Como já abordado desde o início de nosso trabalho, temos a preocupação de analisar as questões atinentes a possibilidade de ressarcimento dos honorários advocatícios contratuais partir de uma análise entre o Direito das Obrigações e a Responsabilidade Civil, o que inclui as perdas e danos, sob uma perspectiva da Constituição Federal, que não limita qualquer tipo de reparação, como estudado. Simplificando: como marco, pois, segundo as pontuais e sábias palavras de Maria Berenice Dias, o direito emerge da Constituição Federal, esta tida como verdadeira carta de princípios.[335]

Em se tratando do estudo do Direito, entendemos que a base (Constituição) de determinada norma, de um pensamento, fundamento, alicerce, precedente, decisão, deve vir, em um primeiro lugar, justificada através de determinados princípios que regem a discussão, com a origem na Carta para, então e em seguida, partimos para a lei.

Como visto, a temática neste livro aborda alguns princípios, portanto, mister trazer, a respeito deste tema, as lições de José Afonso da Silva. Ensina o mestre que a palavra princípio é equívoca, pois aparece com sentidos diversos. Inicialmente, indica acepção de início, começo, asseverando, assim, que a norma de princípio, ou disposição de princípio, tem o significado de norma que contém o início ou esquema de um órgão, programa ou entidade, da mesma forma que são as normas de princípio institutivo e as de princípio programático. Todavia, ressalta o autor que não tem esse o sentido a expressão *princípios fundamentais*, em nossa Constituição Federal, mas sim o sentido de um mandamento nuclear de um sistema. Esta é a tradução da palavra *princípio*, para utilizarmos no direito constitucional.[336]

[335] DIAS, Maria Berenice. *Manual do direito das famílias*. 6. ed. Porto Alegre: Livraria do Advogado, 2010, p. 57.

[336] SILVA, José Afonso da. *Curso de direito constitucional positivo*. 29. ed. São Paulo: Malheiros, 2007, p. 91.

Continuando com os ensinamentos do referido mestre, as normas "são preceitos que tutelam situações objetivas de vantagem ou de vínculo, ou seja, reconhecem, por um lado, as pessoas ou entidades, a faculdade de realizar certos interesses por ato próprio ou exigindo ação ou abstenção de outrem, e, por outro lado, vinculam pessoas ou entidades à obrigação de submeter-se às exigências de realizar uma prestação, ação ou abstenção em favor de outrem".[337]

Humberto Ávila, ao tratar da eficácia interna direta dos princípios, esclarece que aqueles exercem o que chama de função integrativa, "na medida em que justificam agregar elementos não previstos em subprincípios ou regras". Assim, mesmo que determinado elemento inerente ao fim objetivado não tenha previsão, o princípio irá garanti-lo.[338] Cláudio Bonatto e Paulo Valério Dal Pai Moraes, a seu turno, explicam a noção de princípio. Ensinam os juristas que, ao falar em princípios aplicáveis (no caso ao Código de Defesa do Consumidor), trata-se, também de regras de hermenêutica fundamentais para o correto entendimento da referida lei; é necessário um norte para o entendimento das regras lá previstas.[339]

Arnoldo Wald, em suas lições a respeito da norma jurídica afirma que "O direito positivo caracteriza-se pela sua exterioridade e coercibilidade", sendo a norma, também, exterior e bilateral, regulando o comportamento objetivo das pessoas. E assim prossegue:[340]

> É bilateral a norma jurídica porque ao direito subjetivo do sujeito ativo deve corresponder sempre um dever jurídico do sujeito passivo.
>
> Temos, assim, uma correspondência entre um direito e um dever [...].
>
> A coercibilidade das normas jurídicas faz-se sentir na sanção. Já se disse que norma sem sanção é "sino sem badalo, fogo que não queima e luz que não alumia". Tão condenável quanto a prepotência da força bruta é a impotência do direito.

O mestre acima segue os seus ensinamentos asseverando que: "Aquele que se furtar a aplicação das normas jurídicas será obrigado a sofrer a sanção legal que pode ser a execução do dever prescrito, como ocorre no pagamento de dívidas [...]".[341] Então, se norma sem sanção é "sino sem badalo", como antes mencionado, a vedação ao ressarcimento dos honorários advocatícios, tal e qual encontramos previsão no já

[337] SILVA, José Afonso da. *Curso de direito constitucional positivo*. 29. ed. São Paulo: Malheiros, 2007, p. 91.

[338] ÁVILA, Humberto. *Teoria dos princípios*: da definição à aplicação dos princípios jurídicos. 15. ed. São Paulo: Malheiros, 2014, p. 123.

[339] BONATTO, Cláudio; MORAES, Paulo Valério Dal Pai. *Questões controvertidas no Código de Defesa do Consumidor*. Porto Alegre: Livraria do Advogado, 2009, p. 27-29.

[340] WALD, Arnoldo. *Direito civil: introdução e parte geral*. Vol. 1. 13. ed. São Paulo: Saraiva, 2011, p. 41.

[341] Idem, p. 41.

analisado art. 389 do Código Civil, seria, juridicamente, ou teria, que significado? Que interpretação? A nosso ver, a obrigatoriedade da inclusão em ação de reparação, e ponto final.

Estamos chegando ao final deste livro. Buscamos, como se observa, a defesa da cobrança dos honorários advocatícios contratuais. Vimos os dispositivos constitucionais e infraconstitucionais a respeito do tema, além de nosso entendimento em igual direção daqueles autorizam o deferimento quanto ao ressarcimento. Mas, ainda, mesmo que ao apagar das luzes deste trabalho, não paramos por aí.

Há diferença crucial que se deve fazer entre texto e norma, como magistralmente ensina Humberto Ávila:[342]

> Normas não são textos nem o conjunto deles, mas os sentidos construídos a partir da interpretação sistemática dos textos normativos. Daí se afirmar que os dispositivos se constituem no objeto da interpretação; e as normas, no seu resultado. O importante é que não existe correspondência entre a norma e o dispositivo, no sentido de que sempre que houver dispositivo haverá uma norma, ou sempre que houver uma norma deverá haver dispositivo que lhe sirva de suporte.

As lições supratranscritas vão no sentido, então, de que pode haver hipóteses de existência de determinada norma, mas sem dispositivo. Humberto Ávila utiliza como exemplos os princípios da segurança jurídica e da certeza do Direito. Portanto, para estes casos, há norma mesmo que inexistente qualquer dispositivo específico que venha a dar ou servir de suporte. Mas, por outro lado, pode haver dispositivo, sem norma. Desta vez, o mestre faz a seguinte indagação para exemplificar: "Qual norma pode ser construída a partir do enunciado constitucional que prevê a *proteção de Deus*?". Para este caso, portanto, verifica-se dispositivo, mas sem qualquer construção de norma.[343]

Mas pode-se cogitar que, a partir de determinado dispositivo, se construam mais de uma norma:[344]

> Bom exemplo é o exame do enunciado prescritivo que exige lei para a instituição ou aumento de tributos, a partir do qual pode se chegar ao princípio da legalidade, ao princípio da tipicidade, à proibição de regulamentos independentes e à proibição delegação normativa. Outro exemplo ilustrativo é a declaração de inconstitucionalidade parcial sem redução de texto: o Supremo Tribunal Federal, ao proceder exame de constitucionalidade das normas, investiga os vários sentidos que compõem o significado de determinado dispositivo, declarando, sem mexer no texto, a inconstitucionalidade daqueles que são incompatíveis com a Constituição Federal. O dispositivo fica mantido, mas as normas construídas a partir dele, e que são incompatíveis com a Constituição Federal, são declaradas nulas.

[342] ÁVILA, Humberto. *Teoria dos princípios*: da definição à aplicação dos princípios jurídicos. 15. ed. São Paulo: Malheiros, 2014, p. 50.

[343] Idem, p. 50.

[344] Idem, p. 50-51.

Ao abordarmos os arts. 389, 402 e 944 do Código Civil, entre outros, buscamos procurar a sua interpretação e incidência, no sentido de defesa da possibilidade de ressarcimento dos honorários contratuais. Assim, novamente com base na doutrina de Humberto Ávila:[345]

> [...] a atividade do intérprete – quer julgador, quer cientista – não consiste meramente descrever o significado previamente existente dos dispositivos. Sua atividade consiste em constituir esses significados. Em razão disso, também não é plausível aceitar a idéia de que a aplicação do Direito envolve uma atividade de subsunção entre conceitos prontos antes mesmo do processo de aplicação.

Além de construir, o intérprete também reconstrói.[346] Como se não bastasse, em termos de interpretação, esta não se confunde com a:[347]

> [...] hermenêutica, parte da ciência jurídica que tem por objeto o estudo e a sistematização dos processos, que devem ser utilizados para que a interpretação se realize, de modo que o seu escopo seja alcançado da melhor maneira. A interpretação, portanto, consiste em aplicar as regras, que a hermenêutica perquire e ordena, para o bom entendimento dos textos legais.

Karl Larenz, mais uma vez, reforça e auxilia-nos: [348]

> O Direito é um objecto por demais complexo; a ele reportam-se não só as distintas ciências particulares como também a filosofia do Direito. Não pode, por exemplo, responder à questão de se deverá o juiz contentar-se com uma correta (independentemente do que por tal se entenda) aplicação das normas previamente dadas ou procurar, para além delas, uma solução do litígio justa – e em que é que poderemos reconhecer se uma decisão é justa. E como em todo o caso a Jurisprudência trata também da compreensão de textos – leis, decisões jurídicas, assim como de contratos e declarações negociais de privados – por maioria de razão reveste-se a hermenêutica, a doutrina da compreensão, relativamente a esse domínio da actividade do jurista, da maior importância, quando não de um alcance por si só decisivo.

Portanto, em com base no princípio da reparação integral somado às lições acima trazidas, o nosso livro tem por base a importância do estudo sobre normas e hermenêutica jurídica que envolve os conceitos e princípios aqui analisados, tais como perdas e danos, danos e o seu conceito, os danos diretos e imediatos como um dos requisitos do dano indenizável, os arts. 389, 402 e 944 do Código Civil. Tudo em sentido de sintonizar e extrair o correto sentido de suas normas, para o devido deferimento dos honorários contratuais, privilegiando a devida aplicação do Direito das Obrigações e da Responsabilidade Civil, em especial o princípio da reparação integral dos danos.

---

[345] ÁVILA, Humberto. *Teoria dos princípios*: da definição à aplicação dos princípios jurídicos. 15. ed. São Paulo: Malheiros, 2014, p. 52.

[346] Idem, p. 52.

[347] FRANÇA, R. Limongi. *Hermenêutica jurídica*. 12. ed. FRANÇA, Antonio de S. Limongi (atual.). São Paulo: Revista dos Tribunais, p. 19.

[348] LARENZ, Karl. *Metodologia da ciência do direito*. 6. ed. LAMEGO, José (trad.). Lisboa: Fundação Calouste Gulbenkian, 2012, p. 4.

Quinta Parte

Contrato de honorários e cláusula de êxito

Inaugurando a Quinta Parte, nesta segunda edição, trazemos aspectos relativos aos honorários contratuais e que dizem respeito, especificamente, ao contratante e ao contratado, aos olhos do entendimento do Superior Tribunal de Justiça, conforme abaixo poderemos melhor analisar.

É muito comum que o advogado contrate com seu cliente um percentual, a título de honorários contratuais, sobre o proveito econômico a ser obtido pelo cliente, também denominado de cláusula de êxito. Contudo, poderia o cliente vir a questionar em juízo o percentual acertado entre as partes? E a questão da autonomia privada, quando da formulação do contrato bem como o consagrado princípio do *pacta sunt servanda*?

Tal análise é importante do ponto de vista do estudo dos contratos, afinal, se o cliente vier a contestar em juízo o percentual devido, o advogado deve estar seguro no momento da celebração de seu contrato. A título de ilustração, a posição do STJ em caso concreto:

> Da leitura do dispositivo acima, verifica-se que, ao contrário do que ocorre com os honorários sucumbenciais, cujos parâmetros de fixação foram estabelecidos no art. 20, § 3º, *a* , *b* e *c*, § 4º e § 5º do CPC, o Estatuto da Advocacia não indicou os critérios a serem observados na definição dos honorários contratuais, razão pela qual, em princípio, porque decorrentes de avença estritamente particular, o advogado e o contratante estão livres para estabelecer o valor que considerarem adequado e justo como remuneração pelos serviços prestados, de modo que o controle pelo Judiciário do *quantum* avençado ocorrerá apenas de forma excepcional, nas hipóteses em que se verificar algum vício de vontade ou forem inobservados os princípios da razoabilidade e da boa-fé contratual.
>
> No caso em análise, ao que se depreende, o advogado, ora recorrente, e seus constituintes estipularam consensualmente que a verba honorária corresponderia aos percentuais de 10% "sobre o valor do contrato objeto da ação ordinária de rescisão contratual", 20% "sobre o valor pleiteado na execução" e 10% "para defesa na ação de embargos de terceiro" (e-STJ, fl. 416).
>
> Embora tais valores, a princípio, não destoem daqueles comumente admitidos em contratos de igual natureza, até mesmo por se tratar de trabalho desenvolvido em 3 (três)

ações e ao longo de vários anos, parece-me que, no caso, uma possível distorção acabou por surgir, não em decorrência dos percentuais isoladamente considerados, mas pela ausência de correlação entre o valor atribuído à causa, o qual foi utilizado na base de cálculo da contratação da verba honorária, e o proveito econômico efetivamente obtido pelos contratantes.

Observe-se que inexiste óbice legal à contratação dos honorários convencionais com base no valor da causa, até porque, em inúmeras situações, não existirá distinção entre o pedido e a condenação, ou seja, entre o montante que foi atribuído à pretensão inicial e o proveito econômico alcançado com o julgamento da demanda.

Diversa, contudo, é a situação quando o conteúdo econômico atribuído à causa vier a superar, de maneira expressiva, o *quantum* da condenação, pois, nessas hipóteses, o advogado do autor poderá obter a título de honorários contratuais, a depender da situação, quase o mesmo valor que for reconhecido em prol de seu cliente, gerando um indesejável desequilíbrio na relação, por produzir um resultado que se distancia da própria finalidade desse tipo de contratação.

Há que se lembrar, ainda, que o valor da causa atribuído na inicial é provisório, o que recomenda a sua utilização muito mais como elemento informativo do que como elemento-base de incidência do percentual advocatício, de modo que o uso do valor do benefício patrimonial ao final apurado com a prolação da sentença trará, inclusive, maior segurança para a relação contratual.

[...]

No caso, como se verifica, o ora recorrente pretendia ser remunerado por um valor equivalente a mais de 2/3 (dois terços) da importância que foi reconhecida como benefício econômico em prol de quem o contratou, o que faz com que o critério utilizado de percentual sobre o valor da causa se distancie dos parâmetros recomendáveis para esse tipo de contratação, revelando-se exorbitante e desproporcional.[349]

---

[349] RECURSO ESPECIAL. EMBARGOS À EXECUÇÃO DE TÍTULO EXTRAJUDICIAL. OMISSÃO DO ACÓRDÃO RECORRIDO. INEXISTÊNCIA. CONTRATO DE HONORÁRIOS ADVOCATÍCIOS CUJA COBRANÇA FOI ESTIPULADA EM PERCENTUAL SOBRE O VALOR DAS CAUSAS. POSSIBILIDADE DE REDUÇÃO NO CASO CONCRETO. RECURSO PARCIALMENTE PROVIDO. 1. Embora rejeitados os embargos de declaração, a matéria controvertida foi devidamente enfrentada pelo Colegiado de origem, que sobre ela emitiu pronunciamento de forma fundamentada, com enfoque suficiente a autorizar o conhecimento do recurso especial, não havendo que se falar em ofensa ao art. 535, II, do CPC. 2. Cuida-se de ação de execução por título extrajudicial consubstanciado em contrato de prestação de serviços advocatícios no qual as partes estipularam, a esse título, os percentuais de 10% "sobre o valor do contrato objeto da ação ordinária de rescisão contratual", 20% "sobre o valor pleiteado na execução" e 10% "para defesa na ação de embargos de terceiro." 3. Em princípio, porque decorrentes de avença estritamente particular, o advogado e o contratante estão livres para estabelecer o valor que considerarem adequado e justo como remuneração pelos serviços prestados, não havendo óbice legal à contratação dos honorários convencionais com base no valor do causa, até porque, em inúmeras situações, não existirá distinção entre o pedido e a condenação, ou seja, entre o montante que foi atribuído à pretensão inicial e o proveito econômico alcançado com o julgamento da demanda. Desse modo, o controle pelo Judiciário do quantum avençado ocorrerá apenas de forma excepcional, nas hipóteses em que se verificar algum vício de vontade ou forem inobservados os princípios da razoabilidade e da boa-fé contratual. 4. O caso em análise, todavia, é singular, na medida em que o conteúdo econômico atribuído à causa, após sofrer atualização monetária e incidência de juros, veio a superar, de maneira expressiva, o quantum da condenação, o que permitiria ao advogado obter a título de honorários contratuais mais de 2/3 (dois terços) do benefício patrimonial reconhecido em prol de seu cliente, gerando um indesejável desequilíbrio na relação, por produzir um resultado que se distancia da própria finalidade desse tipo de contratação. 5. Recurso especial parcialmente provi-

5. Revogação, renúncia e a manutenção do êxito: o problema da iliquidez

Para a hipótese de revogação do mandato, mesmo havendo previsão de êxito, o entendimento é o de que, pelo trabalho do advogado não ter ido até o final, o arbitramento dos honorários resolverá a controvérsia:

> Ora, se é vedada a inserção contratual de cláusula penal pelo simples exercício do direito potestativo à revogação do mandato, com base no mesmo fundamento também não é exigível a cláusula contratual que, em outros termos, acaba, em verdade, impondo uma penalidade ou um óbice ao exercício desse direito, mediante a estipulação do pagamento integral dos honorários contratados, independentemente dos serviços prestados. (Cláusula quarta – fl. 613 – 4º volume)
>
> Não há dúvida de que os honorários são devidos. Porém, em hipóteses como a examinada, devem representar uma contraprestação justa e proporcional ao serviço efetivamente realizado pelo advogado. [350]

---

do, para acolher em parte os embargos do devedor, determinando que na apuração do valor dos honorários advocatícios contratados seja observado o proveito econômico efetivamente obtido pelos contratantes, ora recorridos. (BRASIL. Superior Tribunal de Justiça. Terceira Turma. REsp nº 1454777/MG. Rel. Min: Paulo de Tarso Sanseverino. Rel. p/ Acórdão: Mn: Marco Aurélio Bellizze. Julgado em: 17/11/2015. Disponível em: < https://ww2.stj.jus.br/processo/revista/documento/mediado/?componente=ITA&sequencial=1458480&num_registro=201302821578&data=20151210&formato=HTML>. Acesso em: 30 jun. 2019).

[350] APELAÇÃO CÍVEL. HONORÁRIOS DE PROFISSIONAIS LIBERAIS. EMBARGOS À EXECUÇÃO. PRESCRIÇÃO AFASTADA. CONTRATO DE HONORÁRIOS ADVOCATÍCIOS. ILIQUIDEZ. SERVIÇO NÃO PRESTADO ATÉ O FINAL. REVOGAÇÃO DO MANDATO. ARBITRAMENTO. POSSIBILIDADE. 1. Hipótese em que ajustados entre as partes honorários advocatícios sobre o êxito da demanda. Porém, no curso da ação que o embargado patrocinou para a sucessão embargante, houve a revogação de seus poderes e a constituição de novos procuradores. 2. Considerando que as partes ajustaram que a remuneração do serviço realizado seria um percentual incidente sobre o êxito, o prazo prescricional começa a fluir da data do trânsito em julgado da decisão favorável ao ex-cliente. Entendimento vigente na Superior Instância. 3. Sentença que não se mostra extra petita, pois que decidiu nos exatos termos do pedido deduzido na inicial dos embargos à execução, passando pela análise de cláusula contratual. 4. Possibilidade de arbitramento de honorários contratuais em sede de embargos à execução, na medida em que houve pedido subsidiário da parte embargante nesse sentido, e em observância aos Princípios da Efetividade e da Adequação. Outrossim, o feito encontra-se suficientemente instruído, permitindo aferir o trabalho realizado pelo embargado e o benefício econômico obtido pela sucessão embargante na demanda inicialmente patrocinada por aquele. Precedente. 5. Sentença reformada. Embargos à execução julgados parcialmente procedentes. 6. Ônus sucumbenciais redimensionados. PRELIMINAR REJEITADA. RECURSO PROVIDO EM PARTE. (BRASIL. Tribunal de Justiça do Rio Grande do Sul. Décima Sexta Câmara Cível. Apelação Cível nº 70069776383. Des: Rel: Cláudia Maria Hardt, Julgado em: 29/11/2018. Disponível em: <http://www.tjrs.jus.br/busca/search?q=cache:www1.tjrs.jus.br/site_php/consulta/consulta_processo.php%3Fnome_comarca%3DTribunal%2Bde%2BJusti%25E7a%26versao%3D%26versao_fonetica%3D1%26tipo%3D1%26id_comarca%3D700%26num_processo_mask%3D70069776383%26num_processo%3D70069776383%26codEmenta%3D8039421+%22HONOR%C3%81RIOS+CONTRATUAIS%22+E+%22benef%C3%ADcio+econ%C3%B4mico%22++++&proxystylesheet=tjrs_index&client=tjrs_index&ie=UTF-8&site=ementario&access=p&oe=UTF-8&numProcesso=70069776383&comarca=Comarca%20de%20S%C3%A3o%20Borja&dtJulg=29/11/2018&relator=Cl%C3%A1udia%20Maria%20Hardt&aba=juris>. Acesso em: 30 jun. 2019).

5.1. *Procedimento para a cobrança dos honorários contratuais e sucumbenciais pelo advogado cujos poderes foram revogados, segundo o STJ*

Outra temática importante que guarda relação com o tópico anterior diz respeito aos honorários do advogado que teve a revogação de seus poderes. Como ele fará para cobrar pelo seu trabalho? Nos mesmos autos que anteriormente atuava? E mais: há termo para a cobrança?

Para responder a tais indagações, o posicionamento do Superior Tribunal de Justiça deve ser trazido. Portanto, o prazo para o advogado cobrar o que entende de direito fica vinculado à condição suspensiva, ou seja, ao êxito da demanda:

> No caso dos honorários contratuais, sendo tal verba pactuada com cláusula de êxito, a sua cobrança só é possível, mesmo no caso de revogação do mandato no curso da demanda, após a implementação da condição suspensiva. Desse modo, é a partir do instante em que obtido o sucesso na ação que se preludia o cômputo do referido prazo extintivo.
>
> [...]
>
> Registra-se que a condição suspensiva em comento só se concretiza após o final do processo, quando efetivamente adimplido título executivo judicial, pois, somente após o término da marcha processual, é que se tem condições de aferir a real remuneração a que o advogado faz jus.[351]

Já sobre a necessidade de ação autônoma, assim o entendimento da Corte:

> Dessume-se que o acórdão recorrido está em sintonia com o atual entendimento do STJ de que apenas o advogado constituído nos autos possui interesse processual para a discussão de eventual direito à verba honorária, cabendo àquele que teve revogado o seu

---

[351] AGRAVO INTERNO NOS EMBARGOS DE DECLARAÇÃO NO AGRAVO EM RECURSO ESPECIAL. EXECUÇÃO DE HONORÁRIOS CONTRATUAIS. REVOGAÇÃO DO MANDATO NO CURSO DA DEMANDA. CONTRATO DE ÊXITO. PRESCRIÇÃO. TERMO INICIAL. DATA EM QUE A PARTE ENTÃO REPRESENTADA OBTEVE SUCESSO NO FEITO. CONDIÇÃO SUSPENSIVA AINDA NÃO IMPLEMENTADA. NÃO INICIADO O CÔMPUTO DO PRAZO EXTINTIVO. INEXISTÊNCIA DE TÍTULO EXECUTIVO. EXTINÇÃO DO PROCESSO, SEM RESOLUÇÃO DO MÉRITO, QUE SE IMPÕE. SENTENÇA RESTABELECIDA. AGRAVO INTERNO DESPROVIDO. 1. A jurisprudência desta Casa assenta que, sendo os honorários contratuais pactuados com cláusula de êxito, a sua cobrança só é possível, mesmo no caso de revogação do mandato no curso da demanda, após a implementação da condição suspensiva. Desse modo, é a partir do instante em que obtido o sucesso na ação que se preludia o cômputo do prazo prescricional, em observância à teoria da actio nata. Precedente. 2. A concretização da condição suspensiva ocorre apenas após o final do processo, quando efetivamente adimplido título executivo judicial, pois, somente após o término da marcha processual, é que se tem condições de aferir a real remuneração a que o advogado faz jus. Precedente. 3. Agravo interno desprovido. (BRASIL. Superior Tribunal de Justiça. Terceira Turma. AgInt nos EDcl no AREsp nº 1284953/SP. Rel. Min: Marco Aurélio Bellizze. Julgado em: 15/10/2018. Disponível em: <https://ww2.stj.jus.br/processo/julgamento/eletronico/documento/mediado/?documento_tipo=integra&documento_sequencial=88801914&registro_numero=201800979803&publicacao_data=20181019&formato=PD>. Acesso em: oi jul. 2019).

mandato propor ação própria para pleitear direitos relacionados aos honorários contratuais ou à indenização pelos honorários sucumbenciais. De fato, o mandato (procuração) revogado não transforma o advogado em sócio do litígio.[352]

5.2. *Honorários contratuais e gratuidade de justiça*

A gratuidade de justiça concedida não impede que o advogado exerça seu direito de cobrar os honorários contratuais da parte que o benefício foi concedido. Neste sentido, podemos observar algumas decisões, iniciando pelo Superior Tribunal de Justiça:

> Nada impede a parte de obter os benefícios da assistência judiciária e ser representada por advogado particular que indique, hipótese em que, havendo a celebração de contrato com previsão de pagamento de honorários ad exito, estes serão devidos, independentemente da sua situação econômica ser modificada pelo resultado final da ação, não se aplicando a isenção prevista no art. 3°, V, da Lei nº 1.060/50, presumindo-se que a esta renunciou (REsp 1.153.163/RS, Rel. Ministra Nancy Andrighi, Terceira Turma, julgado em 26/6/2012, DJe 2/8/2012).
>
> 2. Entendimento contrário tem a virtualidade de fazer com que a decisão que concede a gratuidade de justiça apanhe ato extraprocessual e pretérito, qual seja o próprio

[352] PROCESSUAL CIVIL. ADVOGADO. HONORÁRIOS. REVOGAÇÃO DE MANDATO. TERCEIRO INTERESSADO. AÇÃO AUTÔNOMA. SÚMULA 83/STJ. 1. Preliminarmente, registro que o Recurso Especial do Ibama nas fls. 1.049-1.059 será julgado em momento posterior, haja vista a diversidade da matéria ora analisada. 2. Trata-se de Recurso Especial interposto por advogados que tiveram seu requerimento de integrar a lide como terceiros interessados indeferido. Argumentam a existência de interesse processual, considerando que teriam atuado por 15 (quinze) anos representando os expropriados e que eventual êxito no Recurso Especial do Ibama interferiria nos honorários advocatícios sucumbenciais aos quais alegam fazer jus. 3. Constato que não se configura a ofensa ao art. 1.022 do Código de Processo Civil/2015, uma vez que o Tribunal de origem julgou integralmente a lide e solucionou a controvérsia, em conformidade com o que lhe foi apresentado. Não é o órgão julgador obrigado a rebater, um a um, todos os argumentos trazidos pelas partes em defesa da tese que apresentaram. Deve apenas enfrentar a demanda, observando as questões relevantes e imprescindíveis à sua resolução. Nesse sentido: REsp 927.216/RS, Segunda Turma, Relatora Ministra Eliana Calmon, DJ de 13.8.2007; e REsp 855.073/SC, Primeira Turma, Relator Ministro Teori Albino Zavascki, DJ de 28.6.2007. 4. Dessume-se que o acórdão recorrido está em sintonia com o atual entendimento do STJ de que apenas o advogado constituído nos autos possui interesse processual para a discussão de eventual direito à verba honorária, cabendo àquele que teve revogado o seu mandato propor ação própria para pleitear direitos relacionados aos honorários contratuais ou à indenização pelos honorários sucumbenciais. De fato, o mandato (procuração) revogado não transforma o advogado em sócio do litígio. Incide, in casu, o princípio estabelecido na Súmula 83/STJ: "Não se conhece do Recurso Especial pela divergência, quando a orientação do Tribunal se firmou no mesmo sentido da decisão recorrida". 5. A propósito: AgRg nos EDcl no AREsp 342.108/SP, Segunda Turma, Rel. Min. Herman Benjamin, DJe 6/3/2014; AgInt no AREsp 974.120/MG, Rel. Ministro Mauro Campbell Marques, Segunda Turma, DJe 12/5/2017; AgInt nos EDcl no AREsp 43.083/SP, Rel. Ministro Raul Araújo, Quarta Turma, DJe 27/4/2017; AgInt no AREsp 899.389/RS, Rel. Ministro Luis Felipe Salomão, Quarta Turma, DJe 14/12/2016. 6. Recurso Especial não provido. (BRASIL. Superior Tribunal de Justiça. Segunda Turma. REsp n°. 1726925/MA, Rel. Min. Herman Benjamin. Julgado em: 07/06/2018. Disponível em: <https://ww2.stj.jus.br/processo/revista/documento/mediado/?componente=ITA&sequencial=1721010&num_registro=201800249225&data=20190215&formato=HTML>. Acesso em: 01 jul. 2019.

contrato celebrado entre o advogado e o cliente, interpretação que vulnera a cláusula de sobredireito da intangibilidade do ato jurídico perfeito (CF/88, art. 5°, inciso XXXVI; LINDB, art. 6°).

3. Ademais, estender os benefícios da justiça gratuita aos honorários contratuais, retirando do causídico a merecida remuneração pelo serviço prestado, não viabiliza, absolutamente, maior acesso do hipossuficiente ao Judiciário. Antes, dificulta-o, pois não haverá advogado que aceitará patrocinar os interesses de necessitados para ser remunerado posteriormente com amparo em cláusula contratual *ad exitum*, circunstância que, a um só tempo, também fomentará a procura pelas Defensorias Públicas, com inegável prejuízo à coletividade de pessoas - igualmente necessitadas - que delas precisam.[353]

Por sua vez, o Tribunal de Justiça do Rio Grande do Sul adota a posição do STJ:

A sentença de origem julgou improcedente o pleito de arbitramento de honorários advocatícios, ao fundamento de que o réu fora patrocinado pela parte autora em demanda na qual litigava sob o abrigo da gratuidade de justiça, o que, salvo demonstração da alteração das condições econômicas, lhe isentaria do pagamento dos honorários tanto sucumbenciais quanto contratuais.

Não deve prevalecer tal interpretação.

[...]

Sublinha-se, ainda, que não há qualquer evidencia de que a contratação dos serviços da parte autora tenha se dado a caráter gratuito.[354]

---

[353] AGRAVO INTERNO. RECURSO ESPECIAL. PROCESSUAL CIVIL. HONORÁRIOS ADVOCATÍCIOS CONTRATUAIS. JUSTIÇA GRATUITA. PAGAMENTO DEVIDO. JURISPRUDÊNCIA CONSOLIDADA. MATÉRIA DE FATO. IMPOSSIBILIDADE DE REDISCUSSÃO. AGRAVO REGIMENTAL IMPROVIDO. 1. São devidos honorários advocatícios contratuais mesmo na hipótese em que a parte vencida litigue sob o pálio da Justiça Gratuita. Precedentes. 2. As premissas de fato estabelecidas em segunda instância não podem ser rediscutidas em sede de Recurso Especial. Ao contrário, estabelecem a moldura factual necessária sobre a qual o STJ irá aplicar seu próprio entendimento jurídico acerca da matéria. 3. Agravo regimental improvido. (BRASIL. Superior Tribunal de Justiça. Terceira Turma. AgRg no REsp 1441178/RS. Rel. Min: Sidnei Beneti. Julgado em: 22/05/2014. Disponível em: <https://ww2.stj.jus.br/processo/revista/documento/mediado/?componente=ITA&sequencial=1323920&num_registro=201400529340&data=20140604&formato=HTML>. Acesso em: 22 fev. 2019).

[354] APELAÇÃO CÍVEL. ARBITRAMENTO DE HONORÁRIOS. DEFERIMENTO DA GRATUIDADE DE JUSTIÇA NÃO IMPEDE A FIXAÇÃO DE HONORÁRIOS CONTRATUAIS, QUANDO SE CONSTATA QUE A CONTRATAÇÃO, COMO NO CASO, NÃO OCORREU A CARÁTER GRATUITO. ARBITRAMENTO DE ACORDO COM AS DISPOSIÇÕES DO CPC. TABELA DA OAB NÃO VINCULA O JULGADOR. PARCIAL PROCEDÊNCIA DA PRETENSÃO DE ARBITRAMENTO. DERAM PARCIAL PROVIMENTO AO RECURSO. UNÂNIME. (BRASIL. Tribunal de Justiça do Rio Grande do Sul. Décima Sexta Câmara Cível. Décima Sexta Câmara Cível. Apelação Cível nº 70073458234. Rel: Des. Paulo Sérgio Scarparo. Julgado em: 18/05/2017. Disponível em: <http://www.tjrs.jus.br/busca/search?q=cache:www1.tjrs.jus.br/site_php/consulta/consulta_processo.php%3Fnome_comarca%3DTribunal%2Bde%2BJusti%25E7a%26versao%3D%26versao_fonetica%3D1%26tipo%3D1%26id_comarca%3D700%26num_processo_mask%3D70073458234%26num_processo%3D70073458234%26codEmenta%3D7280092+%22honor%C3%A1rios+contratuais%22+e+%22gratuidade+de+justi%C3%A7a%22++++&proxystylesheet=tjrs_index&ie=UTF-8&access=p&client=tjrs_index&site=ementario&oe=UTF-8&numProcesso=70073458234&comarca=Comarca%20de%20Passo%20Fundo&dtJulg=18/05/2017&relator=Paulo%20S%C3%A9rgio%20Scarparo&aba=juris>. Acesso em: 22 fev. 2019).

Conclusão

Não podemos perder de vista que, quando necessitamos da atuação de advogado para a defesa de nossos interesses (seja no polo passivo seja no polo ativo), tal necessidade surge em decorrência daquela defesa. Portanto, os gastos inerentes surgiram por causa de determinado processo judicial. Ora, se há prejuízo por tais gastos, como eles podem ser desconsiderados no montante da reparação? A indenização não se mede pela extensão do dano? Vimos que sim. O conceito de dano não refere uma perda, um prejuízo? Também é afirmativa a resposta. Consequência lógica: os honorários contratuais devem ser ressarcidos pela parte contrária, nos exatos termos que aqui defendemos.

Estudamos a função da Responsabilidade Civil e o seu princípio central: o da reparação integral. Vimos o que significam as perdas e danos como consequência do inadimplemento e a sua relação com o dano indenizável e o ressarcimento dos honorários contratados.

Ainda, outra situação que reforça o cabimento da hipótese que estamos trabalhando e que colocamos logo na introdução deste livro é a seguinte: muitas causas têm valores que não são nada elevados. Por exemplo: um acidente de trânsito cuja vítima aciona o seguro, e o seu prejuízo é a franquia, que, dependendo do veículo, pode ser baixa. Caso o responsável pelo acidente não venha a ressarcir o lesado, este, inevitavelmente terá de contratar serviços de advogado para cobrar em juízo. Os honorários, muitas vezes, serão de maior monta do que a própria franquia.

A hipótese acima pode ser um impeditivo para a vítima cobrar em juízo, pois, refletindo a respeito dos ônus e bônus de tal situação, fatalmente pensará: "os honorários estão acima da franquia. Meus prejuízos, além de continuarem, irão aumentar". Todavia, toda essa situação teve como origem, como causa, alguém que bateu em seu carro e cuja responsabilidade incide à hipótese. Pensamos que não podem ficar isentos os gastos a título de honorários.

Percebemos, ainda e como final reforço, que o entendimento pelo indeferimento da cobrança de honorários, nos termos que trouxemos a este livro, acarreta consequência nefasta ao lesado, eis que, para se defender em juízo, terá de arcar com gastos que não deu causa. Portanto, parte de seu patrimônio será utilizado (daí perdas e danos nesse sentido), mas não será objeto de reparação, circunstância esta que, ao nosso entendimento, afronta o princípio da reparação integral dos danos. Assim, os gastos a título de honorários contratuais gravitam junto aos danos, aos prejuízos que a vítima teve, no sentido de buscar o Poder Judiciário.

Clóvis do Couto e Silva, ao analisar o conceito de dano, e ensinar sobre os limites da reparação, discorre sobre o princípio da prevenção. De suas lições a respeito de tal princípio, pedimos a atenção aos seguintes ensinamentos e, em seguida, à seguinte analogia que faremos:[355]

> Hoje a questão resulta do fato de que há diversos danos que não se relacionam a pessoas determinadas, como o dano ecológico. Cada um destes danos considerados individualmente, tem uma amplitude tão pequena que não incita os indivíduos lesados a exigir sua reparação em juízo. Em consequência, o princípio da reparação não se opera.

O mestre segue afirmando, então, que se à reparação forem impostos limites, como valor inferior ao dano real, deixará de ter o princípio da prevenção qualquer aplicação prática. A nossa analogia tem como base a seguinte frase do renomado autor:[356]

> [...] há códigos civis, como sucede com o brasileiro que limitam a reparação aos efeitos diretos e imediatos do dano. Desde a glosa, especialmente a glosa "Lucratus non sit", impede-se que, através da reparação, a vítima possa ter benefícios, vale dizer, possa estar numa situação econômica melhor do que o que se encontrar anteriormente ao ato delituoso.

Ora, se à vítima se impede que, a partir da reparação, a sua situação econômica fique melhor do que anteriormente ao dano sofrido, à vítima também não se pode negar a reparação integral, o que aconteceria se os gastos com os honorários não puderem ser incluídos na reparação. Os prejuízos, por assim dizer, não seriam devidamente compensados.

A Constituição Federal como estudamos no item 2.4 não limita qualquer tipo de dano ou reparação. É claro que isto não pode dar margem às interpretações sem fundamentos, haja vista que, relembrando e nos termos do art. 403 do Código Civil, a reparação deve ser consequência direta e imediata do inadimplemento. Contudo, o Direito, especialmente, o Civil é, segundo a moderna teoria, analisado sob uma

---

[355] SILVA, Clóvis do Couto e. O conceito de dano no direito brasileiro e comparado. In: *Revista dos Tribunais*, ano 80: maio de 1991: vol. 667, p. 7. São Paulo: 1991, p. 11.

[356] Idem, p. 11.

perspectiva constitucional, denominado de Direito Civil Constitucional. Não é à toa que Paulo Lôbo ensina, com toda a propriedade, seja para a interpretação e estudos relativos tanto ao Direito das Obrigações como para a Responsabilidade Civil, que "[...] deve o jurista interpretar o Código Civil segundo a Constituição e não a Constituição segundo o Código, como ocorria com frequência".[357]

Finalizamos asseverando que, com esta publicação, buscamos alertar o operador do Direito para as questões aqui colocadas, analisadas e defendidas. E tudo sob a perspectiva da vítima, do lesado, em poder buscar a devida reparação (integral), sintonizando o Código Civil com a Constituição Federal, quando se cogita da devida reparação. Respeitamos os posicionamentos em contrário acerca da impossibilidade de ressarcimento dos honorários contratuais, contudo, entendemos que, para esta hipótese, o Direito está diametralmente afastado da Justiça, quando o Direito deve, sim, ser instrumento de realização daquela.

[357] LÔBO, Paulo. *Direito civil: obrigações*. 3. ed. São Paulo: Saraiva, 2013, p. 14.

Referências bibliográficas

AGUIAR DIAS, José de. *Da responsabilidade civil*. 12. ed. Rio de Janeiro: Lumen Juris, 2012.

ARIDA, Carlos Mansur. *Impossibilidade de compensação dos honorários de sucumbência*. Disponível em: <http://www.oab.org.br/editora/revista/users/revista/1242740361174218181901.pdf>.

ÁVILA, Humberto. *Teoria dos princípios*: da definição à aplicação dos princípios jurídicos. 15. ed. São Paulo: Malheiros Editores, 2014.

AZEVEDO, Álvaro Villaça. *Teoria geral das obrigações e responsabilidade civil*. 12. ed. São Paulo: Atlas, 2011.

BENJAMIN, Antonio Herman V.; MARQUES, Claudia Lima; BESSA, Leonardo Roscoe. *Manual de direito do consumidor*. 5. ed. São Paulo: Revista dos Tribunais, 2013.

BERNARDI, Silvia, Waltrick. *Constituição Federal comentada*. In: JANCZESKI, Célio Armando (Coord.). Curitiba: Juruá, 2011.

BONATTO, Cláudio; MORAES, Paulo Valério Dal Pai. *Questões controvertidas no Código de Defesa do Consumidor*. Porto Alegre: Livraria do Advogado, 2009.

CORDEIRO, António Menezes. *Tratado de direito civil português*. Vol. II: tomo III: gestão de negócios: enriquecimento sem causa: responsabilidade civil. Coimbra: Almedina, 2010.

BORGES, Gustavo. *Erro médico nas cirurgias plásticas*. São Paulo: Atlas, 2014.

BRASIL. *Código Civil. Lei nº 10.406, de 10 de janeiro de 2002*. Diário Oficial da União, Poder Executivo, Brasília, DF, 10 jan. 2002. Disponível em: <http://www.planalto.gov.br/ccivil_03/LEIS/2002/L10406.htm>.

——. *Código de Defesa do Consumidor*. Diário Oficial da União, Poder Executivo, Brasília, DF, 11 set. 1990. Disponível em: <http://www.planalto.gov.br/ccivil_03/Leis/L8078.htm>.

——. *Código de Processo Civil*. Lei nº 13.105, de 16 de março de 2015. DF, 16 mar. 2015. Disponível em: <http://www.planalto.gov.br/ccivil_03/_Ato2015-2018/2015/Lei/L13105.htm>.

——. *Código de Processo Civil. Lei nº 5.869, de 11 de janeiro de 1973*. DF, 11 jan. 1973. Disponível em: <http://www.planalto.gov.br/ccivil_03/LEIS/L5869.htm>.

——. *Constituição da República Federativa do Brasil de 1988*. DF, 05 outubro de 1988. Disponível em: <http://www.planalto.gov.br/ccivil_03/Constituicao/Constituicao.htm>.

——. *Estatuto da Advocacia e a Ordem dos Advogados do Brasil* – OAB. Lei nº 8.906, de 4 de julho de 1994. DF, 04 de julho de 1994. Disponível em: <http://www.oabrs.org.br/estatuto>.

BUENO, Cássio Scarpinella. *Novo Código de Processo Civil anotado*. São Paulo: Saraiva, 2015.

——. *Projetos de novo Código de Processo Civil comparados e anotados*: Senado Federal: PLS nº. 166/2010 e Câmara dos Deputados: PLN nº 8.046/2010. São Paulo: Saraiva, 2014.

CAHALI, Yussef Said. *Dano moral*. 4. ed. São Paulo: Revista dos Tribunais, 2011.

——. *Honorários advocatícios*. 3. ed. São Paulo: Revista dos Tribunais, 1997.

CAVALIERI FILHO, Sergio. *Programa de direito do consumidor*. 2. ed. São Paulo: Atlas, 2010.

——. *Programa de responsabilidade Civil*. 11. ed. São Paulo: Atlas, 2014.

——. *Programa de responsabilidade Civil*. 8. ed. São Paulo: Atlas, 2010.

DIAS, Maria Berenice. *Manual do direito das famílias*. 6. ed. Porto Alegre: Livraria do Advogado, 2010.

DINIZ, Maria Helena. *Curso de direito civil brasileiro*: responsabilidade civil. Vol. 7. 29. ed. São Paulo: Atlas, 2015.

DIREITO, Carlos Alberto Menezes; CAVALIERI FILHO, Sergio. *Comentários ao novo Código Civil*: da responsabilidade civil e das preferências e privilégios creditórios: arts. 927 a 965. Vol. XIII. 3. ed. TEIXEIRA, Sálvio de Figueiredo (coord.). Rio de Janeiro: Forense, 2011.

DOLINGER, Jacob. O direito internacional e a sua aplicação pelo direito brasileiro: atualidades e perspectivas – perspectivas do direito internacional privado. In: MENEZES, Wagner (Org.). *O direito internacional e o direito brasileiro:* homenagem a José Francisco Rezek. Ijuí: Editora Unijuí, 2004.

DONIZETI, Elpídio. *Novo Código de Processo Civil comentado*: Lei nº. 13.105, de 16 de março de 2015: análise comparativa entre o novo CPC e o CPC/73. São Paulo: Atlas, 2015.

FARIAS, Cristiano Chaves de; NETTO, Felipe Peixoto Braga; ROSENVALD, Nelson. *Novo tratado de responsabilidade civil*. São Paulo: Atlas, 2015.

FIUZA, César. *Direito civil: curso completo*. Belo Horizonte: Del Rey, 2009.

FRANÇA, R. Limongi. *Hermenêutica jurídica*. 12. ed. FRANÇA, Antonio de S. Limongi (atual.). São Paulo: Revista dos Tribunais.

FRANÇA. R. Limongi. *Instituições de direito civil*. 4. ed. São Paulo: Saraiva, 1996.

FUGITA, Jorge Shiguemitzu; SCAVONE JR., Luiz Antonio; CAMILLO, Carlos Eduardo Nicoletti; TALAVERA, Glauber Moreno (coords.). *Comentários ao Código civil*: artigo por artigo. 3. ed. São Paulo: Revista dos Tribunais, 2014.

GAGLIANO, Pablo Stolze; PAMPLONA FILHO, Rodolfo. *Novo curso de direito civil*. Vol. 3: responsabilidade civil. 13. ed. São Paulo: Saraiva, 2015.

GOMES, Orlando. *Responsabilidade civil*. BRITO, Evaldo (atual.). Rio de Janeiro: Forense, 2011.

GONÇALVES, Carlos Roberto. *Comentários ao código civil*: parte especial: direito das obrigações. Vol. 11: arts. 927 a 965. AZEVEDO, Antônio Junqueira de (coord.). São Paulo: Saraiva, 2003.

——. *Direito civil brasileiro*, Vol. 4: responsabilidade civil. 8. ed. São Paulo: Saraiva, 2013.

——. *Direito civil brasileiro*. Vol. 2: teoria geral das obrigações. 7. ed. São Paulo: Saraiva, 2010.

LARENZ, Karl. *Metodologia da ciência do direito*. 6. ed. LAMEGO, José (trad.). Lisboa: Fundação Calouste Gulbenkian, 2012.

LÔBO, Paulo Luiz Netto. *Comentários ao estatuto da advocacia e da OAB*. 3. ed. São Paulo: Saraiva, 2002.

——. *Direito civil*: obrigações. 3. ed. São Paulo: Saraiva, 2013.

MAMEDE, Gladston. *A advocacia e a Ordem dos Advogados do Brasil*. 2. ed. São Paulo: Atlas, 2003.

MARINONI, Luiz Guilherme; MITIDIERO, Daniel. *O projeto do novo CPC*: críticas e propostas. São Paulo: Revista dos Tribunais, 2010.

MARMITT, Arnaldo. *Perdas e danos*. 4. ed. Porto Alegre: Livraria do Advogado, 2005.

MARQUES, Cláudia Lima; BENJAMIN, Antônio Herman V.; MIRAGEM, Bruno. *Comentários ao Código de Defesa do Consumidor*. 3. ed. São Paulo: Revista dos Tribunais, 2010.

——; MIRAGEM, Bruno. *O novo direito privado e a proteção dos vulneráveis*. São Paulo: Revista dos Tribunais, 2012.

——; BENJAMIN; Antonio Herman V; BESSA, Leonardo Roscoe. *Manual de direito do consumidor*. 5. ed. São Paulo: Revista dos Tribunais, 2013.

MEDINA, José Miguel Garcia; ARAÚJO, Fábio Caldas de. *Código Civil comentado*: com súmulas, julgados selecionados e enunciados das jornadas do CJF. São Paulo: Revista dos Tribunais, 2014.

MELO, Marco Aurélio Bezerra de. *Curso de direito civil*. Vol. IV: responsabilidade civil. São Paulo: Atlas, 2015.

MIRAGEM, Bruno. *Abuso do direito*: ilicitude objetiva e limite ao exercício de prerrogativas jurídicas no direito privado. 2. ed. São Paulo: Revista dos Tribunais, 2013.

——. *Curso de direito do consumidor*. 3. ed. São Paulo: Revista dos Tribunais, 2012.

——. *Direito Civil:* responsabilidade civil. São Paulo: Saraiva, 2015.

——. *Eppur si muove*: diálogo das fontes como método de interpretação sistemática no direito brasileiro. In: *Diálogo das fontes*: do conflito à coordenação de normas no direito brasileiro. MARQUES, Claudia Lima (coord.). São Paulo: Revista dos Tribunais, 2012.

MONTEIRO, Washington de Barros; MALUF, Carlos Alberto; DIAS, Regina Beatriz Tavares da. *Curso de Direito Civil*: direito das obrigações. 2ª parte. 41. ed. São Paulo: Saraiva, 2014.

NADER, Paulo. *Curso de Direito Civil*: responsabilidade civil. Vol. 7. 5. ed. Rio de Janeiro: Forense, 2014.

NERY JUNIOR, Nelson; NERY, Rosa Maria de Andrade. *Código civil comentado*. 10. ed. São Paulo: Revista dos Tribunais, 2013.

——; ——. *Código de Processo Civil comenta e legislação extravagante*. 10. ed. São Paulo: Revista dos Tribunais, 2007.

——; ——. *Código de Processo Civil comentado*. 16. ed. São Paulo: Revista dos Tribunais, 2016.

——;——. *Instituições de Direito Civil*. Vol. II: direito das obrigações. São Paulo: Revista dos Tribunais, 2015.

NORONHA, Fernando. *Direito das obrigações*. 4. ed. São Paulo: Saraiva, 2013.

PEREIRA, Caio Mário da Silva. *Responsabilidade civil*. 10. ed. TEPEDINO, Gustavo (atual.). Rio de Janeiro: GZ Editora, 2012.

PONTES DE MIRANDA, Francisco Cavalcanti. *Tratado de direito privado*: parte especial: direito das obrigações: obrigações e suas espécies: fontes e espécies das obrigações: tomo XXII. ALVES, Vilson Rodrigues (atual.). Campinas: BookSeller, 2003.

——. *Tratado de direito privado*: parte especial: tomo LVV: direito das obrigações: fatos ilícitos absolutos: atos-fatos ilícitos absolutos: atos ilícitos absolutos: responsabilidade danos causados por animais: coisas inanimadas e danos: estado e servidores: profissionais. ALVES, Vilson Rodrigues (atual.). Campinas: Bookseller, 2008.

RÉGIS, Mário Luiz Delgado. *Código Civil comentado*. 7. ed. SILVA, Regina Beatriz Tavares da. São Paulo: Saraiva, 2010.

RIZZARDO, Arnaldo. *Direito das obrigações*. 8. ed. Rio de Janeiro: Forense, 2015.

——. *Responsabilidade civil*. 6. ed. Rio de Janeiro: Forense, 2013.

RODRIGUES, Silvio. *Direito Civil*: parte geral das obrigações. Vol. 2. 30. ed. São Paulo: Saraiva, 2002.

——. *Direito Civil*. Vol. 4: Responsabilidade civil. 20. ed. São Paulo: Saraiva, 2008.

ROSA, Conrado Paulino da; CARVALHO, Dimas Messias de; FREITAS, Douglas Phillips. *Dano moral & direito das famílias*. 2. ed. Belo Horizonte: Del Rey, 2012.

SANSEVERINO, Paulo de Tarso Vieira. *Princípio da reparação integral*: indenização no código civil. São Paulo: Atlas, 2010.

SAVI, Sérgio. *Responsabilidade civil e enriquecimento sem causa*: o lucro da intervenção. São Paulo: Atlas, 2012.

SILVA, Clóvis do Couto E. *A obrigação como processo*. Rio de Janeiro: FGV, 2013.

——. O conceito de dano no direito brasileiro e comparado. In: *Revista dos Tribunais*, ano 80: maio de 1991. Vol. 667, p. 7. São Paulo: 1991.

SILVA, José Afonso da. *Curso de direito constitucional positivo*. 29. ed. São Paulo: Malheiros Editores, 2007.

STOCO, Rui. *Tratado de responsabilidade civil*: doutrina e jurisprudência. 10. ed. São Paulo: Revista dos Tribunais, 2014.

TARTUCE, Flávio. *Direito Civil*: vol. 2: direito das obrigações e responsabilidade civil. São Paulo: Método, 2014.

——; NEVES, Daniel Amorim Assumpção. *Manual de direito do consumidor*: direito material e processual. Vol. único. 3. ed. São Paulo: Método, 2014.

TEPEDINO, Gustavo; BARBOZA, Heloisa Helena; MORAES, Maria Celina Bodin de. *Código Civil interpretado conforme a constituição da república*. Vol. I: parte geral das obrigações: arts. 1º a 420. 3. ed. Rio de Janeiro: Renovar, 2014.

——; BARBOZA, Heloisa Helena; MORAES, Maria Celina Bodin de. *Código Civil interpretado conforme a constituição da república*. Vol. II: teoria geral dos contratos: contratos em espécie: atos unilaterais: títulos de crédito: responsabilidade civil: preferências e privilégios creditórios: arts. 421 a 965. 2. ed. Rio de Janeiro: Renovar, 2012.

THEODORO JÚNIOR, Humberto. *Curso de Direito Processual Civil*. Vol. I. 56. ed. Rio de Janeiro: Forense, 2015.

——. *Curso de Direito Processual Civil.* Vol. I. teoria geral do direito processual civil e processo de conhecimento. 55. ed. Rio de Janeiro: Forense, 2014.

TORRES, Artur. Anotações aos artigos 1° a 12. In: *Novo código de processo civil anotado.* Porto Alegre: OAB RS.

VENOSA, Sílvio de Salvo. *Código Civil interpretado.* 2. ed. São Paulo: Atlas, 2012.

——. *Código Civil interpretado.* São Paulo: Atlas, 2010.

——. *Direito de família.* 11. ed. São Paulo: Atlas, 2011.

WALD, Arnoldo. *Direito Civil*: direito das obrigações e teoria geral dos contratos. Vol. 2. 19. ed. São Paulo: Saraiva, 2010.

——. *Direito Civil:* introdução e parte geral. Vol. 1. 13. ed. São Paulo: Saraiva, 2011.

——; GIACOLI, Brunno Pandori. *Direito civil*: responsabilidade civil. Vol. 7. 2. ed. São Paulo: Saraiva, 2012.

WAMBIER, Teresa Arruda Alvim; CONCEIÇÃO, Maria Lúcia Lins; RIBEIRO, Leonardo Ferres da Silva; MELLO, Rogério Licastro Torres de. *Primeiros comentários ao novo código de processo civil:* artigo por artigo. São Paulo: Revista dos Tribunais, 2015.